中国博士后科学基金资助项目(编号:2015M581638)

国际研发城市——理论框架与实证研究

黄　亮　著

东 南 大 学 出 版 社
·南京·

内容简介

国际研发城市是知识经济时代伴随研发全球化而出现的一种新型空间形态与城市功能。目前,学术界对于该领域的研究仍处于起步阶段,相应的理论研究远远落后于国际研发城市建设的现实发展与实践需求。基于此,本文主要从国际层面的观察视野出发,综合运用新经济增长、研发区位理论、全球价值链、城市创新系统等理论工具,经系统研究,建立一套较为严密和科学的学术概念体系,从跨国公司全球研发网络、国际专利申请以及专利合作多个视角对国际研发城市的特征、类型与网络演化进行实证分析,并在此基础上尝试搭建国际研发城市形成与发展机制的理论解释框架。

通过对国际上典型研发城市发展类型的评价以及网络联系演变的动态分析,揭示国际研发城市的成长路径,提炼其发展的一般规律与驱动因素,以上研究成果将有助于我国城市充分利用跨国公司研发资源,更好地融入到全球创新网络中去。同时对于地方政府制定合理的规划与引导政策,以加快我国城市由生产制造型向研发创新型转变的步伐也具有较强的指导意义。

图书在版编目(CIP)数据

国际研发城市:理论框架与实证研究/黄亮著. —南京:东南大学出版社,2016.12

ISBN 978-7-5641-6782-0

Ⅰ.①国… Ⅱ.①黄… Ⅲ.①城市经济—国家创新系统—研究 Ⅳ.①F29

中国版本图书馆 CIP 数据核字(2016)第 237159 号

国际研发城市——理论框架与实证研究

出版发行	东南大学出版社
社　　址	南京市四牌楼 2 号　邮编　210096
出 版 人	江建中
网　　址	http://www.seupress.com
电子邮箱	press@seupress.com
经　　销	全国各地新华书店
印　　刷	虎彩印艺股份有限公司
版　　次	2016 年 12 月第 1 版　2016 年 12 月第 1 次印刷
开　　本	700 mm×1 000 mm　1/16
印　　张	16.5
字　　数	380 千
书　　号	ISBN 978-7-5641-6782-0
定　　价	48.00 元

本社图书若有印装质量问题,请直接与营销部联系。电话(传真):025-83791830

序　言

当今世界，经济全球化已由产业全球扩张进入到研发全球扩张的新阶段。跨国公司主导下的全球研发网络的空间扩张与地方镶嵌，使得网络中的某些节点城市，不仅集中了大量的国际性研发创新资源，并通过以上过程占据了全球价值链中高端的研发与设计环节而逐渐成为全球新产品与新工艺的创新源头以及全球新知识与新技术扩散和交互的枢纽，拥有极高的技术能级与广泛的国际影响力。这种伴随研发全球化过程而出现的新型空间形态与城市功能，可称之为国际研发城市。

国际研发城市是一个颇具开创性的研究命题，不仅在国内学术界涉足者寥寥，即使在国外也鲜有学者涉及。综观过往的研究文献，可以发现目前学术界对于该领域的研究仍处于起步阶段，主要的研究内容也多局限于一般的概念探讨与案例分析，并缺少全球层面的统一性把握，其相应的理论研究远远落后于国际研发城市建设的现实发展与实践需求。因此，以国际层面的观察视野来搭建一个较为合理的有关国际研发城市的理论框架成为作者研究的主要关切。文中，作者综合运用新经济增长、研发区位理论、全球价值链、城市创新系统等理论工具，通过系统研究，建立一套较为严密和科学的学术概念体系，从跨国公司全球研发网络、国际专利申请以及专利合作多个视角对国际研发城市的特征，类型与网络演化进行实证分析，并在此基础上搭建了国际研发城市形成与发展机制的理论解释框架。无论在研究内容，还是在研究方法上都有所突破与创新。

作者黄亮博士毕业于华东师范大学人文地理学专业，是我合作的博士后研究人员，在其从事博士后研究工作期间，主要专注于城市与区域创新方面的研究，并在权威与核心期刊发表多篇高质量学术论文，表现出相当强的科研能力。本书是其博士学位论文的延续，同时也是其申请的国家博士后科学基金资助项目研究成果的重要组成部分。综合来看，本书视角独特、结构严谨、文笔流畅，图文并茂，将关注的重点转向研发活动最为基本的空间载体——城市，实现了对研发创新活动的研究视角从微观的企业层面向中宏观的城市与区域层面的转化与拓展，在很大程度上弥补了国内该领域内研究的薄弱之处。尤其置身于上海全力建设具有全球影响力科技创新中心的大背景之下，则更加凸显了本书的研究意义。作为黄亮的博士后合作导师，欣闻该书即将付梓，我感到由衷地欣慰，提笔作序，期间的赞许和肯定无需赘言，更有殷切期望，希望其在城市与区域创新研究领域再结硕果，为应用经济学、经济地理学等学科的发展做出新的贡献。

2016 年 5 月，上海

王振：1963 年 10 月。上海社会科学院副院长，研究员、博士生导师。

前　　言

当前，伴随着科学技术的迅猛发展及经济全球化进程的不断深入，人类正逐步从工业社会向知识社会迈进，城市与区域经济的发展已进入一个由传统要素驱动向创新要素驱动转变的新阶段。在上述背景下，研发作为知识创造与技术创新的现实途径和重要来源，对于城市与区域经济发展的重要性与日俱增。与此同时，经济全球化已由产业全球扩张进入到研发全球扩张的新阶段。其中，作为跨国界知识流动载体的跨国公司在研发全球化进程中发挥着主要作用。跨国公司研发网络的全球扩张与地方镶嵌，带来了技术创新资源在世界范围内的空间转移与重新整合。跨国公司研发投资在某一城市空间范围内的持续集聚的同时，与本土研发资源不断交互融合，推动国际研发城市(international R & D city)这一新型空间形态与城市功能的形成与发展。

国际研发城市是一个颇具开创性的研究命题，不仅在国内学术界涉足者寥寥，即使在国外也鲜有学者涉足。目前，学术界对于该领域的研究仍处于起步阶段，主要研究内容也多局限于一般的概念探讨与案例分析，并缺少全球层面的统一性把握，其相应的理论研究远远落后于国际研发城市建设的现实发展与实践需求。基于此，本文主要从国际层面的观察视野出发，力图通过系统研究，建立一套较为严密和科学的学术概念体系，并在此基础上来搭建一个合理的国际研发城市形成与发展机制的理论解释框架。

首先，回顾国内外的相关理论研究进展，从创新型城市与世界城市相结合的理论视角出发，厘定国际研发城市的基本概念，明确其核心特征、本质内涵、空间尺度等一系列基本问题来作为本文研究的工作基础与逻辑起点。

在界定了国际研发城市的基本概念之后，紧随而至的任务就在于识别与判定当前世界上有哪些城市可以称之为国际研发城市。跨国公司是全球研发活动的主导力量，并通过研发全球化构建了全球研发网络的基本骨架。有鉴于此，本文借鉴世界城市的研究理论与方法，从跨国公司研发全球化的空间组织切入，通过对全球170余家跨国公司高等级研发机构区位分布与集聚程度的考察，以城市为空间尺度勾勒出跨国公司研发网络的地理格局，确定全球研发网络的空间节点，并将其作为识别与判定国际研发城市的核心特征指标。

在上述工作完成之后，本文利用代表城市研发产出的国际专利统计数据就国际研发城市的运行特征与发展类型进行刻画与归纳。需要说明的是，目前国际上有关研发的数据如研发投入、研发强度、研发人员全时当量等大都局限于国家或省（州）域层面。基于城市尺度的研发统计数据极其缺乏，在此条件下，该研究本着可行性和统一性的原则，以世界知识产权组织提供的国际专利数据库平台为基础，构造专利申请总量、专利申请密度、专利申请的年均增长率、专利申请的外资依存度等若干指标来深入透视国际研发城市的研发运行特征与发展类型，力求使定量分析的结果能够客观全面地反映出当前国际研发城市的现实状况。

城市之间的关系问题是"城市的第二本质"，在研究国际研发城市问题时也应当采用联系的视角来进一步分析国际研发城市之间的网络联系结构与演变趋势。基于此，以城市体系和网络的相关理论为基础，从研发合作的观察视角切入，采用国际专利合作申请数据表征研发合作，运用社会网络分析法对国际研发城市之间的网络联系图景与发展演变轨迹进行刻画，并分析国际研发城市之间的网络联系结构与主要特征。

基于个案的区域研究是经济地理学的经典研究方法。该项研究将主要采用案例剖析的研究方法，在众多城市中选取硅谷、班加罗尔这两座颇具典型性的国际研发城市进行全面解析。一方面，以历史的眼光回顾其发展历程与演变轨迹，深入解析驱动其研发与创新发展的主要因素，力争透过现象看本质，深层次洞察推动国际研发城市崛起的各种力量源泉，并在此基础上综合运用新经济增长、研发全球化、全球价值链以及城市创新系统等理论与分析工具，搭建国际研发城市形成与发展机制的理论解释框架；另一方面，期望通过上述城市的个案研究，归纳出不同类型国际研发城市独具特色的成长路径与发展经验，为我国国际研发城市的建设实践提供有益的借鉴与启示。

最后，本文将研究视野转回中国，提出从"世界工厂"到"研发城市"的发展战略，在对国内主要城市创建国际研发城市的适宜性进行综合评价的基础上，结合国际经验为我国国际研发城市的建设提出具有针对性的对策建议。

关键词：国际研发城市；研发特征；网络联系；形成机制

Preface

With the rapid development of science and technology and economic globalization in recent years, human beings have experienced an evolution from an industrial society to a knowledge society. The development of urban and regional economy has entered a phase where innovation is taking the place of tradition as the major driving force. Against this background, research and development (R & D), the practical approach and the significant source of knowledge creation and technology innovation, is becoming increasingly important in developing the urban and regional economy. In the meantime, the economic globalization is marked by a transition from industrial expansion to R & D expansion in the global scale, in which multinational corporations (MNCs) play an important role in the trans-national flow of knowledge. The global expansion and localization of MNCs' R & D network has brought the whole world with spatial transference and reintegration. MNCs focus their sustaining R & D investments on certain cities, and integrate more and more closely with local R & D resources, which lead to the formation and development of international R & D cities as a new spatial type and urban function. As an innovative research subject, little research has been done on international R&D cities either at home or abroad. Besides, research in this filed is still on its initial stage, for it has been limited to general discussions of concepts and case studies without a global perspective. All this results the fact that relevant theoretical studies have lagged far behind the actual development and practical demands for the construction of international R & D cities. Therefore, by adopting a global viewpoint, this dissertation attempts to establish a comprehensive and scientific system of academic concept system and based on which, to build an analytical theoretical framework of the formation and development mechanism of international R & D cities. The details of the research contents are as follows.

Firstly, the research progresses of some relevant theories at home and abroad are reviewed. From a theoretical perspective of the combination of innovative cities and world cities, the current research starts from a clarification of basic concepts of international R & D cities by specifying a number of fundamental issues which are regarded as the research foundation and logical starting point of this paper, including the core features of the essential connotation and the spatial scale of those cities. Then, cities that can be termed as international R & D cities are redefined. The author holds that MNCs have served as the driving force of R&D activities globally and thus have successfully built up the infrastructure of an international R&D network. With reference to the research methodology for world cities, the current research starts from the spatial organization of MNCs' R & D globalization, by examining the distribution and conglomeration of the advanced R&D institutes with more than 170 MNCs, draws a geographic map with cities as its spatial dimensions and it further marks the nodes within the international R & D network which are then used to identify and define the core features of international R&D cities.

After that, the current features and types of the international R&D cities are analyzed and categorized by employing international patent statistics which represent the R & D output ratio of those cities. It should be noted that internationally data for R & D investment, intensity and workload of full-time researchers are mostly taken at the provincial or regional level, therefore, data on urban dimensions is extremely scarce. To make the quantitative analyses results feasible and generalized, the current research is based on the international patent database provided by World Intellectual Property Organization in order to truly reflect the present situation in an objective and quantitative way. Analysis on the features and types of the international R&D cities are made with reference to the six indexes of international patent applications including the total number, per capita, average annual growth rate, dependence on foreign investment and distributions of applicants.

The problem of relationship between cities is the "second nature of the city". International R & D city should be researched in the perspective of connection, so that the structure of network associate between international R& D cities and its evolution trend can be further analyzed. Therefore, taking some related theories of city system and network as the basis and starting with the perspective of R & D cooperation, the author adopts the data of the application number for international patent cooperation as the representation of R & D cooperation; describes the network connection between international R & D cities and its evolution track by the use of social network analysis; and discusses on the structure and major characteristic of network connection.

Regional research based on individual case is a traditional research method in economical geography. Cases analysis is mainly used as follows. Silicon Valley in the USA and Bangalore in India and Singapore, two characteristic international R & D cities, are selected to be analyzed comprehensively. On the one hand, the development process and evolutionary traces in the two cases are reviewed in the historical view to explore at depth the successful factors for the development of their R & D and innovation, meanwhile, to give deep insight to the driving forces for the rise of international R & D cities, and based on that, the theoretical framework for the rise and development of the international R & D cities is constructed under the combination of some theories and analysis tools including New Economic Growth Theory, R & D globalization, global value chain, regional innovation system and so forth. On the other hand, the unique growth path for each international R & D city is expected to be drawn through the two case studies in the hope of providing beneficial insights into the construction of R & D cities in our country.

In the end, this dissertation shifts its focus to China and proposes a developmental strategy for China to transform from a World Factory to International R & D Cities. Suggestions are made for building Chinese international R & D cities on the basis of the international experience and a comprehensive evaluation on the feasibility of transforming major cities of the country into international R & D cities.

Keywords: international R & D cities; R & D characteristics; network associate; formation mechanism

目 录

第1章

导　论

1.1 选题背景与依据

20世纪80年代以来，伴随着科学技术的迅猛发展及经济全球化进程的不断深入，人类正逐步从工业社会向知识社会迈进（陈柳钦，2010）。城市与区域经济的发展已进入到一个由传统要素驱动（资源禀赋、劳动力、资本等）向创新要素驱动（技术、知识、人才等）转变的新阶段（Knight，1995）。知识成为当今社会创造财富的主要源泉。据估算，到20世纪90年代中期，美国制造业增加值的70%与知识相关，而50年代只有20%；相反，初级产品和原材料在增加值中所占的份额由50年代的80%降到30%（P. Dicken，2007；中译本[①]）。知识与技术创新一方面改变了人类的生产与消费方式，极大地提高了生产效率与生活质量；另一方面则通过对传统产业的技术改造来实现产品的更新换代，推动区域产业功能与结构升级，促使区域经济增长方式从外延式扩张向内涵式增长转变（李小建等，1999）。可以预见，在知识经济主导的今天，城市与区域的竞争将在很大程度上表现为其各自在全球范围内技术创新要素获取与培育能力层面的竞争。

研发，是以企业、高校以及政府科研机构等为主体所进行的各类研究与发展活动的统称。尽管目前国际上有关研发的定义表述形式不一，但是其内涵基本相同，即研发是指为了进行知识创造和知识应用而进行的系统的创造性工作，是人们不断探索、发现和应用新知识的连续过程（傅家骥，1998）。研发作为一种特殊的以知识为产品的生产活动（吴贵生，2000），是科技活动中最具创造性和创新性的部分，对科学技术由知识形态的生产力向现实生产力的转化起着至关重要的作用（杜德斌，2001）。同时，研发活动还会产生可观的溢出效益，这些外部收益不仅仅局限在某个单个行业内，而且会影响到一国经济中的多个部门（G. M. Grossman和E. Helpmen，2003，中译本），进而有力推动地区经济的发展和创新能力的提升。事

---

① 彼得·迪肯. 全球性转变——重塑21世纪的全球经济地图[M]. 刘卫东，等，译. 北京：商务印书馆，2009：168

实上，世界多个高科技产业区如硅谷、波士顿、剑桥等地区的经济腾飞已经证明了密集的研发活动对于区域经济的发展具有强大的推动作用（杜德斌等，2007）。由此可见，研发是实现知识创造与技术创新的现实途径和重要来源，一个城市或区域研发能力的强弱也成为知识经济时代背景下衡量其经济竞争力的关键指标（黄亮等，2012）。

当今世界，经济全球化已由产业全球扩张进入到研发全球扩张的新阶段（杜德斌，2001）。其中，作为跨国界知识流动载体的跨国公司（R. Narula 和 A. Zanfei，2009，中译本①）在研发全球化进程中发挥着主要作用（UNCTAD，2005）。传统的国际劳动分工理论认为，研发活动是一个企业的核心职能，历来应当在母国进行，但是随着经济和科技全球化趋势的进一步深化，跨国公司为了保持其技术竞争优势，一改以往以母国为研发中心的传统空间布局模式，不断扩展自身的研发体系，促使研发活动日益朝着国际化的方向发展（杜德斌，2001）。到 20 世纪 90 年代末期，跨国公司的海外研发活动加速由发达国家和地区向发展中国家和地区，其中主要是亚洲国家和地区转移和扩散的步伐（UNCTAD，2005），从而构筑了一张遍布全球的研发网络。

跨国公司研发网络的全球扩张与地方镶嵌，带来了技术创新资源在世界范围内的空间转移与重新整合。出于获取外部性知识的考虑以及知识溢出受到地理空间约束的特点，跨国公司研发活动较之一般的生产活动在地理空间上具有更加集中的倾向（Audretsch. D. B. 和 Feldman，1996）。因此，跨国公司的研发活动一方面不断向全球分散；另一方面，在东道国内部则持续向少数创新环境优越的城市或区域汇集。跨国公司研发机构在某一空间范围内的集聚，亦吸引了本土科研机构在内的其他创新资源在空间上的进一步集中，进而形成了跨国公司研发资源不断根植到当地的创新体系中，本土创新资源也不断融入到跨国公司研发网络中的局面。在以上这种互动与融合的过程中，一种新型空间形态与城市功能——国际研发城市（international R&D city）渐露端倪。

国际研发城市集合了大量的国内外研发创新资源，不仅为当地产业的发展提供了坚实的技术支撑，其本身更成为世界新产品、新技术的发源地和跨国公司研发网络的重要节点区域。综观全球，目前已经有一些城市和区域具备了国际研发城市的基本特征，例如美国的硅谷城市区域和印度的班加罗尔。前者自 20 世纪 50 年代以来一直引领着世界科技革命的发展方向，成为全球经济增长的“技术极区”（technopoles）（Manuel Castells 和 Peter Hall，1998，中译本）；后者则于 20 世纪 90

① ［挪］詹·法格博格，［美］戴维·莫利等主编. 牛津创新手册［M］. 柳卸林，等，译. 北京：知识产权出版社，2009：314

年代迅速崛起，以信息技术产业为先导，生物医药、汽车制造等产业为补充，吸引了众多跨国公司全球性及区域性研发总部入驻，并伴生了大量本土高科技企业，进而发展成为全球最具创新性和竞争力的区域之一。

毋庸置疑，在知识经济时代，城市与区域的竞争将主要体现在科技实力与创新能力的较量上。研发作为创新的重要来源之一(UNCATD, 2005)，对于城市与区域经济发展的重要程度与日俱增。研发资源的空间集聚与相互作用为城市研发服务功能的演化奠定了物质基础，也为城市发展模式的转型带来历史性机遇。同时，跨国公司研发网络在世界范围内的不断扩张与耦合，极大地改变了研发资源的空间配置格局，并促使网络中的某些节点区域进一步成长为国际研发城市，进而为本文提供了主要的研究对象与现实依据。

本研究还得到了由笔者主持的中国博士后科学基金资助项目——“国际研发城市：理论框架与中国模式研究”(项目编号：2015M581638)的有力支撑。

1.2 研发与创新之辩

1.2.1 研发与创新的内涵

研发即R&D，为英文research and development的缩写，是一个国际通用的科技术语，我国一般翻译为研究与开发。研发的概念有多种表述，联合国教科文组织将R&D定义为：为了增加知识总量(包括人类、文化和社会知识)，以及运用这些知识去创造新的应用而进行的系统的创造性工作[①]。OECD将其定义为一种有系统的创造性工作，其目的在于丰富人类文化和社会知识宝库，并运用这些知识去进行新的创造(OECD, 1994)。美国国家科学理事会(NSB)则将研发描述为涉及新颖性以及解决科学和技术的不确定因素，包括连同开发在内的基础和应用研究(UNCTAD, 2005[②])。通常来说，研发不包括教育、培训与市场调研(K. Smith, 2009；中译本[③])。

由以上表述可以看出，R&D是研究与开发两个词汇的综合。研究指对某一问题加以深入考察后找出其内在的属性与本质，是一个追求客观科学规律的过程；开发则属于技术的范畴，是指利用科学理论成果而进行的具有特殊目的的技术创新

① 转引自张仁侠，李远谋. 研究与开发战略[M]. 广州：广东经济出版社，1998：23

② 转引自UNCATD. 2005年世界投资报告——跨国公司与研发国际化[M]. 北京：中国财政经济出版社，2005：93

③ [挪]詹·法格博格，[美]戴维·莫利等主编. 牛津创新手册[M]. 柳卸林，等，译. 北京：知识产权出版社，2009：158

过程。研究与开发实质上是创新实现过程中前后两个不同的阶段，两者之间相互渗透，密不可分(李安方，2004)。其中，知识总量的增加被视为由研究带来的，运用知识以实现新的应用则是由开发带来的(杜群阳，2007)。

奥地利裔经济学家熊彼特(Schumpeter)是最早研究创新的学者之一，他在《经济发展理论》一书中将创新定义为新技术、新发明在商业中的首次应用，是现有资源的“重新组合”，即建立一种新的生产函数，把一种关于生产要素和生产条件的新组合纳入到生产体系中，从而使创新成为推动经济发展和社会变迁的主要力量(Schumpeter ,1911)。

创新从本质上讲是一项经济行为，一般由两个阶段组成，即新思想的来源与之后的实现发展(Solow，1957)。与单纯的发明创造不同，创新更加强调新产品、新过程、新系统或新服务的首次商业性转化。此外，创新涵盖的内容十分丰富，熊彼特将创新归纳为 5 种类型：新产品、新的生产方法、新的供应源、开辟新市场和新的企业组织方式(Schumpeter，1911)。这说明创新不仅包含技术层面的创新，同时也包含非技术层面创新，如管理创新、流程创新、组织创新、服务创新和营销创新等(顾新，2005)。而就新技术相对于已有技术的差异程度而言，创新也并非总是指以带来创造性破坏为特征的“根本性”创新，也包括以持续改进为特点的“渐进性”创新。

1.2.2 研发与创新的关系

研发与创新之间存在密切的关联。尽管创新行为已经从“线性范式”向“网络范式”转变(Asheim，1998)，使得区域内各创新主体间的网络依赖与作用机制日益成为区域创新能力的核心源泉(见表 1-1)。但是，从下表中我们可以看到，研发由始至终是创新来源不可或缺的组成部分。

表 1-1 创新的线性和网络范式的系统性比较

项　目	线性范式	网络范式
创新主体	大企业和研究开发部门	小企业和大企业、研究与开发部门、客商、供应商、技术大学、公共机构
创新投入	研究与开发	研究与开发、市场信息、技术竞争、非正式的实践知识
空间分布	大多数创新活动发生在中心区域	创新活动在地理空间上的扩散
典型工业部门	福特时代的制造业	弹性工业部门

资料来源：Asheim. 1998. 转引自滕堂伟，曾刚等. 2009：58

创新包含技术与非技术两个层面的创新。就技术创新而言，通常是始于研究开发而终于市场实现。任何技术上的创新都是从研发开始，没有研发就无法实现技术创新与进步,即使是从外部引进的技术,也需要通过细致的研发工作才能对其实现消化吸收并在此基础上进行再创新(罗守贵等,2003)。而即使是非技术层面的创新,也同样离不开研发活动提供的技术支持,这样的例子不胜枚举。譬如,条形码以及条形码扫描器技术的研发推动沃尔玛(Wal-mart)成为全球的零售业巨头;英国的零售业巨头乐购(Tesco)斥巨资在班加罗尔设立研发中心来改善其配送货品的流程以提高物流效率。而近年来,金融、商贸等服务部门R&D投资规模的持续扩大更是充分验证了上述观点。

另外,研发和创新两者之间并非一定呈现出线性关系(崔新健,2011)。研发是创新的重要源泉,因此一般认为,只要有研发活动,有就创新产生,研发活动越密集,创新成果就越多,然而事实上并非如此。尽管研发活动代表着对于创新的追求与努力,但是由于研发活动具有强烈的不确定性和风险性,因此,研发活动未必一定能够带来创新成果。与此同时,创新也并不总是由研发带来的,创新的来源具有多元化特征。除研发以外,创新还来源于实践中的摸索、模仿集成、与客户的互动甚至是意外发现(陈伟,2007)。

1.3 研究目的与意义

1.3.1 研究目的

国际研发城市是一个颇具开创性的研究命题,不仅在国内学术界涉足者寥寥,即使在国外也鲜有学者涉及。综观过往的研究文献,可以发现目前学术界对于该领域的研究仍处于起步阶段,主要的研究内容也多局限于一般的概念探讨与案例分析,并缺少全球层面的统一性把握,其相应的理论研究远远落后于国际研发城市建设的现实发展与实践需求。针对上述情况,以国际层面的观察视野来搭建一个较为合理的有关国际研发城市的理论框架就成为本文最为主要的研究目的。

通过系统研究,期望解决以下若干方面的具体问题:①在评述相关理论研究进展基础上明确国际研发城市的核心特征、本质内涵与基本概念等一系列基本问题,对国际研发城市的形成与发展机制进行理论探讨,建立一套较为统一和严密的学术理论框架体系;②将国际研发城市纳入到全球化语境中,通过借鉴世界城市的相关理论与方法来确立识别与判定国际研发城市的核心特征指标;③深入挖掘表征城市国际研发产出的国际专利数据与信息,对国际研发城市的研发运行特征进行量化分析,并以此为依据对国际研发城市的发展类型进行划分,力求在定量分析层面有所突破;④突破基于城市属性数据的静态研究方法,从国际专利合作视角出发,揭示国际研发城市间基于研发合作的网络联系关系,揭示其动态演化规律与网络结构特征；⑤对典型国际研发城市进行案例剖析，回顾其成长历程、解析其驱动因素，尝试归纳和探索国际研发城市的成长路径与发展经验，并用于指导我国创建国际研发城市的实践工作。

1.3.2 研究意义

研发是企业实现技术创新，获得竞争优势的现实途径与重要来源，因而成为近数十年来学术界研究的焦点。其中，作为全球研发主导力量的跨国公司，其研发单元的区位选择、空间组织模式以及全球化扩张等是经济地理学界关注的重点领域。然而，回顾过往的研究内容，主要是基于公司地理学维度，以跨国公司作为研究起点与对象，多注重微观层面企业研发活动的空间特征刻画与机理阐释，而将研发与城市及区域发展相结合起来的中宏观层面研究相对薄弱。

基于此，本文将关注的重点转向研发活动的空间载体——城市。首先，通过对相关理论研究进展的评述，分析和界定国际研发城市的核心特征、本质内涵与基本概念。随后，从跨国公司研发组织与地理空间相结合的观察视角切入，通过跨国公司全球研发网络的空间节点考察来对国际研发城市进行识别与判定。在上述工作基础上，进一步分析国际研发城市的现状特征，发展类型，路径选择与城市间的网络联系等问题，实现对研发活动的研究视角从微观企业层面向中宏观城市与区域层面的转化与拓展。因而从理论层面来看，本文的研究成果将拓宽公司地理学与城市地理学的研究视野，进一步丰富创新型城市和世界城市及其体系理论，有望在一定程度上弥补国内外该领域内理论研究的不足。同时，对于跨国公司全球研发网络空间节点的区位考察也将更为深入地展现跨国公司研发活动单元基于城市空间尺度的全球分布图景。

另外，近年来我国已经成为跨国公司海外研发布局的重点战略区域，外资研发机构总量持续增长，研发规模日益扩大，功能等级不断提升。据商务部统计，截止到 2007 年上半年，跨国公司在华设立的研发机构已由 1997 年的不足 20 家迅速增加至 1 200 多家。其中，以上海、北京、深圳、广州、苏州等城市的外资研发机构最为集中(杜德斌等，2009)。跨国公司研发投资在华空间上的高度集聚，使得以上城市初步具备了接轨跨国公司研发网络的基本条件，并为进一步成长为国际研发城市奠定了扎实的基础条件。在新形势下，如何打造中国自己的国际研发城市，已成为一个迫切需要解决的重要课题。因此，从实践层面来看，本文的研究正契合了我国城市功能提升与发展模式转型的现实需要。通过对国际上典型研发城市发展类型的评价以及网络联系演变的动态分析，揭示国际研发城市的成长路径，提炼其发展的一般规律与驱动因素，将有助于我国城市充分利用跨国公司研发资源，更好地融入到全球创新网络中去。同时，对于地方政府制订合理的规划与导引政策，加快我国城市由生产制造型向研发创新型转变的步伐也具有较强的指导意义。

1.4 研究思路与方法

1.4.1 主要研究思路

国际研发城市是一个全新的研究领域，目前国内外学术界对于何为国际研发城市尚未有一个明确的定义。因此，在回顾国内外相关理论研究进展的基础上，厘定国际研发城市的基本概念，明确其核心特征、本质内涵等一系列基本问题是本文研究的逻辑起点。

在界定了国际研发城市的基本概念之后，一个重要的任务就在于识别与判定目前世界上有哪些城市可以称之为国际研发城市。跨国公司是全球研发活动的主导力量，并通过研发国际化构建了全球研发网络的基本骨架。基于此，本文借鉴世界城市的研究理论与方法，从跨国公司研发全球化的空间组织切入，构建跨国公司研发单元与城市研发服务功能发展相互联系的逻辑线索。通过对全球171家跨国公司高等级研发机构区位分布与集聚程度的考察，以城市为空间尺度勾勒跨国公司研发网络的地理格局，确定全球研发网络的空间节点，并将其作为识别与判定国际研发城市的核心特征指标。

在上述工作完成之后，本文拟利用代表城市研发产出的国际专利统计数据就国际研发城市的现状特征与发展类型实施分析与评价，并采用城市间的专利合作数据对国际研发城市间的网络联系进行动态刻画。需要说明的是，目前国际上有关研发的数据如研发投入、研发强度、研发人员全时当量等大都局限于国家或省(州)域层面，基于城市尺度的研发统计数据极其缺乏。在此条件下，本研究将以可行性和统一性为原则，以世界知识产权组织提供的国际专利数据库平台为基础，构造了专利申请总量、专利申请密度、专利申请的年均增长率、专利申请的外资依存度、专利申请的公共研发依存度、专利申请的申请者集中度6个指标对国际研发城市的研发特征与发展类型进行分析与归纳，力求使定量分析的结果能够比较客观全面地反映出当前国际研发城市的实际状况。

接下来，本文将回顾不同类型国际研发城市如硅谷、班加罗尔的成长历程，以案例剖析的形式归纳国际研发城市的形成机制。一方面，以历史的眼光回顾其发展历程与演变轨迹，阐述案例城市的研发现状与特征，并综合运用新经济增长、全球价值链、城市创新系统等理论工具来搭建国际研发城市形成与发展机制的解释框架，从理论层面深层次洞察推动国际研发城市崛起的各种力量源泉；另一方面，期望通过上述城市的个案研究，归纳出不同类型国际研发城市独具特色的成长路径与发展经验，期望为我国国际研发城市的建设实践提供有益的借鉴与启示。

最后，本文将研究视野转回中国，提出从“世界工厂”到“研发城市”的发展战略，在对国内11座主要城市研发特征与环境进行深入分析的基础上，结合国际经验为我国国际研发城市的创建提出相应的对策建议，研究的思路与框架示意如图1-1所示。

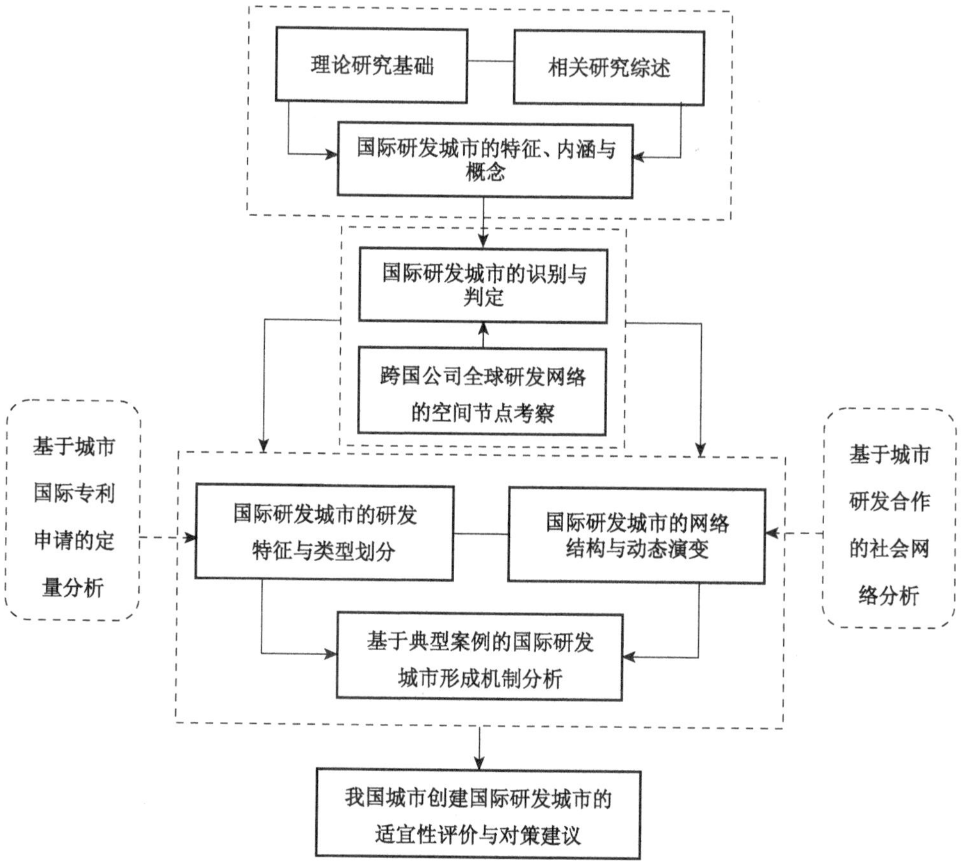

图1-1 国际研发城市研究框架示意图

资料来源：作者绘制

1.4.2 主要研究方法

(1) 网络查询与数据库检索

利用丰富的网络资源进行数据及相关信息的查询。查询的内容主要包括全球研发投入1 000强中主要跨国公司的官方网站，阅读其发布的公司年报及创新手册，掌握公司高等级研发机构基于城市尺度的全球分布空间数据及最新研发动态等相关信息；查阅联合国贸发会议（UNCATD）、Zinnov.等知名第三方权威研究机构公布的统计资料与相关研究报告，把握全球研发的主要特征与发展趋势；检索世界知识产权组织（World Intellectual Property Organization，以下简称WIPO）数据库，获取国际研发城市的国际专利申请、城市间国际专利合作等相关数据；登录国内外主要城市的政府网站与统计局网站等，了解城市的社会、经济、人口、教育等基本信息，获取城市的经济规模、研发投入、研发人员等相关统计数据，为国际研发城市的研发运行特征解读以及我国城市创建国际研发城市的适宜性综合评价分析奠定基础。

（2）定量分析与空间分析

利用网络查询、数据库检索以及文献收集等方式获得的数据信息，尝试搭建国际研发城市研发运行特征的国际比较分析框架，尽可能将国际研发城市所具有的研发特征及所处的不同发展阶段以定量分析的方式进行结果展示，并在此基础上结合过往的研究成果，为国际研发城市的类型归纳与划分提供依据。在资料不足的情况下，则采取定性分析的方法。

利用搜集到的全球170余家主要跨国公司高等级研发机构基于城市尺度的空间区位分布，32座城市的国际专利申请等相关信息，建立国际研发城市的空间属性数据库，运用GIS空间分析方法，并结合coreldraw软件绘制各类专题地图，如32座国际研发城市的空间布局与跨国公司研发机构空间集聚图、32座城市国际专利申请量的空间分布图，32座城市国际专利申请密度的空间分布图等，便于清晰与直观反映各座城市研发运行特征的空间差异。

（3）社会网络分析法

借鉴社会学的研究方法，从社会网络的视角出发考察32座国际研发城市之间基于研发合作的相互作用关系与网络联系结构。以研发城市间的国际专利合作数据来表征城市间发生研发合作的关系数据，并以此为基础运用社会网络分析中的Ucinet软件分1996—2000年、2001—2005年、2006—2010年3个时段对32座国际研发城市之间的网络联系结构进行动态刻画，利用软件中集成的整体网密度、中心性分析、网络中心势分析、凝聚子群分析等功能与方法揭示国际研发城市之间的网络结构特征及动态演变趋势，尝试分析其微观变化机理。

（4）案例研究法

基于个案的区域研究是经济地理学的经典研究方法。选择具有代表性的国际研发城市，如硅谷、班加罗尔等城市进行案例剖析，通过对其历史维度的考察以及主要驱动要素分析，归纳一个城市发展成为国际研发城市所应具备的内外部条件与形成机制，提炼不同类型国际研发城市的成长路径，进而为我国创建国际研发城市提供理论指导与借鉴。同时，着重对国内已经初步具有国际研发城市功能特征或者是建设基础的上海、北京和深圳等 11 座城市创建国际研发城市的适宜性进行综合评价与分析，并在评价结果的基础上，结合国际经验，为我国现阶段国际研发城市的建设提出相应的对策建议。

第2章

理论研究基础与相关文献综述

科学发展的本质是知识的不断累积与增长。因此，综述与国际研发城市有关的理论文献是本文研究的工作基础。通过对相关理论成果和国内外研究进展的回顾与评述，将有助于我们更好地了解当前该领域内的研究现状与薄弱环节，确定未来研究的基点与方向，并为国际研发城市的内涵界定以及后续研究奠定扎实的理论演绎基础与明晰的逻辑分析框架。

国际研发城市首先是一座研发城市，由于研发是实现技术创新的现实途径与重要来源，因此就本质而言，研发城市是一座以研发服务作为主要功能性特征的创新型城市；其次，国际研发城市中的“国际”二字突出体现了城市的国际化特征，表明国际研发城市同时也是一座在世界范围内具有相当影响力和技术控制力的城市，具有世界城市的某些特质，从而可以将其纳入世界城市的理论框架之下。有鉴于此，作者认为国际研发城市研究在很大程度上是创新型城市与世界城市两种理论体系的进一步延伸、发展与密切融合，创新型城市以及世界城市的相关成果就构成了国际研发城市研究的主要理论基础。

2.1 创新型城市研究的理论演进与反思

2.1.1 创新型城市研究的理论性追溯

创新型城市研究的理论源头可以追溯至熊彼特对于“创新”所做的思考。熊彼特过后，有关创新的研究逐渐分化成为以索洛为代表的技术创新学派和以诺斯为代表的制度创新学派两个基本分支(滕堂伟等，2009)。前者强调技术创新和技术进步在经济发展中的核心作用，而后者则认为由于交易成本的存在使得经济增长的源泉来自于有效率的制度安排而非单纯的技术进步。然而，上述研究在一定程度上忽略了创新赖以进行的历史及空间环境与条件的特殊性(刘好和王新玲，2008)。事实上，创新从最本质上说是一个系统现象，是在不同参与主体和组织之间不断相互作用下而产生的(Jan Fagerberg，2009，中译本)。创新系统的参与主体包括企业、大学、科研院所以及政府部门等总是客观存在于一定的地域空间内，系统的创新效率取决于所在地域经济、社会、政治及制度因素的影响(Edquist, 1997)。基于上述原因,一些学者采用了关注空间范畴的研究方法,分别使用国家与区域等不同的地理边界来区分不同的创新系统。

(1) 国家创新系统

弗里曼首先提出了国家创新系统的概念,他将之定义为"公共和私营部门中的机构网络,其活动和互相激发、引进、扩散新技术",并运用这一概念分析了二战后日本在技术落后的情况下,通过以技术创新为主导,辅以组织与制度创新,迅速实现技术赶超与跨越,成长为工业化大国的过程。弗里曼将日本的经济崛起归结为四大要素,分别为企业的研究与开发、政府的政策引导、教育与培训以及国家产业结构的合理性(Freeman, 1987)。

纳尔逊和伦德瓦尔以影响创新过程的决定因素来定义国家创新系统。纳尔逊偏重于个案研究,一方面聚焦于国家的研发系统及相应的支持性机构,将那些促进知识创造与扩散的组织视为创新的主要源泉,另一方面又强调制度的设定与功能是决定国家创新系统效率的关键所在(Nelson, 1993; Nelson 和 Rosenberg, 1993)。相较而言,伦德瓦尔更注重理论建构,着重从微观层面将用户与生产商、企业与供应商之间的交互学习置于创新形成过程分析的中心,随后再将其纳入到更为广阔的社会经济系统中,认为政治、文化以及经济政策的影响将有助于确定创新活动的规模、方向和成功的可能性(Lundwall, 1992)。

总体来看,国家创新系统理论综合了技术创新和制度创新两种学派的观点和研究方法,注重从社会、政治和经济等宏观视角来解释各国技术创新实绩的差异,强调国家这一特定因素对于技术变迁过程的重大影响(冯之浚,2000)。虽然国家创新系统也关注技术创新,重视知识的生产、传播和应用,但更多的是作为一个政策工具,重视国家系统的制度安排以及系统内部不同主体间的相互作用和网络机制研究(杨冬梅,2006)。

(2) 区域创新系统

受惠于全球化与信息化的迅速发展,经济资源的全球流动正日益突破国家边界的限制,表现出不断向地方区域集聚的强劲态势(Storper, 1997),区域逐步取代国家成为世界经济舞台中最为重要的空间载体与经济单元(王缉慈等,2001)。随着经济发展区域化的出现,国家创新系统逐步让位于区域创新系统(滕堂伟等, 2009)。

1992 年,英国的库克(Cooke P.)率先提出了区域创新系统的概念。他认为区域创新系统主要是由于地理上相互分工与关联的生产企业、研究机构和高等教育机构等构成的区域性组织体系,并通过这种体系支持产生创新(Cooke P., 1996)。随后,魏格将区域创新的参与主体进一步扩展至对创新活动进行政策法规约束与支持的政府机构以及金融、商业等创新服务机构(顾新,2005)。胡志坚和苏靖(1999)认为区域创新系统是国家创新系统的子系统,指出面向市场经济的科技资源、不断衍生和壮大的经营机制灵活的新型企业、新的经济政策与政府管理办法是构成区域创新系统的三大实体要素。

相较于国家创新系统,区域创新系统更强调创新过程的地方根植性特征(胡明铭,2004)。由于具有黏滞性和难以实现远距离交换的隐性知识(tacit knowledge)存在,使得创新日益基于企业(供应商、顾客、竞争对手)、研究组织(大学、其他公共和私人研究机构)和公共机构(技术转移中心、开发机构)等经济体间网络化的交互学习和知识流动(Asheim 和 Gertler, 2009,中译本①)。因而,即使在经济全球化和信息通信技术日益普及的今天,地理空间的邻近性对于创新的形成依然重要。此外,阿歇姆(Asheim, 1998)还认为区域创新系统在很大程度上可以被视作区域生产结构中支撑创新的制度基础设施,其与区域内长期以来形成的一整套态度、价值观、规范、惯例一起构成了特有的区域文化,成为其他区域最难以复制和模仿的竞争优势。而这与萨克森宁(Saxenian, 1994)有关硅谷创新环境研究中创新氛围在区域创新经济发展中具有关键性作用的观点如出一辙。

2.1.2 创新型城市研究的主要内容

随着创新理论与实践的日益深化,作为创新组织的空间载体,城市在创新体系中的地位和作用得到凸显。21世纪以来,城市日渐成为信息、技术、品牌、知识、人才等创新资源聚集地,其经济功能呈现出由传统产业转向高新产业、由制造转向研发、由生产转向服务并迈向创新中心的趋势(代明和王颖贤,2009)。

(1) 创新型城市的提出与内涵特征

西方对创新型城市的研究最初是源于对现代城市发展过程中面临的问题,如交通管理、产业发展、城市生态、种族融合等而提出的具有创造性的解决方案以实现城市的复兴(Landry, 2000),后来逐渐转向研究以创新作为驱动力的一种城市经济增长模式,并融合社会发展的理念与思想(诸大建和易华,2006)。

皮特.霍尔(Peter Hall, 1998)撰文分析了处于不同黄金时期众多城市作为创新环境的历史嬗变过程,他认为那些拥有高度创新性的城市往往具备一些特质,如多处在新旧秩序的交替变迁之中,是社会和意识形态剧烈动荡的中心;多为大的贸易城市,是吸引世界各方天才的磁石等。兰德里(Landry, 2000)首次系统性地提出了创新型城市的概念,指出创新型城市拥有开放的思想、多元化与宽容性、独立

① [挪]詹·法格博格,[美]戴维·莫利,等. 牛津创新手册[M]. 柳卸林,等,译. 北京:知识产权出版社,2009:288

的个性、可达性、弹性及富有活力的公共空间、高质量的人居环境以及基于本地性的全球化导向等内涵特征。

与西方强调创新文化以及人的创造性发挥不同，国内学者更倾向于将创新定位为城市竞争力的源泉（倪鹏飞等，2010），并指出在新经济下，创新将发展成为城市最为主要的职能或功能（吕拉昌等，2009；吕拉昌和李勇，2010）。

杨冬梅（2006）认为创新型城市是在新经济条件下，以创新作为核心驱动力的一种城市发展模式，是知识经济和城市经济融合的一种城市演变形态，她认为完善的创新系统是创新型城市的核心特征，是一个由多种创新主体之间的交互作用而形成的知识与技术集聚扩散的网络系统。杨贵庆和韩倩倩（2011）强调了自主创新的重要性，认为创新型城市的社会经济发展以科技创新为内涵，以原创性实践为特征，并以知识创新及转化为动力。还有学者从要素集聚的角度来定义创新型城市，认为创新型城市是一种依靠人才、知识、技术、资本、环境、文化等创新要素的有效聚集，进而能够激活创新意识，创造创新成果，并对其所在城市群或更大范围内的其他区域具有高端辐射与引领作用的城市发展类型（杨华峰等，2007；石忆邵和卜海燕，2008）。

（2）创新型城市的构成要素与条件

兰德里（Landry，2000）认为创新型城市的实现需要软件和硬件设施的结合。软件主要指高技能和高弹性的劳动力；活跃的思想者、创造者及执行者；大量的正式、非正式智力设施和老牌大学；释放个性的空间；城市内外的密切交流以及全面应用于社会或经济目标的企业文化。硬件则指承载上述软件的设施与空间。创新氛围由硬件和软件集合而成，使得城市成为创造思想和发明的容纳空间。

2005 年，世界银行以新加坡为研究范本，同样从软硬件的角度提出了一系列建设创新型城市的先决条件，硬件方面包括优良的基础设施，功能完善的城市中心区，充足的文化及学术活动场所设施等；软件方面则主要有研究开发能力，高素质的劳动力队伍，高效的服务型政府以及基于社会多元的多文化融合等（Poh Kam Wong 等，2005）。

J. Simmie 等（2001）着重分析了城市创新与经济集聚的相互作用关系，认为城市的创新源于本地经济集聚，同一产业门类公司的空间集结，城市化经济规模进程以及城市与全球化市场的联系程度等 4 个方面，并指出高质量的知识劳动力和便利的基础设施及通讯是创新型城市构建过程中两项最为核心的城市资产。Dahlman 和 J. Aubert 在上述基础上补充了稳定而充足的资金支持是城市创新体系正常运转的基本条件（张玉利，2009）。佛罗里达（Florida，2002）提出著名的“3T”理论，强调创意阶层人才（talent）、技术水平（technology）以及宽容的态度（tolerance）对于创新型城市构建的重要性。Hospers（2003）认为人口的集中性，文化的多样性，城市处于非稳定状态以及积极的城市声誉等要素能够激发城市创新与创意形成的机会。

国内研究方面，杨冬梅等(2006)指出创新型城市必须具备 4 个基本要素，分别为创新主体、创新资源、创新制度与创新文化，并认为由企业、大学、研究机构、中介机构、政府等构成的创新主体是最为重要的能动要素，而其余皆为创新型城市的环境支撑要素，其中资源为硬环境要素，制度与文化为软环境要素。张辉鹏和石嘉兴(2004)研究认为，城市创新系统的运行需要四大体系的有效支撑，分别为政府调控体系、研究开发体系、企业创新体系和创新服务体系。邹德慈(2009)指出产业创新，基础设施建设以及制度创新是创新型城市构建的三大要素。毛荐其和俞国方(2006)主要从城市产业发展的角度论述了企业、产业链、产业集群 3 个层面构成的协同创新网络对于创新型城市建设的基础性推动作用。曾鹏等(2008)从空间层面来阐述创新型城市的要素构成，认为城市创新空间是知识经济或创新产业在空间上的集群，并以创新、研发、学习、交流等知识经济主导的产业活动为核心内容，是各种硬件物质要素(研究开发园区等)和软件机制文化要素的综合体。

在全球化日益深化发展的背景下，学术界也逐步将研究的视野从城市内部转向城市外部，开始关注推动城市创新发展的外生力量源泉。王德禄等(2011，2012)认为对于中国这样的发展中经济体而言，城市与区域的创新主要取决于与全球创新尖峰链接的程度，城市主要通过技术、资本、产业链 3 个核心链接机制达成对全球创新资源的有效利用，而实现成功链接的关键桥梁在于人脉网络。而倪鹏飞等(2011)在对全球 436 座城市的创新竞争力评价研究中，提出城市的全球联系是城市创新系统的关键因素，对于城市的科技创新能力具有正向作用的重要观点。

(3) 创新型城市的发展类型与模式

创新的内涵十分丰富，不仅包含技术层面的创新，同时也包含非技术层面创新，如管理创新、流程创新、组织创新、服务创新和营销创新等(顾新，2005)。创新内涵的丰富性决定了创新型城市发展类型的多元化。

依据不同的标准，创新型城市可以被划分为不同的模式类型。Hospers(2003)依据经济与城市发展的历史进程，总结了 4 种类型的创新型城市，分别为技术创新型城市、文化智力型城市、文化技术性城市和技术组织型城市。韩瑾(2007)依据创新活动的产业侧重不同，将创新型城市划分为文化型和科技型两种类型，其中，文化型创新城市的创新活动偏重于文化艺术产业，实施文化导向的创新策略，而科技型创新城市主要通过在制造业方面的创新投入来促使产业发展，带动经济增长。部分学者依据各创新驱动要素在推动城市创新过程中的地位不同，将创新型城市划分为知识创新型、技术创新型、产业创新型和制度创新型 4 种发展模式(张玉利，2009)；杨冬梅等(2006)以及尤建新等(2011)以政府和市场驱动力组合的不同，将创新型城市的发展模式划分为政府主导型、市场主导型以及同时吸收政府和市场两种力量的混合型3种类型，并指出上海属于政府主导型发展模式，深圳则属于“政府引导＋市场驱动”的混合型发展模式。

尽管存在多种划分方案，但是我们大致上可以将创新型城市区分为两种类型。一是基于技术的创新型城市，以专利作为主要产出带动城市经济增长，其主要的分支类型有高技术城市、科技创新城市、研发城市等；二是基于文化的创新型城市，以版权和制度作为主要产出来推动城市经济发展，其主要的分支类型有创意城市、制度创新城市等。无论何种类型，都反映出创新型城市是一种涵盖了科技、文化、产业、组织、制度、管理等全方位创新的城市治理模式。

2.1.3 创新型城市研究的理论述评

创新型城市是创新型国家的重要组成部分(石忆邵，2009)，城市创新系统是国家创新系统的子系统(张辉鹏和石嘉兴，2004)，由此我们可以将创新型城市研究视为国家与区域创新系统理论在城市空间层面的进一步承继与发展，呈现出如下理论演进脉络(见图2-1)。

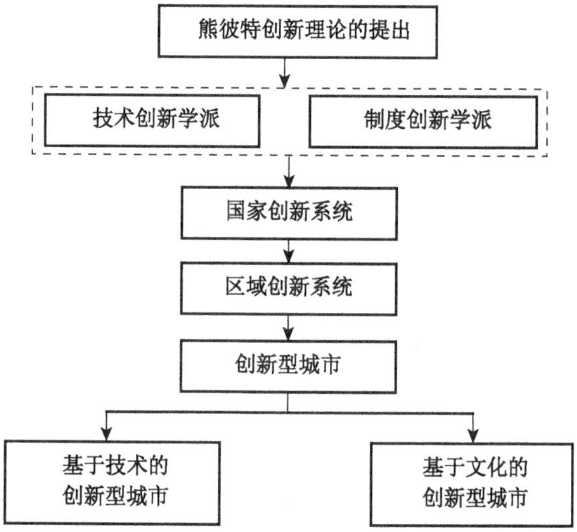

图2-1 创新型城市理论研究演进示意图

资料来源：作者绘制

回顾过往的创新型城市相关研究，应该说基本延续了国家与区域创新系统的学术思想，多注重从系统要素构成的角度来对创新型城市进行理论探讨，并在某些方面达成了共识。首先，在发展内涵方面，突出其综合性特征，倾向于将创新型城市理解成为一个涵盖了技术创新、知识创新、制度创新、服务创新、文化创新、创新环境等全社会创新的综合创新体系(石忆邵，2008)，并认为创新是知识经济时代下城市的重要功能或职能。其次，在城市的创新动力来源层面，则凸显其系统性特征，一方面强调多元创新主体之间的网络化协同互动机制对于城市创新发生的核心作用，其中，以企业为主体的产业创新被视作创新性城市构建的基石；另一方面，注重从软件与硬件两方面的环境要素来论述创新型城市建设的支撑体系，并特别突出了人才、文化、服务等软环境要素的关键地位。

经过梳理，可以看出当前对创新型城市的研究多注重从创新系统要素构成的角度来探讨推动城市发展的内生力量，强调建立在城市资源禀赋基础上的自主创新是创新型城市的核心内涵，而对外生力量的重要性关注不足。在林林总总的创新型城市评价指标体系中，甚少涉及对于城市外生创新要素评价的内容。事实上，全球化浪潮为创新所必需的经济、社会与知识资本在城市的迅速聚集提供了机会和窗口（王程韡，2011），跨国公司主宰下的全球经济网络密切交织，带来全球科技资源的重新配置与整合，跨国公司研发机构为代表的海外机构所裹挟的创新资源嵌入本地经济，使得传统的科研组织结构和创新方式发生了重大变化，为城市的技术创新收益开辟了新的增长源泉。自主创新应当强调的是创新者对于技术创新和产品开发的主导权，而不是技术本身的来源（万钢，2007），充分利用国际科技与创新资源同样是衡量与评价城市创新能力的重要方面。因此，在城市发展过程中，如何积极融入全球创新网络，有效利用外部创新资源来提升城市自身的创新能力是未来创新型城市建设实践的重要方面。以上观点不仅对于现阶段发展中国家与地区的创新型城市构建意义重大，即使对于发达国家和地区的创新型城市建构也同样适用。

2.2　世界城市研究的理论发展与转型

当今世界，日益深入的全球化进程对世界经济社会空间的重构产生巨大影响（吕拉昌，2007），生产的地点和过程越来越依赖于跨国权力和资本的超级流动与结网状况（Sassen，1991；中译本，2001），导致全球范围内现代化国际城市的迅速崛起，并成为控制和协调世界政治经济事务的中心（熊世伟，2001），这也使得国际城市，尤其是作为国际城市高端形态的世界城市（段霞和文魁，2011）成为学术界关注的热点。

2.2.1　世界城市的提出与内涵特征

1966年，皮特·霍尔（Peter Hall）将世界城市定性为对全世界或大多数国家产生全球性经济、政治、文化影响的国际一流大都市，是处于世界城市体系顶端的城市，并论述了世界城市的主要内涵，包括国家的政治权力中心、贸易中心与金融中心、专业人才聚集中心、信息汇集和传播中心、大规模人口中心且集中了相当比例的富裕阶层人口以及娱乐业成为重要的产业部门等。科恩（Cohen，1981）以新国际劳动分工理论为基础，提出世界城市是新的国际劳动分工协调和控制中心的观点，并运用“跨国指数”和“跨国银行指数”两个指标分析了若干城市在经济全球化中的作用。

弗里德曼(Friedmann, 1986)提出了著名的"世界城市假说",认为世界城市是全球经济的指挥与控制中心,并主要从金融中心、跨国公司总部集聚、国际化组织及国家中心、第三产业的高度增长、主要制造业中心、主要交通枢纽、人口规模等7个方面论述了世界城市的基本特征;随后,弗里德曼又补充了世界城市还是国际移民集散地的观点(Friedmann, 1995)。

沙森更加关注世界城市发达的生产性服务功能,她通过考察位居世界城市体系顶端的三大城市——纽约、伦敦和东京,将全球城市定义为发达的金融与商业服务中心,具备4个方面的重要特征,分别为①世界经济组织高度集中的控制点;②金融机构和专业服务公司的主要集聚地,其已经替代了制造生产部门而成为主导经济部门;③高新技术产业的生产和研发基地;④作为一个产品及其创新活动的市场(Sassen, 1991,中译本,2001)。

基于信息化对经济社会发展的重要影响作用,卡斯特尔(Castells)于1989年提出了信息化城市(information city)的概念,他认为随着信息网络技术的广泛运用,空间的地方性日益转化为流动性,即产生了"流动的空间"(space of flow),世界城市就是全球信息网络的主要节点,控制着全球信息的流动与进出。与以往对世界城市基本内涵的解释不同,卡斯特尔赋予其动态和联系的内涵(周振华,2008)。

从现有的文献来看,对于世界城市的概念与内涵解释都突出了其基本属性,即是否作为一个资本积聚地和充当组织、控制生产的分配及流通的角色(黄苏萍和朱咏,2011),具体表现为全球城市网络的主要节点,全球战略性资源、通道和产业的控制中心,全球跨国公司和银行总部的集聚中心以及全球资本流、信息流、技术流和人才流的集散中心等。

2.2.2 世界城市的主导功能与形成机制

(1) 世界城市的主导功能

高度专业化的生产者服务是世界城市发展的主要组成部分。生产者服务包含的内容虽然繁多,但中心只有一个,即围绕着资本运作的金融业(张庭伟,2006)。因而,国际金融中心历来被认为是位于体系顶端世界城市的首要经济功能(宁越敏,1991;周振华等,2004)。国际金融中心既是世界城市概念的延伸,也是世界城市体系中一个特别的分支类型。里德(Reed, 1989)在此方面做了开创性的工作,他通过指标收集与多变量分析,勾勒出了国际金融中心的层级体系,其中,纽约、伦敦被认定为全球性的金融中心。

世界城市另一个重要功能是全球生产的管理和控制中心(周振华等,2004)。在新国际劳动分工作用下,由跨国公司主导的生产经营活动一方面向全球范围扩散,制造工厂向边缘地带与发展中国家转移;另一方面,对生产活动的管理和控制则向大城市集中。在这种生产和管理空间分离的过程中，少数城市凭借其完善的基础设施，发达的生产服务网络和高效的指挥系统而吸引了众多跨国公司总部机构，进而具备了管控与策划全球生产经营活动的功能。

而随着信息时代的来临，世界城市在信息网络建设中同样领先一步，成为全球通信网络的主要结节点，发挥着全球信息中心的功能与作用。卡斯特尔认为世界城市不是一个地点，而是一个把生产、消费和服务中心以及这些中心的地方社会融入某个整体网络中的过程。在信息时代，全球性支配功能和过程通过网络组织起来，新的通信技术推动城市之间的国际连接，使得世界城市在全球信息网络中充当主要节点，支配着信息时代全球的地理结构(谢守红和宁越敏，2004)。

除却上述经济功能之外，世界城市还具有政治和文化中心的功能。霍尔(1966)就将政治因素作为区别世界城市与其他类型城市的重要依据，认为世界城市应当是全球主要的政治权力中心以及国际性组织所在地，并在社会文化与意识形态方面处于强势地位。

(2) 世界城市的形成机制

弗里德曼(1986)将世界城市形成的基本动力归结为由跨国公司主导的以公司内部贸易和产品内贸易形式展开的新国际劳动分工。跨国公司在全球范围内寻找适宜的生产区位，将决策、资本运营等环节集中在少数城市，并以此为基点来协调和控制全球生产和市场，进而导致世界城市的出现。在其后续研究中，他特别强调世界城市之所以能够吸引以跨国公司总部为代表的国际资本，是因为世界城市代表了其所影响的区域的经济实力及其统领该区域与全球经济链接的能力(弗里德曼，2001)。因而，注重城市地方内部力量的内生式发展，并在此基础上导引其进行全球性参与是构建世界城市的正确模式(弗里德曼，2004)。

沙森(Sassen, 2001，中译本)认为全球城市的形成力量来自于经济全球化作用下的控制功能在少数城市的持续集聚。在全球化推动下，世界经济的地域分布与构成发生变化，产生了一种空间分散化而全球一体组织的经济活动，具体表现为以制造业为主的经济生产活动在全球范围内不断扩散和与此同时对这种生产活动的控制行为不断向大城市集中的趋势。上述过程赋予了主要城市一种新的战略角色，即全球城市。

卡斯特尔(1989)从信息流动的角度分析了世界城市形成的力量基础。他认为信息是世界经济新的战略性资源，世界城市的发展日益依赖于先进的通讯网络服务。因此，获得世界信息空间的进入权和对信息空间主要节点的控制权，并在国际资本积累博弈中获得最终胜利是世界城市形成的关键所在。世界城市产生于公司网络活动的关系以及以知识综合体和经济反射为基础的城市之间的联系中(Castells, 1989)。相应的，智能建筑、电信港、光纤以及其他关键技术，已成为正在浮现中的信息化城市基础设施的一部分，将对城市未来经济增长及其在世界城市体系中的地位起到决定性的作用(Moss，1987)。

国内研究方面，沈金箴(2003)以东京作为研究案例，归纳了世界城市的形成机制，分别为：①以创新为源泉的雄厚综合经济实力是东京形成世界城市的基础；②国家信息中心的角色是东京形成世界城市核心功能的关键；③立足于国家战略高度是东京得以发展成为世界城市的重要保证；④再塑全球竞争力是东京保持其世界城市地位的主要手段。杨一博和宗刚(2011)回顾了纽约作为世界城市的发展历程，指出地理区位优势的发挥、高质素的人力资源以及合理的产业结构调整是纽约之所以成为世界城市的主要因素，并认为城市凝聚力的缺失将成为纽约维系世界城市地位的主要障碍。杨培雷(2003)从内外动力两个角度分析了世界城市的形成机制，其中内部动力来自于城市分工的专业化发展以及信息化时代赋予城市在国际层面相互联系的世界属性，外部动力则来源于城市当局的政策安排与城市规划定位。

2.2.3 世界城市研究的理论反思与转型

2008年全球性金融危机爆发之后，纽约、伦敦等城市所遭遇的发展困境使人们对世界城市未来发展的方向产生困惑。事实证明，建立在全球金融市场之上的全球经济平台的根基并不牢靠(张庭伟，2012)，这也引发了学术界对于既有以金融资本为核心驱动力的世界城市发展模式是否仍能无往而不利的深入思考，世界城市的理论研究也随之出现转型倾向。

(1) 世界城市研究的理论反思

李健(2011)主要从全球价值链视角对传统世界城市研究进行了理论反思，认为其在某些方面存在薄弱环节：①传统世界城市研究主要建立在西方发达国家城市的经验基础上，强调其国际经济枢纽的控制和服务功能，仅仅关注了金融、房地产等高端服务业对于世界经济的统领作用；②更多关注了位于世界城市体系中的高端城市，忽略了作为整体而存在的全球价值链中其他环节的空间镶嵌，尤其是忽视知识与技术控制力在城市体系建构过程中的重要作用；③仅讨论了全球化过程对于世界经济格局及全球城市体系发展的推动，却无视自下而上的本地化过程的一种内生发展力量。

事实上，在金融危机之后，西方的城市发展呈现出新的景象。不少城市逐渐认识到经济基础多元化的重要性，开始重新支持制造业振兴，并积极寻找服务业的新增长点(张庭伟，2012)，这极大撼动了既有以 FIRE 产业来评价与塑造世界城市的思维基础。屠启宇和苏宁(2012)认为，在后危机时代，为了规避由单一性服务经济结构所带来的风险，世界城市需要更加注重城市经济结构的均衡性与多样性。同时，在社会力持续介入到全球化过程（张庭伟，2012），全球土地与水资源约束日益显著，全球气候变化以及城市文化亟须可持续发展等背景下，世界城市的评价标准也突破了原有的经济领域，进一步渗透至社会、文化、生态等多个维度，呈现出世界城市价值取向的多元化特征。

其次，随着全球化与信息化的日益深入，透过有绝对经济权力的跨国公司投资，全球经济活动逐渐按照全球价值链的不同环节被功能性配置在具有不同优势的空间与地方之中，形成全球生产网络。在此过程中，不仅造就了世界城市，同时对其他城市也产生巨大影响（周振华，2006），不论是发达国家城市还是发展中国家城市都可以通过嵌入价值链中的不同价值区段如总部管理、品牌营销、研发设计、制造组装等获益从而被纳入到世界城市体系之中（李健，2011）。因此，在未来世界城市及其体系研究中，将进一步体现全球价值链之空间内涵的完整性，在关注城市体系中集聚了跨国公司总部、营销、品牌等高端价值链环节的顶层城市同时，也应将集聚了研发设计、生产制造等价值链环节，并在全球生产网络中占据重要战略位置的城市纳入世界城市体系之中。而在知识经济时代下，尤其需要关注因集聚和控制了价值链微笑曲线（施振荣，1992）中另一侧高端的技术研发环节，而成为全球新产品和新技术创新源地以及高科技产业技术标准制订所在地的具有研发服务与创新功能的国际城市（见图2-2）。

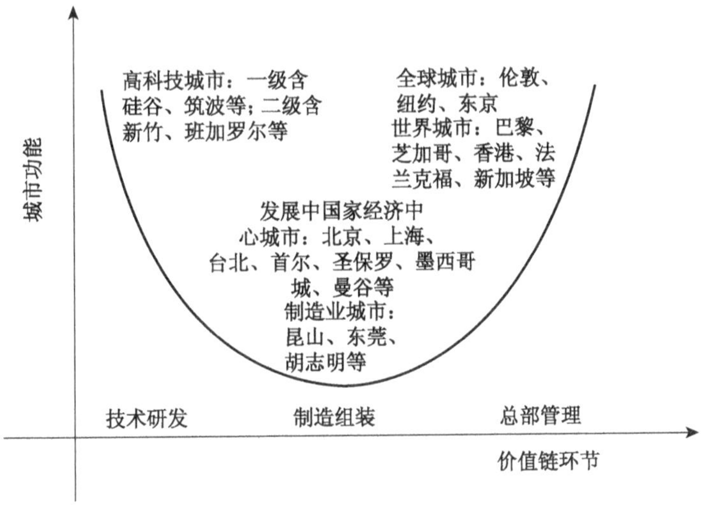

图2-2 基于全球价值链重构的世界城市体系

资料来源：李健.2011：20-26

在世界城市的形成机制层面，肖亦卓（2010）指出西方学者大多注重全球化、国际劳动分工等外部因素对世界城市形成的决定性影响，在理论建构方面存在一定局限性，主要表现为作为前提条件的城市内生发展水平极易被忽视以及存在忽视城市所在区域的历史、区位和制度特性的倾向。张庭伟(2005)在弗里德曼的基础上重新厘订了跨国公司总部与世界城市形成之间的逻辑关系，他认为世界城市本身的经济统领地位才是其吸引企业总部的原因，而并非由企业总部造就了世界城市。所以，世界城市的节点地位及其腹地的地缘经济总量是因，而公司总部迁入是果。较多的公司总部会进一步加强世界城市和全球经济体系的链接能力，进而取得更大的成功，两者存在互动关系。作为全球化载体的跨国公司，其全球搜寻与各国各地区的区域差异有关，反映出经济活动本地化的特点(王缉慈，2001)。由此可见，世界城市的形成实质上是全球化与本地化共同作用的结果，累积地方竞争优势的内生式发展和在此基础上导引其嵌入全球生产网络内外两方面的融合发展才是构建世界城市的正确路径选择。

(2) 创新：世界城市塑造的新维度

早在1994年，宁越敏就撰文分析了世界城市崛起的客观规律，他认为以技术革命为标志的周期性经济长波引发主导产业的更替，使得世界经济增长的重心发生转移，进而推动了世界城市在新的区域内形成(宁越敏，1994)(见表2-1)。可见，世界城市的崛起依赖于各个历史发展时期经济与科技力量的推动(徐颖，2011)。

表 2-1　经济长波与世界城市的形成

长波周期	时间	主导产业	新的经济增长重心	世界城市
第一次	1782—1845	采煤、纺织	英国	伦敦
第二次	1845—1892	钢铁、铁路	英国、美国	伦敦
第三次	1892—1948	电气机械、汽车、化学	美国、德国	纽约、伦敦
第四次	1948—1990	电子、航空航天	美国西部、日本	纽约、伦敦、东京等
第五次	1990 至今	网络、生物工程、新能源	美国、金砖四国①等	大批国际城市崛起

资料来源：宁越敏. 1994：21-26，补充第五次经济长波，侯百镇. 2005：1-12

1990年代以来，美国经济的整体复兴主要是依靠硅谷、波士顿128公路等地高科技产业经济的崛起。以电子信息产业为代表的“新经济”逐步成为国际劳动分工的产业主体(李健，2011)。到了21世纪，城市经济在从以制造业为中心向结构轻型化和经济服务化转变的同时，日益表现出显著的以知识信息为中心的创新经

① 金砖国家概念是由美国高盛公司首席经济师吉姆·奥尼尔(Jim O'Neill)于2001年首次提出，是指4个主要的新兴市场国家，分别为巴西、俄罗斯、印度、中国，其人口和国土面积在全球占有重要份额，并且是世界经济增长的主要动力。金砖国家名称来自这4个国家的英文国名首字母所组成的词BRIC。

济特点(王桂新,2012)。创新资源加速在世界范围内的流动,使得全球经济进入到创新竞争阶段。在新一轮经济长波与技术革命正在酝酿的关键时期,哪座城市能够掌握新一轮产业兴起的核心技术与创意环节,哪座城市就能占据新兴主导产业发展的制高点,控制全球经济、文化与政治发展的脉搏,从而确立及进一步保持其世界城市的地位与优势。因此,建设世界城市,首当其冲就是要发展创新经济,建设创新型城市,在继续强调世界城市资本控制力的同时,更加重视向以科学、技术、教育及各种艺术家为中心的提升人类创造性的城市经济与社会系统转变(王桂新,2012),使创新成为推动世界城市功能转型与可持续发展的主要驱动力。

另外,在新经济下,创新业已成为城市的主要职能或功能。而世界城市之所以在世界上地位凸显也正是得益于其拥有突出的创新职能。创新作为世界城市的重要职能,具体表现为提供新产品和新服务;老产品及服务的新方式、新标准及操作方法,涵盖了金融工具衍生、多媒体应用、信息技术、电子商务、生物科技、环境保护以及文化创意、产权保护制度等包括技术创新和非技术创新在内的诸多方面。而上述世界城市的创新职能极大地强化了其在全球城市体系的中心性以及领导地位(吕拉昌等,2009)。

新近,纽约、伦敦、新加坡、首尔等不同层级的世界城市相继出台了2030规划,对城市的长期发展实施战略部署,规划中所呈现的产业目标在很大程度上代表了未来世界城市的产业选择趋势(见表2-2)。从中可以明显看出,为了应对全球气候变化以及突破资源瓶颈,低碳绿色化的环保、新能源、纳米、生物技术等高科技产业成为世界城市未来主要的产业选择方向。与此同时,城市科技研究能力的培育以及附加值较高的金融,咨询服务、商业以及文化创意等服务性产业发展亦得到高度重视。打造具有高度创新能力的世界城市,正成为各国占领新一轮产业制高点进而控制全球政治、经济和文化的主要方式(屠启宇等,2013)。

表2-2 不同层级世界城市的2030战略规划产业目标

层级	城市	规划名称	2030产业发展目标导向
首要层级	纽约	更绿更美好的纽约	注重绿色环保,开发绿色能源,发展低碳经济;新能源产业(风能、太阳能等)、节能环保产业(电动汽车、节能楼宇等)、绿色产业(绿色食品等)等将得到快速发展。
	伦敦	更宜居的城市	强化金融业、航运旅游业、商业、文化创意产业、咨询服务业的国际竞争力;未来产业发展和布局走集约化、复合化、融合化道路。
	东京	首都圈巨型城市群	重点扶持和培育支撑大都市发展的产业,如城市机能活用型产业,社会问题解决型产业,信息传播产业和信息家电等产业,以创新城市型产业带动日本整体经济发展。

续表 2-2

层级	城市	规划名称	2030 产业发展目标导向
次要层级	巴黎	确保 21 世纪全球吸引力	强化巴黎大区的服务经济支柱产业；在具有世界规模的第三产业市场中，集聚总部选址，并形成强有力的科技研究能力。
	法兰克福	网络城市	通过企业在大学和研究机构投资促进生物技术产业发展，发展金融、企业服务、通信技术和媒体、贸易物流和交通管理服务业；广告、公关、软件和游戏等创新经济将获得巨大发展机会；利用博览业带动酒店、商业、旅游等产业发展。
	首尔	全球气候友好城市	投资 450 亿美元用于削减温室气体排放；重点发展氢燃料电池、太阳能电池、绿色建筑、LED 照明等 10 大绿色技术，建立规模 1 700 亿美元的绿色市场，具备适应气候变化的能力。
	新加坡	挑战稀缺土地	鼓励和支持高附加值、高技术含量产业的发展；依靠尖端技术，实现高附加值产业和现代服务业双轮驱动，将新加坡打造成国际竞争力的大都市。
	香港	亚洲国际都会	改善相关软件，拓展人民币业务范围，提升金融市场质素；提供极具吸引力的办公环境；利用亚太航运中心地位，大力推进贸易、物流和航空服务业发展；发展旅游会展业，推动贸易、零售等商业快速发展；发展文化创意产业，创造适宜人才发展环境。
	中国台北	生态城市	重点发展绿色环保、文化、信息、商业、医疗服务产业，其中绿色环保为重中之重；充分利用地下空间，尤其是地铁周边地下空间，发展地铁商业街，形成集约化发展。

资料来源：黄苏萍和朱咏. 2011：11-18，作者有删减

2.3 国际研发城市相关文献综述

在知识经济时代背景下，研发是推进区域社会经济发展的重要力量。作为一种伴随研发全球化而出现的新型城市功能与空间形态，迄今为止，国内外还未有学者对国际研发城市进行系统的研究。自杜德斌(2003)率先提出“国际产业研发中心”(international manufacturing R&D hub)这一概念以来，学术界的相关研究才相对丰富起来，涌现出了诸如“国际研发中心”(黄鲁成和李阳，2004a)。“研发枢纽”(王铮等，2007；初钊鹏等，2009)。“研发城市”(张建伟，2011)等相近的概念体系和理论探讨，学术界对于研发的研究视角也逐渐从微观的企业层面拓展至中宏观的城市、区域及国家发展层面。综观近年来的国内外研究成果，主要集中在以下若干方面：①相关概念探讨；②国家与区域层面研发中心发展战略研究；③多空间

尺度下的研发投资环境评价与优化；④研发中心及枢纽的成长条件与模式类型归纳。接下来，作者将遵循以上逻辑线索进行文献综述，力求较为全面地展现该领域内已有的研究成果。

2.3.1 相关概念的提出与探讨

近年来，"R&D hub"一词较高频次地出现在国内外的学术文献及研究报告中，用以描述一个城市或地区汇集了较多的研发机构与活动进而成为区域的研发中心。"hub"一词，根据牛津英汉双解词典的权威解释，主要有两个层次的涵义：一为某地或活动的中心与核心，二为轮毂（轮子的中心部分），后逐渐演绎为枢纽，即事物间相互联系的中心环节或节点①。

(1) 国外相关概念提出

瑞典学者 Johansson 和 Karlsson(1994)在一篇讨论地区交通设施规划的论文中，将 Malar② 地区称之为瑞典乃至北欧地区的"hub of R&D"，理由是该地区集中了瑞典 50%以上私人及公共研究机构，并将其形容为瑞典研究创新网络的中心和新知识、新创意、新技术、新流程及新产品产生最为重要的节结点(node)。

Robert Triendl 和 Renee Yoon(2001)在一篇有关新加坡产业转型的论文中将新加坡称之为东亚生物科技产业的研发与制造中心（R&D and manufacturing hub)。韩国大田市(Daejeon)经济与科学发展局局长 Jin-ok Lee 在 2003 年世界高技术城市协会年会的讲话中，提出了将大田建设成为东北亚地区研发中心（R&D hub of northeast Asia)的战略设想。

2008 年，位于荷兰的一家研究机构 BCI③ 构建了一套技术城市评价指数，并根据评价结果将排名较高的城市如巴黎、伦敦、牛津、剑桥、柏林等称之为"欧洲的研发中心"(European R&D hub)。2011 年，世界著名创新研究机构 Zinnov. 以半导体设计产业作为研究对象，通过 4 个层面的评估，将 15 个城市认定为全球半导体的研究创新中心（semiconductor hubs for research and innovation)（Zinnov. 2011a)。综合而言，国外学者对于"R&D hub"的关注多局限于一般的现象描述与战略构想，并未做出清晰的概念界定。

(2) 国内相关概念提出与界定

黄鲁成和李阳(2004a)特别提出了国际研发中心（R&D hub)的概念与企业研发中心（R&D center)相区别，前者指国际研发资源与活动的聚集区域，后者则指

---

① 牛津高阶英汉双解词典. 第 6 版. [M]. 北京：商务印书馆 & 牛津大学出版社，2004：860

② 该地区位于瑞典首都大斯德哥尔摩地区的东部，是瑞典及北欧著名的高科技地区。

③ 该机构全称为 Buck Consultants International，是欧洲地区领先的区位与房地产专业咨询研究机构。

企业专门从事研究与开发活动的机构。

2003 年,杜德斌在其主持的上海市软科学重点研究项目:《跨国公司的研发全球化及其应对策略研究》的研究报告中,率先提出了国际产业研发中心的概念,明确了"R&D hub"的空间尺度即城市与区域,并在后续研究中给出了明确解释,即国际产业研发中心是指一个城市或地区集聚众多的跨国公司全球性和区域性的研发机构,因而成为世界新产品和新技术的创新源地(杜德斌,2005)。随后,李玺(2006)在其博士学位论文中将国际产业研发中心进一步引申为:在经济发展过程中,因为汇集了大量与本地区产业发展相关的研发资源,而最终形成研发产业集群的城市和区域。张建伟等(2011)从城市产业发展的角度出发,将研发城市定义为以从事研发活动,提供研发产品和服务的相关行业为主导产业的城市类型。

1999 年,瑞士学者 Gassmann 和 Zedtwitz 在总结跨国公司国际研发活动的组织模式时,提出了研发枢纽模式(R&D hub model)的提法,原意指跨国公司母公司对于海外研发活动单元采取的一种联系更为紧密的中心化与一体化的组织与管理模式类型(Gassmann 和 Zedtwitz, 1999),王铮等、初钊鹏等(2007; 2009)部分国内学者则根据自身的研究需要,借用了以上"研发枢纽"的提法,并对其内涵做了进一步的拓展与演绎,指出研发枢纽(R&D hub)不仅是研发组织活动的聚集区域,而且是由研发活动所构成的知识网络中一个知识流汇聚与扩散的核心节点。

上述对于"R&D hub"的概念解释在明确了"研发中心"城市或区域的空间尺度的同时,均强调了研发要素资源与研发组织活动在空间上的高度集聚。当然,不同学者在进行概念界定时,其关注的侧重点也不尽相同。杜德斌等更加突出了跨国公司全球与区域性研发机构集聚对于国际产业研发中心形成的重要性,并主要从研发资源集聚(聚集了众多的研发机构)和研发产出能力(世界新产品和新技术的创新源地)两个方面来对其进行概念界定。李玺从集群角度强调了研发资源与本地产业的关联互动,并指出这种产业关联性是国际产业研发中心区别于其他科技中心城市的主要特征,因而他认为国际产业研发中心在组织上应表现为国内外研发机构在特定空间上的集聚而形成的内部相互联系的研发产业集群,同时在影响和效应方面则表现为具有较为广泛且强大的国际影响力和辐射力。王铮等、初钊鹏等则借鉴了卡斯特尔世界城市是全球信息网络主要节点的观点,着重突出了"hub"中所蕴含的"枢纽"的功能与涵义,认为研发枢纽的重点并不在于控制一个空间范围,而是在于其在整个国家创新网络空间结构中所处的关键地位,并在此基础上进一步发展成为知识流创造、交换和扩散的中心与节点。

2.3.2 国家与区域层面研发中心发展战略研究

当今世界在经济领域的竞争,归根结底依赖于科学技术的研究与开发,这对于处于技术前沿的工业化国家，还是对需要在技术上追赶的发展中国家来讲，都是正确的(Sachs 和 McArthur，2005)。因而各国政府纷纷提出各种政策，抛出种种发展计划来竭力提高本国的研发能力(薛澜，1995)，建设国际性的研发中心成为各国及地方政府主要的发展战略目标。

(1) 国家层面的战略研究

Robert Triendl 和 Renee Yoon (2001)在一篇讨论新加坡产业转型的论文中，较早提出了新加坡应当以优势产业为依托，发展成为东亚生物科技产业的研发与制造中心(R&D and manufacturing hub)的观点与设想。

韩国的大韩贸易投资振兴公社从国家战略的高度提出了将韩国建设成为东北亚研发中心的战略设想(KOTRA①，2003)，并将大田市及大邱市作为实现这一战略目标的主要空间载体。Deok Soon Yim 和 Ki Kook Kim (2006)调查和分析了韩国内外资研发机构的运营情况，指出了韩国在吸引研发投资方面存在的问题，并给出了包括赋税优惠、研发设施土地利用补贴、研发人才补贴、合作研发基金补贴以及为外商研发投资营造友好型环境等在内的一系列政策措施以期进一步吸引与促进研发集聚，推动韩国东北亚研发中心地位的打造。

Raja M. Mitra(2007)则在题为《印度：崛起中的全球研发中心》的研究报告中，详尽分析了印度研发系统的现状、挑战及其未来的发展战略。报告同时指出印度在高科技和国际研发领域仍然处于初级发展阶段；提升区域政府效率，改善投资环境以及提高本土公司的技术创新能力与国际间合作是印度建设国际研发高地需要解决的主要问题。Raja M. Mitra 预测在未来的 10～20 年间，尽管面临中国和俄罗斯等国的强势竞争，印度仍将持续巩固其全球最为主要的知识流程外包、研发服务及高科技产业投资中心的战略地位。

我国学者陈华(2005)以新经济增长和全球价值链理论为依据，较早从宏观层面论述了我国沿着价值链的高端环节上行，实现从中国“世界工厂”向“全球研发中心”发展战略转变的必要性与可能性。

(2) 区域层面的战略研究

2003 年，韩国大田市经济与科学发展局局长 Jin-ok Lee 在分析了大田高技术产业开发优势的基础上，以大德研究开发特区为空间依托，进一步提出了将大田市建设成为东北亚地区研发中心(R&D Hub of Northeast Asia)的战略目标②。

黄鲁成和李阳(2004b)认为城市或区域定位于国际研发中心具有加速传统产

---

① 大韩贸易投资振兴公社，Korea Trade-Investment Promotion Agency，KOTRA 是其英文名称首字母的缩写，是韩国政府属下的非盈利贸易促进机构。

② 引自 Jin-ok Lee 局长在 2003 年世界高技术城市协会年会中的讲话稿。

业升级，推动知识密集型产业发展，提升国际科技竞争力等重大意义。因此倡导中国有潜力的城市与地区应当把握研发国际化的有利机遇，发展成为国际研发中心。其中，上海、北京以及广东省由于在研发资源、人力资本以及科技基础设施等方面具有的突出优势，因而得到国内诸多学者的关注。

杜德斌(2003)在一份由上海科委委托的课题研究报告中，描绘了将上海打造成为国际产业研发中心的宏伟蓝图，并就上海建设国际产业研发中心的外部环境和比较优势进行了初步探讨，这是国内首次就国际研发中心的发展战略问题进行理论探索。在后续研究中，杜德斌(2005；2006)、李玺(2006)进一步揭示了国际产业研发中心的本质内涵与功能特征，并在总结硅谷、班加罗尔、波士顿等典型国际研发中心发展特点的基础上，尝试就上海创建国际产业研发中心的战略方向与模式选择给出具体建议。2006 年 4 月 2 日，《上海中长期科学和技术发展规划纲要(2006—2020 年)》中提出到 2020 年，上海的知识竞争力要名列亚洲前列并进入世界先进地区第二集团，成为亚太地区的研发中心之一(罗守贵，2010[①])。来自实业界的董锡健(2007)认为在全球研发资源转移的浪潮中，上海应当顺势而为，以构建标志性、共享型的国际研发机构服务集聚区为先导，建设上海成为国际性的研发港。

初钊鹏等(2009)运用主成分分析法，从研发投入、研发产出、研发产业化水平以及创新环境 4 个方面对全国 30 个省份及直辖市进行研发枢纽建设的适宜性评价，其中，排名前三的北京、上海以及广东省被认为是我国最适合创建研发枢纽的区域。在研发枢纽的发展战略定位方面，李兵等(2012)认为北京应当建立辐射全国的研发枢纽，上海和广东则应当建立分别以辐射于长三角和珠三角地区为主的区域性研发枢纽，并提出了加快研发枢纽的科研资本与制度环境建设，推动研发服务的“灯塔型企业”发展等 5 项战略举措。

赵晶媛(2006)、匡娴(2009)从区域创新系统的理论视角出发，先后提出将北京建设成为研发中心城市的思路。还有学者以产业集群理论作为分析工具，提出了北京研发服务产业集群式发展的战略方向(曹磊，2010)。此外，熊小奇和聂巍(2008)在分析了南京研发产业环境发展条件的基础上，提出以南京国际软件城的开发为契机，建设南京成为区域性的国际研发中心。

2.3.3 多空间尺度下研发投资环境的评价与优化

研发投资的产出是技术。技术作为知识的一种形式，具有非竞争性和部分非排他性的特点(G. M. Grossman 和 E. Helpmen，2003，中译本)，而知识的部分非

① 罗守贵. 2010 亚太知识竞争力指数报告摘要[J]. 华东科技，2010(11)：34-60

排他性则意味着研发活动会带来知识溢出(Baldwin 等,1999),上述观点已经在国家、产业等宏观集合层面的研究中得到验证(梁琦,2009)。因此,吸引研发投资,尤其是海外研发投资往往成为各级政府实施研发中心战略过程中的重要内容,这使得区域研发投资环境评价与优化成为学术界关注的重点领域,主要涉及国家、区域及城市3个空间层次。

(1) 国家空间尺度的环境研究

2004年,日本贸易振兴机构(2004)①发布了一份研究报告,报告详尽分析了日本在吸引研发外资投资环境方面的优势,主要包括:①日本全球性跨国公司的集中,为研发机构提供了一个与国际市场联通的绝佳机会;②巨大的国内市场规模与更为高端和挑剔的客户群体,能够有效保证研发成果的市场前景及质量;③公司网络的多样性,使得研发机构之间,研发机构与公司之间有着更多的信息交流与共享的机会,能够促进技术及商品交易的发生。

Young Soo You(2006)在题为《韩国:东北亚研发中心》的研究报告中列举了韩国在吸引外资研发投资方面的主要环境优势,具体包括位于中日之间优越的战略地理区位,巨大的市场腹地规模,国内快速增长的经济形势,包括通讯、交通在内的优质基础设施,高质量的科研机构,相对低成本的研究人才以及雄厚的产业基础等。

Raja M. Mitra (2007)认为印度大量低成本的高素质技术人力资本、与研发相关的科研基础设施以及政府在知识产权以及关税方面的政策支持是吸引大量跨国公司研发投资涌入并最终促使印度成为全球研发重要力量的主要环境因素,并带动了班加罗尔、浦恩、海得拉巴、钦奈为代表的一批研发基地的崛起。

楚天骄和杜德斌(2005)以跨国公司海外研发投资的区位选择因素为基础,分知识利用和知识生产两个层次设计了一套指标体系对全球48个国家和地区的研发投资环境进行了定量评价,评价结果表明美国、北欧和日本等发达国家研发投资的总体环境明显优于发展中国家。虽然部分发展中国家在某些指标的排名如FDI规模,出口等方面比较靠前,但是在基础设施条件和东道国政策支持方面仍然处于比较薄弱的位置。

另外,经过比较,楚天骄和杜德斌(2006a)认为目前中国的研发投资环境竞争力在全球范围内处于中等水平。由于中国市场巨大,近年来流入的FDI居世界首位,出口在GDP中的比重越来越高,因而在吸引跨国公司知识利用型研发投资方

① 全称为Japan External Trade Organization,缩写为JETRO。日本贸易振兴机构,前身为成立于1958年的日本贸易振兴会,并于1998年与亚洲经济研究所合并成为特殊法人。JETRO长期以来以全面振兴日本贸易,缓和与欧美各国的经济摩擦为宗旨,近年来则致力于与发展中国家进行经济合作方面的政策研究。

面优势明显，但是在知识产权保护，提高政府政策效率及透明度等软环境要素建设方面亟须强化，以期能够吸引更多的跨国公司知识生产型研发投资以获得更多的知识溢出。张晓华和丁苏苗(2006)在针对跨国公司在华研发投资环境的评价研究中也得出了以上相似的结论。

(2) 区域与城市尺度的环境研究

2008年，来自荷兰的咨询机构BCI从为跨国公司研发投资提供区位决策参考的角度出发，分技术诀窍、人力资本、市场规模、连通性以及国际商务环境等5个层面建立了一套评价指标体系(见表2-3)来综合测度了欧洲30个主要城市的研发投资环境。评价结果显示，伦敦、巴黎、牛津、剑桥、柏林、马德里、慕尼黑、哥本哈根、曼彻斯特以及苏黎世等城市被认为是欧洲大陆研发投资环境最优的10座城市。

表2-3 BCI的欧洲主要城市研发投资环境评价指标

一级指标	权 重	二级指标	权 重
技术诀窍	20%	研发投入	30%
		专利申请数量	25%
		大学排名	20%
		创新指数	25%
人力资本	35%	高技术人才数量	25%
		研发与技术产业人员数量	20%
		劳动力市场的流动性	10%
		技术人才人力成本	45%
市场规模	10%	区域市场规模	35%
		国家市场规模	65%
连通性	20%	欧洲境内道路交通可达性	35%
		国际航空可达性	65%
国际商务环境	15%	风险投资的可获取性	50%
		财务环境	30%
		风险预测	20%

资料来源：http://www.siteselection.com/features/2008/jul/euro-RD-Hubs[EB/OL]

周瑜(2007)以区域创新系统理论为依据，分知识创造、知识获取、技术创新、创新绩效和创新环境5个层面，综合评价了我国30个省份及直辖市的区域创新体系质量，其中又着重分析了上海、北京和湖北省的区域创新体系对于跨国公司在华设立研发机构的影响。

熊小奇(2006)分析了我国长三角地区在吸引跨国研发投资方面存在的环境缺陷，指出高端生产性服务支撑体系薄弱，高新技术产业集群优势不足，风险投融资机制发育不健全是抑制该区域研发投资环境提升的3个主要因素。黄传荣等(2008)重点剖析了苏锡常都市圈的外资研发投资环境，并提出改善该区域外资研发投资环境的一系列对策。

李才等(2008)从科技基础实力、科技产出能力以及科技创新潜力3个方面评价了我国10座省级与副省级城市的研发投资环境，结果表明北京、上海的研发投资环境最为优越，广州、南京、天津、杭州4座城市位列第二梯队，深圳、西安、成都处于第三梯队，重庆叨陪末座。

马勇等(2009)认为地方创新环境对于外资研发活动具有极其重要的影响，地方创新环境由硬环境和软环境组成，硬环境包括现代化的基础设施、便利的交通环境、配套生产服务设施，软环境包括介质环境、机构环境和调控环境，基于以上论点，马勇等对我国深圳、厦门、宁波、青岛及大连5座城市的地方创新环境进行了比较分析。夏海力(2012)主要借鉴了马勇等的论点，重点分析和评价了苏州、上海、深圳和宁波4座城市的地方创新环境。

此外，刘畅(2007)在其硕士论文中以跨国公司研发投资区位理论为基础，构建了跨国研发投资环境的评价指标体系对我国40座主要城市的研发投资环境进行了定量评价，并就研发投资环境的优化给出了具体的政策建议。

2.3.4 研发中心与枢纽的成长条件与模式类型

综观全球，有一些城市和区域业已具备了国际研发中心或枢纽的基本特征，如美国的硅谷城市群、研究三角园区所在的罗利，欧洲的伦敦、巴黎，亚洲的新加坡、班加罗尔等。当前，针对上述城市或区域的案例分析与对比是较为普遍的研究方法，通过对典型研发中心或枢纽发展现状特征的描绘，来总结其成长条件与发展模式类型。

(1) 研发中心的成长条件分析

黄鲁成和李阳(2004b)以案例分析的形式考察了伦敦、巴黎、硅谷、班加罗尔和新加坡五大国际公认的国际研发中心的发展特点和成长机理，认为国际研发中心主要是在经济全球化背景下企业间竞争强化，企业为了适应当地研发需求，降低研发风险、获取新的知识资源与信息以及区域为了实现研发能力的集聚等多方面原因而形成的，具有一定的历史必然性。

李玺(2006)延续了区域创新系统的研究思路，将国际产业研发中心成长条件概括为内在主体和外部因素两个方面。内在主体主要指企业研发机构、教育机构、科研院所、研发相关产业、投融资及中介机构、研发管理部门等；外部影响因子则包括区域交通环境、法律制度环境、市场竞争环境、跨国企业的全球战略 4 个方面。内在主体和外部因素的相互作用构成了一个城市或区域成长为国际产业研发中心的基本动力。

赵晶媛(2006)在其博士论文中选取了班加罗尔、新加坡、新竹等城市作为典型案例分析,将研发中心城市形成与发展的机理归结为以下 4 点:①政府的科技规划和政策是研发中心城市成长的指导与保障;②完善的区域技术创新系统是研发中心城市成长的重要条件;③人才是研发中心城市发展的第一资源,因此相应的人才政策是研发中心城市成长的关键;④区域内规范、合作和信任的文化是研发中心城市成长的环境基础。

王铮等(2007)以 IT 行业为例,研究了研发枢纽发展的基本条件,分别为产业资本、人力资本和社会资本。其中,产业资本为创新提供市场需求,人力资本提供主体支撑,社会资本提供创新环境,而创新环境又包括基础设施、产业制度、文化氛围和贸易便利性等要素。

2011 年,知名创新研究机构 Zinnov. 在题为《全球半导体研发创新中心》的研究报告中,以城市为空间单元,描绘了半导体产业在全球范围内的创新地理格局(见表 2-4)。报告中将半导体研发创新中心的成长归结于大学生态系统、区域企业集群竞争力、地方政府创新动力以及专业技术人才储备 4 个因素。其中,得益于技术人才成本的优势,以印度班加罗尔、中国台北为代表的亚洲城市近年来在半导体研发方面表现出强劲的发展势头,已经成长为全球半导体芯片开发与设计的一支重要力量(Zinnov., 2011a)。

表 2-4 基于城市尺度的全球半导体产业研发中心布局

大洲	国家	城市	数量
北美洲	美国	圣何塞、圣克拉拉、达拉斯	3 座
欧洲	英国	剑桥	5 座
	德国	德累斯顿	
	法国	尼斯	
	以色列	海法、特拉维夫	
亚洲	韩国	首尔	7 座
	新加坡	新加坡	
	中国	北京、上海、台北	
	印度	班加罗尔、海得拉巴	

资料来源:Zinnov. 2011a: 4

还有一些文献深入到城市的内部空间，着力探讨作为研发活动主要空间载体的科技及研发园区成功发展的主要条件。Su-Ann Mae Phillips 和 Henry Wai-chung Yeung(2001)以新加坡科技园为例，认为仅在园区提供物质基础设施和投资回报是不够的，了解特定参与者以及其在创新网络的参与度与相应科学的体制设计，对于孕育研发活动同等重要。王伟和章胜晖(2011b)着重介绍了韩国大德研究开发特区的发展特点，并在此基础上总结了大德研究开发特区成功运行的3个主要条件，分别为丰富的人力资源、产学研一体化的运行机制和政府主导下的合理规划。

(2) 研发中心的模式类型划分

黄鲁成和李阳(2004a)根据城市的历史积淀将国际研发中心分为两种模式类型：第一种是以悠久的文化积累为基础而逐渐形成的国际性研发中心，如伦敦，坚实的产业与科技基础是其成长为国际研发中心的重要因素；第二种则是于20世纪末期迅速崛起的新兴国际研发中心，如印度的班加罗尔，上世纪90年代以来大量跨国公司高等级研发机构的涌入是促进该城市研发创新能力提升的关键因素。

李玺(2006)认为不同类型的研发中心在基础动力，机构来源及专业领域等方面都存在显著的差异。按发展的基础动力不同，可分为企业主导型和政府主导型；按机构来源的差异性，可划分为研发机构内生型、研发机构外源型和研发机构混合型3种，其中混合型是当前研发中心中最为常见的类型；依据专业领域的不同，又可分为专业性技术研发中心、高新技术研发中心和综合性国际研发中心。基于上述观点，李玺构建了国际产业研发中心的3D定位矩阵来说明7个典型国际产业研发中心在演化过程中所处的不同阶段与位置。

王铮等(2007)依据企业产品知识产权的归属将研发枢纽划分为自主创新型和外向承包型两种模式类型。自主创新型研发枢纽城市的企业所开发的产品大多拥有自主知识产权，而外向承包型研发枢纽城市的企业一般以承接境外企业的研发外包合同为主，所开发产品的知识产权也多归属于外资企业所属的母国。随后，王铮等重点对IT行业领域进行了实证分析，指出硅谷是自主创新型研发枢纽的典型，而班加罗尔则是外向承包型研发枢纽的代表，并认为在国内城市中，上海适合作为自主创新型研发枢纽城市，深圳、大连适合作为承包型研发枢纽城市，而北京适合发展成为兼有二者功能的混合型研发枢纽。

Zinnov.(2011a)创造性地运用了全球价值链的分析方法，根据附加值的高低，依次将半导体的研发活动细化为概念原型开发、芯片设计、应用发展和产品试验4个价值区段。随后，Zinnov.通过实证检验结果，将牢牢占据附加值较高的概念原型开发、芯片设计等环节的欧美高成本区位城市称为高等级创新中心，如英国的剑桥和以色列的海法；与此相对应的是，将依然在附加值较低的应用开发与产品试验等环节徘徊的亚洲低成本区位城市定位为低等级创新中心，如印度的班加罗尔和中国的台北。

2.3.5 相关文献述评

作为一种新型城市功能与空间形态，当前学术界对于何为国际研发城市或枢纽并无一个统一的认识，对其内涵的理解也各有侧重。如杜德斌等(2003；2005)注重跨国公司研发机构的地理集聚，而王铮等(2007；2009)则强调知识流在城市的汇聚与扩散。概念的多样性折射出当前对于国际研发城市的相关研究还未形成一套严密的理论体系。因此，廓清国际研发城市的核心特征、本质内涵等基本问题，并进一步厘订国际研发城市的基本概念是本文研究的第一要务。

就研究对象的空间尺度而言，依然有相当一部分文献集中于国家以及区域等较为宏观的空间尺度，对于城市空间尺度的研究则相对薄弱。事实上，城市才是研发要素资源实现落位最为基本的空间载体(范军勇，2005)。因此，在未来的研究工作中，迫切需要将研究的视角更多地聚焦到城市空间单元。

研究方法上，目前多采用案例剖析的定性研究方法，通过对国际典型区域表面特征的描述来总结归纳国际研发中心或枢纽的成长条件与模式类型，鲜有以城市为单元的指标化定量研究，因而欠缺一定的科学性。在现有的定量研究方面，主要集中于某一区域内的一组城市，如 BCI 对于欧洲城市研发投资环境的评价。受制于数据的可获取性与统一性，致使难以在同一数据平台下从全球角度对国际研发城市进行比较研究。因此，采用何种特征数据作为判定国际研发城市的识别性指标，以及选择合适的数据平台将是未来研究能否取得突破的重点环节。

最后，在理论视角层面，当前学术界的相关研究成果基本延续了区域创新系统的理论思想与方法，注重从城市或区域本身的人力资本、政策支持、市场规模、大学系统等资源禀赋出发来探究研发中心及枢纽的成长机制，更多关注了国际研发城市中的“研发”意涵而在一定程度上忽略了“国际”二字所蕴含的全球化语境，研究视角较为单一。事实上，在研发全球化日益深化的现实背景下，跨国公司价值链中的研发环节国际化持续深入，构筑了遍布全球的研发网络体系。跨国公司研发网络的全球扩张与地方镶嵌，不仅极大地改变了全球研发创新资源的空间配置格局，并且成为其网络空间节点进一步发展成为国际研发城市的主要驱动力量。因此，在下一步研究工作中，可以考虑借鉴世界城市的相关理论与方法，在国际研发城市研究中引入研发全球化变量，以跨国公司研发网络的空间组织为切入点来对国际研发城市进行判定与识别，并在此基础上进一步搭建国际研发城市形成与发展机制的理论解释框架。

第3章

国际研发城市的内涵界定及判定

科学思想的最基本载体是概念或概念系统，城市研究的第一科学问题则是基本概念的正确性（周一星，2006）。因而，深刻认识与系统阐释本文的研究对象——国际研发城市的核心特征、本质内涵等一系列基本问题，并在此基础上厘订国际研发城市的基本概念是本文研究的逻辑起点。

在界定了国际研发城市的本质内涵与基本概念之后，紧随而至的任务便是对国际研发城市进行识别与判定。根据联合国人居署（UN-HABITAT）发布的统计数据显示，截止到2000年，全球城区人口在10万人以上的城市共有近3000座（UN-HABITAT，2008）①。囿于统计数据与时间，作者不可能对每座城市进行逐一考察与分析。那么，应当依据何种理论与方法来对研究对象的范围实施有效的限定，以及应当采用何项特征数据作为判定国际研发城市的识别性指标就成为本文研究的关键性环节，而识别性指标的确定也可为相应的后续研究奠定扎实的科学基础。

3.1　国际研发城市的特征、内涵与基本概念

3.1.1　核心特征解读

当前，学术界对于国际研发城市的相关特征表述并不统一，突出表现为两种观点倾向。一是以杜德斌等为代表的"集聚观"，强调以跨国公司研发机构为主体的国际性研发资源在某一城市范围内的空间集聚以及与之相匹配的研发产出能力；二是以王铮等为代表的"枢纽观"，侧重于讨论研发城市在区域知识网络空间结构中所占据的核心与枢纽位置。"集聚观"分研发投入和产出两个层面对国际研发城市的发展特征进行了高度概括，并突出了国际性研发资源的重要性，但从本质上讲仍然是一种基于结果的静态描述；"枢纽观"从互动联系的角度出发，着重凸显了研

① 联合国人居署．世界城市状况报告2008/2009[M]．吴志强，等，译．北京：中国建筑工业出版社，2008：10

发城市基于创新扩散而形成的对于区域间知识流量的控制性特征，构成了对“集聚观”的有益补充，但是其研究对象大多局限于国内城市或区域，欠缺国际层面的观察视野，并且在其后续的研究中也并未涉及研发城市之间具体的动态联系与互动机制。

在作者看来，国际研发城市首先是一座研发城市。在本文导论中，作者深入辨析了研发与创新之间的内在联系，即无论是在技术创新还是在非技术创新层面，研发始终是创新的重要来源之一。因此，研发城市是一座以研发服务作为主要功能性特征的创新型城市，它既是创新型城市概念框架下的一种分支类型，也是创新型城市内涵的进一步深化与延展。其次，国际研发城市中的“国际”二字，凸显出国际研发城市的国际化特性，显示其在很大程度上具有世界城市的某些特质。沙森(Sassen，1991，中译本，2001)描述世界城市时，就认为世界城市除了具有作为国际贸易和银行业中心的悠久历史之外，还起着4个方面的重要作用，其中就包括作为高新技术产业的生产和研发基地。基于此，国际研发城市同样可被视为世界城市体系框架下的一种分支类型，是技术创新领域内的世界城市。综合上述分析，作者认为国际研发城市在很大程度上是创新型城市与世界城市的交叉与融合，因而也就必然集合了上述两类城市的某些特征。

(1) 集聚性特征

人才，知识和技术等大量创新要素的有效聚集是创新型城市的基本特征，而通过以往对“R&D hub”概念的梳理，学术界对于“研发中心”是研发资源及研发活动密集区域的观点业已达成了共识。因此，作为“研发中心”在城市空间层面映射的研发城市，大量研发要素资源在某一城市地域空间范围内的高度集聚是其基本特征与主要表现。

研发资源，主要指一个城市或区域内的研发资本存量以及研发人力资源(刘玲利和李建华，2007；杜群阳，2008)。一般来说，一个城市或区域的研发资本存量与研发人力资源总是以不同的形式附着在研发活动的行为主体之上，这也就意味着企业的研发中心、大学科研机构、政府实验室及私人研究机构等研发行为主体是承载研发资源最为基本的物质载体，在很大程度上构成了研发资本与研发人力资源投入的物化与累积(肖敏，2010)。因此，研发要素资源的空间集聚在实质上也可理解为各种类型的研发机构在某一城市空间范围内，通过与地域条件的协调、配置与组合，进而在城市地域空间内生成研发资源密集系统的发展变化过程。

(2) 创新性特征

研发资源的空间高度集聚表明了一个城市在研发投入方面所具备的特点，但如同创新型城市必须具备高度的知识生产能力一样，作为研发城市，还必须具备与强大研发投入相匹配的研发产出能力，即拥有创新性特征。伴随着研发要素资源以及相关产业在某一城市空间范围内的不断汇聚与融合，产生强烈的外部效应与规模效应，使城市成为区域创新活动发生的中心地点，并通过知识溢出向周边扩散，成为引领区域技术创新发展的增长极。

研发活动的产出形式通常有专利、科研论文和技术诀窍等（张永凯，2010b）。通常，专利和技术诀窍能够充分说明一个城市在应用研究和实验发展领域内的研发产出水平，而科研论文的发表则能够较好地反映出一个城市在基础研究领域内的研究能力。显而易见，作为研发城市，应凭借其强大的研发实力，在专利申请与授权、科研论文发表、技术诀窍产生等一项或多项指标的区域横向对比中处于领先地位，是一个区域内乃至全球新概念、新技术、新工艺以及新产品最为重要的创新源地。

(3) 国际性特征

国际研发城市中的“国际”两字还意味着研发城市具有一定的功能等级，具体表现为不同等级的研发城市具有不同的辐射范围，而研发城市辐射范围的大小在很大程度上取决于研发资源集聚的质量及研发产出的能力。一般情况下，研发资源的质量越高，研发产出的能力越强，则研发城市的功能等级就越高，辐射范围也就越广，而当辐射与服务范围跨越国界时，即发展成为国际研发城市，是研发城市的最高层次与等级，是技术创新领域内的世界城市。

身为国际级的研发城市，主要从两个层面来体现其国际性。首先，国际研发城市集聚的研发要素资源需要有较强的研发实力与广泛的国际影响力，这其中，既包括世界知名的研究型大学与高质量的政府实验室，同时还包括数量众多的跨国公司研发机构，尤其是具有较高等级的跨国公司研发机构（全球性研发总部与区域性研发总部）来充当不同国家间技术交流的通道和载体，赋予城市外向度与国际化特征。其次，在研发产出水平方面，国际研发城市是全球研发活动最为活跃，研发成果产出最为强劲的区域，其源源不断的研发创新成果在接受全球市场检验的同时，经由技术交易、高技术产品出口等扩散方式实现国际层面的流通与传播，进而对世界范围内的技术革命与科技进步产生极为深远的影响。

(4) 控制性特征

充当全球生产和管理的指挥控制中心是世界城市的基本属性。在全球价值链这一理论分析工具引入到世界城市体系研究之后，价值链中不同环节的空间集聚与地方镶嵌成为地方城市融入全球化进程并构建世界城市的重要途径。而世界城市正是通过占据公司价值链中高端的总部管理与品牌营销环节而使之成为全球生产的管理与控制中心。

在体现价值链中不同环节价值分配的“微笑曲线”中，研发属于公司价值链中附加值较高的另一个高端或者是上游环节（施振荣，1992）。与世界城市控制地位形成异曲同工的是，国际研发城市是因为集聚了大量的跨国公司研发机构而实现了对于全球价值链中居于高端位置研发与设计环节的掌控。通过对于全球价值链研发环节地占据与控制，国际研发城市不仅能够主导全球技术的研发方向以建立在新兴产业方面的先导优势，并且能够获得更多的知识溢出来达成技术能力的大幅提升，从而确立与进一步强化城市在技术创新层面的竞争优势，并最终成长为全球知识的生产中心与技术资本的地理控制中心。

(5) 枢纽性特征

在信息技术时代，世界城市是世界信息网络的节点，控制着全球信息的流动与进出。而作为世界城市体系框架下的一种分支类型，国际研发城市不应仅仅是研发资本汇聚与技术创新的中心，更应是由研发活动所构成的区域知识网络中一个知识流与技术流持续汇聚与扩散的核心节点，具有很强的枢纽性特征。

李兵等(2012)指出，研发枢纽城市的形成与发展是一个双向过程，不仅需要研发机构和技术资源向城市集聚，同时需要技术与知识向外形成有层次的扩散和溢出。因此，国际研发城市在具备强大知识生产能力的同时，需要具备强大的知识交互能力，一方面，通过积极参与区域与国际的研发协作，在一国内部以及更为广阔的全球技术合作与竞争层面占据优势与主导地位，另一方面，在知识溢出效应作用下，通过对知识的创造与汇聚，扩散与共享成长为全球研发网络的重要节点与枢纽，通过对周边区域乃至全球范围研发服务能力的提升来进一步确立与强化城市在全球技术创新领域内的中心地位。

3.1.2 本质内涵界定

在上一节，作者详细阐述了国际研发城市的核心特征，但仍未凸显研发城市的本质属性。城市的性质取决于城市的主要功能(谭纵波，2005)，城市一般具有多个功能，不同功能的强度和影响范围各不相同，当其中一种功能占据主导地位的时候，城市就具备了该种功能所体现出来的个性、特点和发展方向(许学强等，1997)。因此，必须从城市功能的角度来深层次考察研发城市的实质性内涵和发展模式。

(1) 服务城市:现代城市的功能回归

从广义上讲，城市功能与职能都是指一个城市在国家或区域中所起的作用和所承担的分工(张水清和杜德斌，2001)。与城市职能相比，城市功能更强调城市在某一领域内所具备的能力，如商贸功能、流通功能、行政功能和文化功能等(王建军和许学强，2004)。

城市功能的变迁史实际上就是一部城市文明与产业结构的演化史(陈秋玲等，2010)。钱纳里等(H. Chenery 等，1995)将城市经济的发展阶段分为农业时期、工业时期和后工业时期。在不同的历史时期，城市承担着不同的功能。

在漫长的农业时期，农业在国民经济中占据主导地位，城市的建立一则是出于军事防御和政治统治的需要；二则是充当剩余产品交换的场所。因而农业时期的城市功能可以理解为以政治和商业服务为主的封建统治中心，商业服务的范围包括政治统治、手工业生产、农业生产等领域，同时为城市和郊区居民提供基本的生活服务。19世纪初期的工业革命促使城市飞速发展，农业经济不再占据主导地位，大机器工业取代手工业，成为生产与生活用品的主要制造方式，并成为推动城市经济发展的原动力，在此阶段，城市的商业服务强度与范围虽然得以扩大，但是城市的生产性功能却更为强大，形成"2、3、1"的产业发展结构，并根据自身的生产特点形成不同类型的生产性城市，如纺织业中心、工矿业中心等。20世纪70年代以来，西方发达国家逐步进入到后工业化时期，人们对城市人居环境要求的日益提高以及以电子、信息等为主的高科技生产对于区位要求的逐步降低，都促使城市经济由传统制造业转向具有区位灵活性的生产部门，大量物质生产部门向城市郊区转移或转向生产与生活服务业，形成"3、2、1"的产业经济结构，城市在生产性功能持续弱化的同时，服务性功能显著增强，具备条件的城市逐渐成长为区域服务的中心，如金融中心、交通枢纽或者科技中心等。

回顾城市功能的演化历程，城市逐渐由最早农业时期的军事防御功能、商品集散功能过渡到工业经济时代的生产制造功能。随着全球技术的进步与经济结构的变迁，城市功能的转化、升级与创新更为显著（陈玉英，2009），在后工业化时期则表现出城市的生产性功能逐渐淡化，而生产性服务和生活性服务功能不断强化的趋势（陈柳钦，2009），城市功能也逐渐回归其服务功能。

(2) 研发服务：研发城市的本质内涵

在新经济下，无论是公共性研发还是商业性研发，都对经济增长有着强烈和显著的长期影响（Guellec 和 Plttelsberghe，2004），研发是一个城市或区域实现技术创新的现实途径，亦是生产效率与经济收益提升的重要源泉。因此，作者以为，就其本质而言，研发城市是一种以研发服务与创新作为其主要功能性特征，以研发服务业作为其主要产业形态的城市发展模式。

在知识经济推动下，全球产业结构的"软化"趋势明显（杜德斌，2009b），城市更多劳动力和物质生产要素脱离传统的制造业部门，而转入具有高科技内涵的服务部门，如信息及网络服务业。与此同时，汽车、航空、精密仪器等技术密集型制造业部门的发展势头依然迅猛。产业结构的高级化演进对于城市技术与创新能力的发展提出了更高的要求。在此背景下，为城市及区域经济发展提供技术支撑和创新助力的研发服务业应运而生。

研发服务业，是指从事研发活动并提供产品或服务的组织与企业的集合（黄鲁成，2005），通常被纳入到生产性服务业的范畴（马春和宋鸿，2008；张士运和李功越，2009）。在联合国经济和社会事务部统计司（2004）颁布的国际标准产业分类体系中，“研究与发展”与“法律、会计与广告业”一样同属商业服务类经济活动[①]。研发服务业作为知识经济下的一个新兴产业要素，不仅是新知识、新技术应用的重要来源，而且是提高研发活动组织化，实现区域经济持续快速发展的重要产业载体（张战仁和杜德斌，2009）。随着城市研发服务业的蓬勃发展以及对城市外研发服务输出能力的日益提升，研发服务功能也随之演化成为现代城市的主要功能之一。

城市研发服务功能的出现顺应了城市功能随产业结构演进的客观规律。显然，作为研发城市，应当拥有发达的研发服务业及其所带来的强大的研发服务与创新功能，能够凭借其雄厚的研发实力支撑自身及其所在区域经济的持续发展与产业结构升级。尽管目前国内对于企业内部的研发活动可否划入到研发服务业中依然存在着争论，例如北京大学的王缉慈就认为企业内的研究与开发只是一种活动，而不是一种产业（杜德斌等，2007），但可以确定的是包括企业研发机构、大学科研机构以及政府实验室等在内的研发要素资源空间集聚，为一个城市研发服务功能的衍生与发展奠定了物质基础。城市内的各类研发主体通过合同外包、战略技术合作联盟甚至竞争等方式发生相互作用与影响，搭建城市地域研发系统，并以此为载体与区域内外的制造业与服务业建立起广泛而密切的联系，一方面有力推动了城市研发创新空间的生成与研发产业集群的壮大，另一方面经由知识溢出实现创新扩散，提升所在区域的技术创新能力，并最终促使城市研发服务功能的兴起与演化。

3.1.3 基本概念厘订

（1）基本概念阐释

国际研发城市，顾名思义是一座具有研发创新功能的国际城市。其中，“研发”代表了城市的产业活动内容与功能内涵，而“国际”二字则体现了城市在世界城市体系中的地位层级。国际研发城市在很大程度上可以被视作创新型城市与世界城市的密切交叉与融合。

首先，国际研发城市是一座以研发服务作为主要功能性特征的创新型城市。作为创新型城市的一个分支类型，研发城市实质上是一种以研发创新作为主导功能以及核心驱动力的城市发展模式，只是在城市的创新来源方面，更加突出了研发的领导地位，强调研发活动及其相应产业对于城市经济发展与地位形成所具有的主导性推动作用。在具体的类型归属方面，由于研发是实现技术创新的主要手段与现实途径，因此，作者认为研发城市更加偏向于基于技术的创新型城市的概念范畴。

---

① “研究与发展”的产业编号为K大类之73小类。引自联合国经济与社会事务部统计司. 所有经济活动的国际标准产业分类. 修订本第3.1版. 2004.

其次，国际研发城市同样是世界城市体系框架下的一种分支类型，是技术创新领域内的世界城市。国际研发城市集聚了大量的国际性研发创新资源，通过占据跨国公司价值链中高端的研发环节，不仅成为全球新产品与新工艺的创新源头，更成为全球新知识与新技术扩散和交互的枢纽，具有极高的技术能级与广泛的国际影响力，是全球知识的生产中心与技术资本的地理控制中心，在世界城市网络体系中属于具有研发创新功能的重要节点城市。

综上所述，作者将国际研发城市的基本概念定义为：以研发服务与创新作为主导功能的国际城市，因集聚大量的国际性研发资源和占据全球价值链中的研发环节而成为全球知识的生产中心、技术资本的控制中心与技术扩散的交互中心，是技术创新领域内的世界城市。国际研发城市基本概念示意图如下：

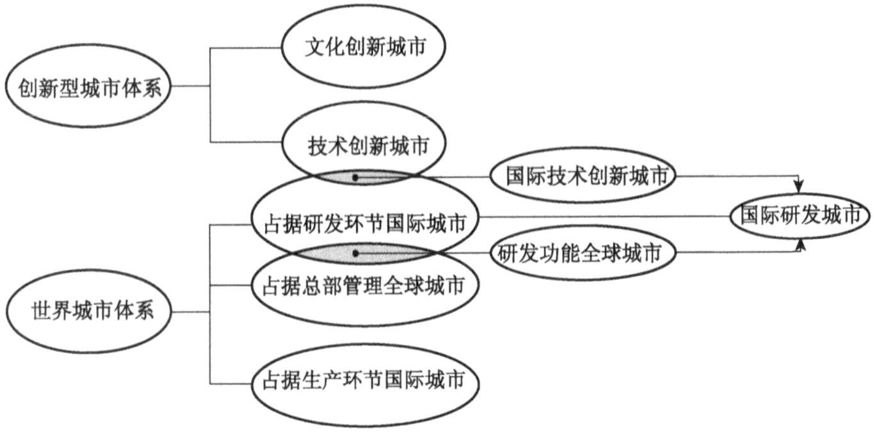

图 3-1　国际研发城市基本概念示意图

资料来源：作者绘制

(2) 空间尺度限定

空间尺度（spatial scale）是地理学中的术语，是对研究对象地理空间范围的限定。国际研发城市的提出明确了本文研究对象的空间尺度为“城市”。

城市或城镇，通常是指非农业活动为主的人口集中点（许学强等，1997）。目前，国际上不同国家对于城市的定义与范围界定不尽相同，具体到空间，无非包括3种地域概念：①城市的实体地域（physical area），即城市的建成区，在美国为urbanized area，是反映城市基本特征并区别于乡村的地域；②城市的行政地域（administrative area），即城市政府行政管辖的地域，在西方为city proper；③城市的功能地域（functional area），是城市人口日常的社会经济活动的地域，国际上通称大都市区，即metropolitan area（周一星，2006）。

本文作者对于国际研发城市的研究是建立在对全球多个城市若干统计指标对比与分析的基础之上，主要包括有城市国际专利的申请数量，城市基于人口的国际专利申请密度等。在数据来源方面，城市的国际专利申请数据来自于世界知识产权组织的官方检索系统；城市人口数据大部分来自于由倪鹏飞和彼得.克拉索主编的全球城市竞争力报告(2007—2008)(倪鹏飞等，2008)，其余则来自 www.citymayor.com 官方网站检索。上述数据来源所标明的统计口径皆为城市行政区。因此，为了能够最大限度地统一数据资料的统计口径，使纳入到本文研究视野的城市之间具有较高的可比性，在本文，作者对于国际研发城市空间尺度的限定除美国硅谷外，均采用了城市行政区的地域概念。

需要特别说明的是，最初的硅谷包括加州圣克拉拉县全境以及相邻阿拉米达县的费利蒙市，随着高科技企业的不断集聚与扩张，硅谷的空间范围也随之发生变化。在由硅谷当地的非营利性组织——硅谷网联(Joint Venture)公布的“2010 年硅谷指数”中，将硅谷的地理边界为圣克拉拉县全境、圣马刁县全境以及阿拉米达县和圣克鲁兹县的部分城市，涵盖超过 40 个城市(Joint Venture，2010)。从严格意义上讲，硅谷并非一个城市，而是一个由众多相邻城市组成的城市化区域。然而，一方面，硅谷历来是以上述城市的集合作为一个整体出现在世人面前并持续引领全球的科技与创新发展，另一方面，在众多城市研究的文献中，硅谷也通常倾向于被视作一个城市空间单元加以研究(樊杰等，2002；韩宇，2009；徐井宏和张红敏，2011)。基于上述理由，在本文的研究中，作者同样将硅谷看作一个城市空间单元来加以分析与探讨。

3.2 国际研发城市：全球研发网络的空间节点

回顾之前国际研发城市的相关文献，作者发现对于研究对象的认定与选取并无一个明确的标准。黄鲁成和李阳(2004a)在选取伦敦、巴黎等 5 座国际研发中心进行案例分析时以“国际公认”作为标准一言以蔽之，王铮等(2007)，刘筱等(2013)则直接将硅谷、班加罗尔和旧金山称之为典型的研发枢纽城市，皆缺乏必要的理论与数据论证，带有强烈的经验主义色彩；而李玺(2006)选择的硅谷、纽约等 7 大典型的国际产业研发中心则完全来源于联合国开发计划署(UNDP，2001)公布的 46 个全球技术创新中心，并未提出自身的选取标准，致使其后续的实证研究欠缺了逻辑上的严密性与科学性。

国际研发城市是全球新产品与新工艺的创新源地以及新技术与新知识扩散的核心枢纽，具有很高的技术控制力与广泛的国际影响力，是技术领域内的世界城市，从而可将其纳入到世界城市体系的框架之下。因此，在识别与判定国际研发城市时，可以适当借鉴世界城市及其体系研究中的某些理论与方法。

3.2.1 跨国公司总部:世界城市判定的识别性路径

在经济全球化深入发展的今天,跨国公司是全球经济首要的推动者与塑造者,大多数全球经济的地理变化是由跨国公司通过其对投资区位的决策而塑造的(P. Dicken, 2007,中译本)。跨国公司作为经济全球化的主要载体,在带动资金、技术、劳动、商品在各国之间流动中发挥着日益重要的作用,这一现象引起了城市研究者的广泛关注。

1972年,海默(Hymer)开拓性地将跨国公司这一关键因素引入到世界城市及其判定的研究中,他认为在联系日益紧密的全球经济中,公司的决策机制至关重要,跨国公司总部往往倾向于集中在世界的主要城市。因此,可以采用跨国公司总部落户数量的指标来衡量城市的重要性与地位,并依据数量多少来进行排序。1986年,弗里德曼(Friedmann, 1986)以"世界城市假说"为理论依据,认为世界城

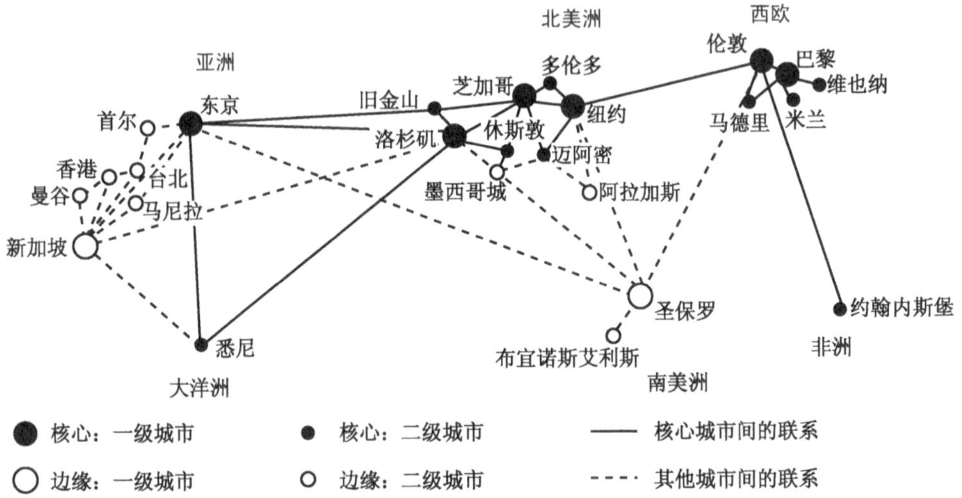

图3-2 弗里德曼的世界城市等级与分布格局

资料来源:转引自李丽萍,2005:53

市是全球经济的指挥与控制中心,主要从金融中心、跨国公司总部集聚等7个方面论述了世界城市的基本特征,并采用"核心-边缘"方法,区分主要城市与次要城市,构建了世界城市的层级体系(见图3-2)。沙森(Sassen, 1991;中译本,2001)主要以高级生产者服务业在空间区位选择上的集中度作为诠释全球城市的主要标准,并就纽约、伦敦、东京3座全球城市进行了详尽的实证分析。英国拉夫堡大学的泰勒和沃克(Taylor 和 Walker, 2001)主要吸收了沙森以全球生产者服务业判定全球城市的思想,按照金融、会计、法律及广告4种主要的生产者服务行业总部与分

支机构在世界各大城市的空间分布情况加以分析，以上述行业的总部与分支机构分布的数量确定城市的分值，分布数量越多，则得分越高，最高为 12 分。在 4～12 分的城市中，根据其是否具有成为世界城市的条件或潜力再区分为 Alpha、Beta、Gamma3 个主要层级(见表 3-1)。

表 3-1　Taylor 和 Walker 的世界城市等级

等　级	分　数	城　市
Alpha 级世界城市	12	伦敦、巴黎、纽约、东京
	10	芝加哥、法兰克福、香港、洛杉矶、米兰、新加坡
Beta 级世界城市	9	旧金山、悉尼、多伦多、苏黎世
	8	布鲁塞尔、马德里、墨西哥城、圣保罗
	7	莫斯科、首尔
Gamma 级世界城市	6	阿姆斯特丹、波士顿、加拉卡斯、达拉斯、杜塞尔多夫、日内瓦、休斯敦、雅加达、约翰内斯堡、墨尔本、大阪、布拉格、圣地亚哥、台北、华盛顿
	5	曼谷、北京、罗马、斯德哥尔摩、华沙
	4	亚特兰大、巴塞罗那、柏林、布宜诺斯艾利斯、布达佩斯、哥本哈根、汉堡、伊斯坦布尔、多伦多、马尼拉、迈阿密、明尼阿波利斯、蒙特利尔、慕尼黑、上海

资料来源：Taylor, P. J. and Walker, D. R. F. 2001，转引自周振华. 2008：31

我国学者刘荣增(2002)、郑伯红(2003)认为跨国公司在总部的区位选择上余地不大，跨国公司主要是通过其分公司来实现对全球经济的控制与信息的交换联系，基于此，他们建议在跨国公司总部空间集聚程度基础上，再加上跨国公司一流分公司总部的空间集聚作为世界城市识别与等级判定的新标准。

综上所述，学者们根据自身对世界城市的认识，并结合国际经济的演变情况，先后提出了诸多世界城市的识别性指标。尽管各项判定指标有着不同的侧重，但是在某些关键环节上殊途同归，成为较为一致的评判标准(屠启宇，2009)。在上述研究的回溯中，我们可以清晰地发现，某一城市地域范围内主要跨国公司总部与分支机构的空间集聚数量是识别与判定世界城市的核心标杆，由于该项数据的可得性高与解释力强，并基本反映了世界城市对于全球经济控制的主要特点，因而成为判定世界城市过程中最为主要以及应用最为广泛的识别性指标。

3.2.2　跨国公司主导下的全球研发资源整合

研发资源的空间集聚是国际研发城市的基本特征。通过对研发资源在某一城市地域范围内空间集聚程度的考察，将有助于我们对何为国际研发城市进行直观而清晰的判定。然而，研发资源的构成涉及企业研发机构、高校与政府科研机构以及私人非营利性研究机构等多元经济主体，在诸项主体构成中，应当重点考察哪一类资源的空间集聚成为值得思考的重要问题。

在研发全球化日益深入发展的背景下，跨国公司是全球研发版图的首要推动者与塑造者。事实上，跨国公司不仅是全球研发活动的主力军，并且有能力通过其研发组织体系在世界范围内的空间扩张与地方镶嵌来实现对于全球研发资源的有效整合。因此，国际研发城市的研发资源集聚在很大程度上意味着跨国公司研发机构在某一城市地域空间范围内的高度集中，这也就构成了国际研发城市识别与判定方法确定的理论前提与现实基础。

(1) 跨国公司:全球研发的主力军

在前工业时期，科技发明及相应的研发活动主要由少数杰出人士完成，他们在大学或私人工作室工作，在发明完成之后，这些杰出人士再努力将其推向市场(CCTV, 2010)。随着近代工业经济的持续发展，研发也逐渐演化成为有组织、系统性的科技活动。在早期，政府和高等院校等公共研发机构占据的研发资金比例较高，但随着研发活动不断向高级化阶段演进，公共研发机构在研发资金中所占的比重逐渐下降，而企业研发机构在研发资金中占据的比重不断上升并最终占据主导地位，成为全球范围内研发创新的领跑者(张永凯，2010b)。

根据OECD在2004年发布的统计数据显示(见表3-2)，企业研发机构执行的R&D经费长期占据经合组织国家R&D经费的2/3强，而高等院校和政府科研机构则占据了剩余份额中的绝大部分(OECD, 2006)。更为宏观的研究数据表明，2008年全球的研发支出达到约10 550亿美元，其中，政府、高校及其他科研机构仅占37.7%，其余62.3%的份额则全部来自于企业(Booz&co.，2010)。由此可见，企业研发机构在研发活动的行为主体中占据主导地位。

表3-2　1981—2003年OECD全部国家R&D经费按执行部门的分配比例

执行部门/年份	1981年	1991年	1995年	2001年	2003年
企业研发机构	66.2%	68.8%	67.2%	69.3%	68.0%
高校科研机构	16.0%	16.3%	17.5%	17.4%	18.1%
政府科研机构	15.2%	12.4%	12.5%	10.5%	11.0%
私人非营利机构	2.6%	2.6%	2.7%	2.8%	2.9%

资料来源:OECD. 2006：195-196，经过作者整理

根据企业的经营与生产范围是否跨越国界，可将企业的研发机构划分为跨国

公司研发机构与非跨国公司研发机构。在全球化进程深入推进的背景下，无论在研发投入层面，还是在研发产出层面，跨国公司研发机构在研发主体的诸项构成中正日趋占据着统治性地位。

研发投入层面，企业是全球范围内研发活动的主要执行者，而其中跨国公司更是承担了全球企业研发的绝大部分，是全球研发当仁不让的主力军。一系列的调查数据证实，2002 年世界研发支出最多的 700 家公司（其中 98％为跨国公司）的研发支出达到 3 110 亿美元，将近占世界研发支出总额的一半（46％）以及世界企业研发支出的 69％（UNCATD, 2005[①]）；到了 2009 年，全球研发支出最多的 1 000 家公司（绝大多数为跨国公司）的研发投入更是占据了全球所有企业研发投入的 81％，并占全球研发支出总额的一半以上（Booz&co.，2010），一些全球性公司的年度研发支出金额甚至超过大部分国家经济体。而在研发产出层面，跨国公司同样是全球范围内研发创新的主要源泉。据统计，从 17 世纪到 20 世纪 70 年代，被经济学家们认为改变了人类生活的 160 种主要技术创新中，80％以上都是由公司完成的（CCTV，2010）。例如，被称为“世纪之药”的阿司匹林是由德国的拜耳公司研制发明的；作为现代工业核心的晶体管则诞生于著名的贝尔实验室，当时是美国电话电报公司的研发部门，如今它属于法国的阿尔卡特-朗讯公司。据统计，当前跨国公司拥有全球 70％以上的专利和其他技术转让，80％的新技术和新工艺（刘云，2007[②]）。在 2008 年度由世界知识产权组织统计的国际专利申请数量排名前 100 位的机构中，除了美国的加州大学外，其余无一例外都是全球性的跨国公司（WIPO，2009），充分说明了跨国公司在全球研发创新格局中所占据的统治性地位。

(2) 跨国公司调度下的全球研发资源整合

虽然有大量经济主体进行创新并参与到国际化进程中，但相对于高校、政府科研机构等其他研发创新主体，跨国公司是唯一在其组织内就能实施并控制全球创新产生的组织类型（R. Narula 和 A. Zanfei，2009，中译本[③]）。作为全球技术、知识、信息的主要载体与通道，跨国公司的全球活动促进了研发创新资源在世界范围内的流动与传播。并且相较于其他类型的研发主体，跨国公司研发机构能够更为轻易地依据总部战略指令摆脱国家边界所带来的约束，这使得跨国公司在研发资源的国际流动层面居于中心和枢纽位置，因而有能力在全球范围内通过其研发组

---

① 联合国贸发会议. 2005 世界投资报告：跨国公司和研发国际化[M]. 北京：中国财政经济出版社，2005：109

② 刘云. 跨国公司技术创新：研发国际化的组织模式及影响[M]. 北京：科学出版社，2007：2

③ [挪]詹·法格博格，[美]戴维·莫利，等. 牛津创新手册[M]. 柳卸林，等，译. 北京：知识产权出版社，2009：314

织体系的空间扩张与地方性嵌入实现对于各类研发资源的空间配置与调度(见图3-3)。

通常,一个跨国公司的全球研发组织体系由有内部与外部两个研发网络系统构成。其中,内部网络指企业自身研发单元之间的协调与融合组织机制;外部网络则由来自企业外部的相关参与者的联系所组成(A. Zanfei, 2000)。

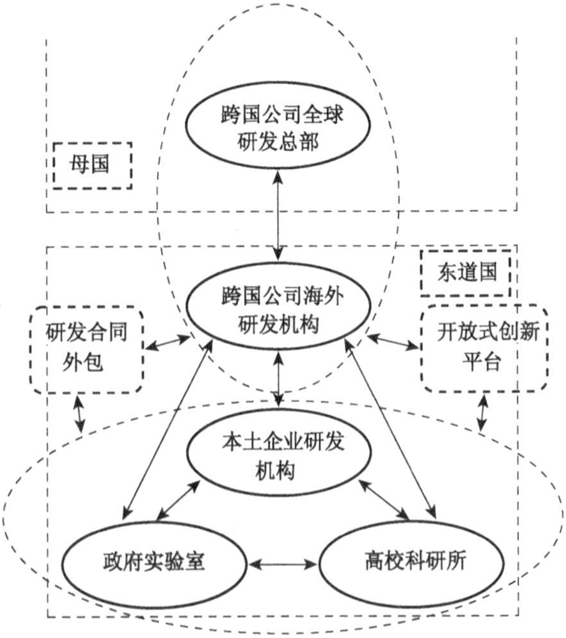

图3-3 跨国公司调度下的全球研发资源整合示意

资料来源:作者绘制

在内部网络建构方面,跨国公司的研发组织经历了由"母国绝对集中研发"到"母国相对集中研发",再到"多中心分散研发",进一步到"轴心式混合研发"直至"网络化整合研发"的发展演变过程(祝影和杜德斌,2005),其网络特性逐步从封闭保守转向开放融合。自20世纪80年代以来,出于对新知识和能力的掌握以及对独特人力资源获取的需求,跨国公司的研发活动不断向全球分散(Florida, 1997),并充分利用东道国环境中的独特资源来为其全球市场发展创新行为(Alice Lam, 2009,中译本①)。跨国公司倾向于从其全球战略利益出发,通过绿地投资、合并收购等方式,以自身实力为依托,在母国及海外投资设立研发中心,搭建全球研发体系,在实现研发活动全球扩张的同时,也推动全球研发资源在更大更广的范围内实现优化组合。

以上讨论集中在跨国公司的内部方面。事实上,并非所有的创新活动都在企业内进行,因为一个企业不可能在全部领域内拥有世界级的技术能力。近年来,依靠企业与企业间以及企业与外部科研机构间合作协议的非内部R&D,在数量上增长迅速(R. Narula和A. Zanfei, 2009,中译本),成为跨国公司研发创新活动的重要组成部分。跨国公司一面布局其全球研发体系,一面积极寻求与东道国研发机构的合作,以成立战略技术合作联盟、研发合同外包、搭建开放式创新平台等方式,

① 引自[美]普可仁.创新经济地理[M].童昕,王缉慈,等,译.北京:高等教育出版社,2009:139

并充分利用计算机与通讯网络，通过实体平台与虚拟网络的交叠，将位于不同地域，不同类型的研发要素资源包括其他企业、高校、政府科研机构、非营利性研究机构等紧密联系在一起，在进一步完善其全球研发体系的同时，完成对于全球研发资源的重新布局与有效整合。

3.2.3 跨国公司研发区位：国际研发城市判定的识别性路径

(1) 跨国公司研发区位的空间内涵

每一个跨国公司都是一系列职能如总部管理、研发及生产等的集合，在某种范围内这些职能可以被分割开来并分布在不同的地点（P. Dicken，2007；中译本）。不同的职能单元具有不同的区位需求以及独特的空间模式。作为跨国公司的核心职能部门，研发单元的区位选择必然与地理空间环境之间存在着一定的对应关系，换言之，跨国公司的研发集聚具有其特定的空间内涵。

与生产与销售单元相比，跨国公司研发单元在全球范围内的空间分布总是呈现出更加明显的地理集中性（Gassmann 和 Zedtwitz，2002；Gerard J. Tellis 等，2008）。李小建（1999）将跨国公司研发活动的区位要求归纳为 3 点：①接近科研机构（如大学、科研院所等）和贸易组织，以获取研究支持与市场需求信息；②接近数量充足且高质量的专业人才（科学家、工程师、高技术工人）供应地，以满足研究、开发和试制生产对于专业人力资本的要求；③接近新产品使用者，以便及时获得消费者对于新产品性能的反馈。对应以上区位要求，跨国公司研发单元的空间落位多趋向于大都市区和科研机构聚集区，并表现出靠近公司总部的倾向。

20 世纪 70 年代末期以来，跨国公司研发全球化趋势愈演愈烈，成为一种重要的世界经济现象。杜德斌（2005）指出，企业投资动机的差异会直接影响到跨国公司海外研发投资的区位选择，不同的投资动机对投资环境的要求完全不同。Dunning 和 Narula（1995）以及 Kuemmerle（1996）将跨国公司研发国际化的动机分为资产开发型 R&D 和资产扩张型 R&D，前者强调企业通过结合或适应特定的外国当地条件，来努力扩展企业技术资产的用途，而后者则认为外国特定区域能提供企业在本土不容易得到的补充性区域优势。我国学者杜德斌（2001；2005；2007）在以上基础上，提炼出跨国公司海外研发投资的 3 种动机，分别为生产支撑型、技术跟踪型和资源利用型，不同类型的动机具有不同的区位禀赋要求。生产支撑型研发活动需要接近生产地和市场；技术跟踪型研发活动需要靠近竞争对手的研发基地；资源利用型研发活动主要受东道国人才供给、科研与技术基础设施、政策支持、环境保障程度等多方面因素的影响。具体到城市，则主要集中于科技工业园区城市、经济中心城市和专业化工业城市（杜德斌，2001）。

研发资源的空间集聚是国际研发城市的基本特征与主要表现。国际研发城市的研发资源集聚在很大程度上可以理解为以跨国公司研发机构为代表的研发资源在某一城市空间范围内的集聚。与之相对应的是，作为全球研发的主导力量，跨国公司研发单元的空间区位决策也综合反映了某个城市在专业人才、科技实力、科研基础设施以及政策环境等方面的比较优势（郑京淑，2000）。据此，我们可以推论：国际研发城市与跨国公司研发机构高度集中的城市具有高度一致的对应关系。同时，国际研发城市作为全球技术资本的生产与地理控制中心，是技术领域内的世界城市。因此，在本文的研究中，我们能够适当借鉴世界城市及其体系的理论研究与方法，通过对跨国公司研发全球化空间结构的考察，将某一城市跨国公司研发机构，尤其是高等级研发机构的空间集聚程度作为判定其是否为国际研发城市的核心识别性指标。

(2) 跨国公司全球研发网络形成与节点浮现

随着全球竞争的日趋激烈，产品生命周期不断缩短，对于企业新产品开发的质量及速度的要求也越来越高。为了有效降低研发成本与风险，适应国际市场日新月异的产品需求，跨国公司在构建了全球生产与销售网络之后，依据东道国在科技、人才、市场等方面的比较优势，有选择性地将部分研发活动移出母国。越来越多的研究、设计环节被分离出来寻求各自最佳的区位，推动了全球生产网络中全球研发网络的形成（Booz&co, 2006；李健，2008）。

不同于生产与销售环节，"研发"作为企业价值链的高端或上游环节，历来被认为是分拆或转移可能性最小的经济活动单元，因为研发所涉及的知识往往对于公司来说具有战略上的高度敏感性（UNCATD, 2005）。因而，当生产、销售等其他环节随着国际产业的转移迅速实现国际化的同时，"研发"始终是跨国公司价值链环节中国际化程度最低的部分，表现出在母国布局的强烈偏好。但我们仍然可以从过往的历史中追寻到一些较早有关跨国公司研发国际化的数据：20世纪30年代，欧洲和美国最大的公司中就有7%的研发活动在海外完成（Cantwell, 1989）。当时的跨国公司需要使技术适应东道国的市场，为了实现这一目的，研发离岸也就成为了必要（Safarian, 1966）。

研发离岸意味着跨国公司研发国际化的开端，并随着时间的推移逐步朝研发全球化方向演进。众多学者以不同的研究视角对跨国公司研发全球化的演进历程进行了回顾与总结（Reddy, 2005；祝影，2007；王凤霞和王道理，2010）。其中，祝影将跨国公司研发的全球化进程划分为萌芽、成长和全球扩张3个阶段。20世纪60年代以前属于萌芽阶段，跨国公司的海外研发活动进展缓慢且主要集中在美欧之间，研发国际化的主要动力是进入外国的市场以及为当地的生产提供持续的技术支持；20世纪70—80年代属于成长阶段，一向保守的日本跨国公司开始了大规模的海外研发活动，促使研发活动的国际化程度迅速提高，跨国公司全球研发活动在地理空间上呈现出美国、欧盟和日本的“大三角间”的交叉格局(杜德斌,2001);20世纪90年代以来,现代信息与通讯技术的高速发展,大大降低了研发要素空间流动的约束性,使得跨国公司在全球范围内配置研发资源成为可能。为了提高研发效率,获取全球知识资源,跨国公司的海外研发投资逐渐向具有所需科技能力的低成本区位转移,一些新兴工业化国家在全球研发体系中的地位不断上升,全球研发的大三角格局正悄然发生变化,跨国公司研发进入真正意义上的全球化阶段。

进入21世纪,跨国公司研发全球化进程持续深化。据2005年一项针对全球186家跨国公司的调查研究显示,被调查公司设立的海外研发机构占全部研发机构的比例从1975年的45%上升至1995年的62%,再至2004年的66%(Instead 和 Booz Allen Hamilton, 2005)。从研发资金流向来看,全球研发资金的流向正呈现由单向流动向双向及多向流动转变的趋势(Barry Jaruzelski 和 Kevin Dehoff, 2008)。这其中,不仅国与国之间的研发交叉投资规模持续增大,并且有相当数量的发展中国家正从单纯的研发投资流入国向研发投资流出国转变(见图3-4),以上均表明,随着研发全球化向纵深发展,跨国公司全球化的空间结构正日趋呈现出网络化的发展态势。

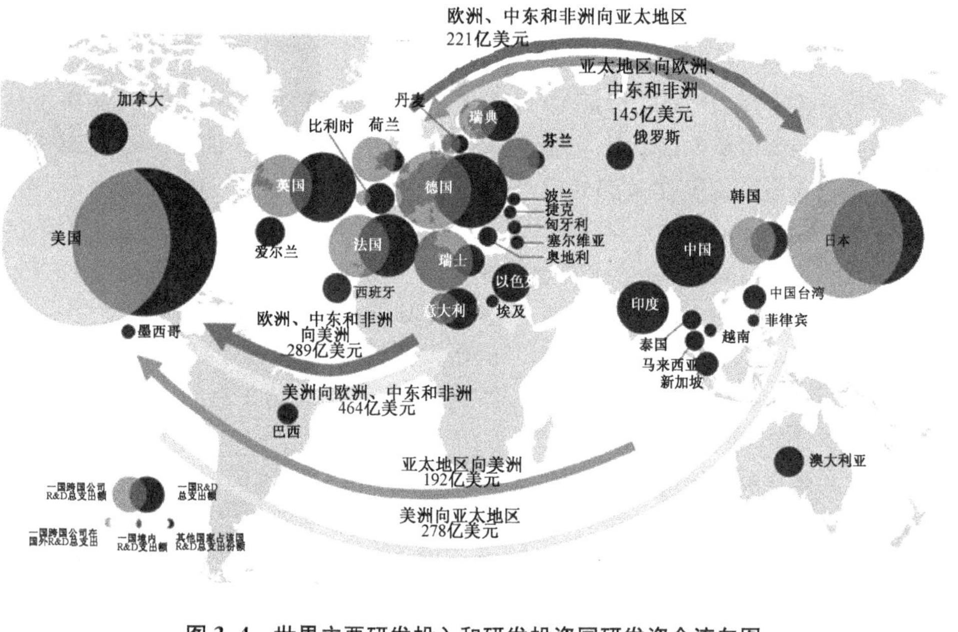

图3-4 世界主要研发投入和研发投资国研发资金流向图

资料来源:Barry Jaruzelski & Kevin Dehoff. Beyond Borders: The Global Innovation 1000. strategy+business issue 53, winter 2008

从空间层面观察,跨国公司全球研发网络是跨国公司研发活动在全球地理空间上的具体反映。对于一个跨国公司而言，其全球研发体系形成的同时，将会在全球空间层面映射出一定的地理布局，而当大量不同跨国公司的研发活动单元在全球的不同地域同时进行叠加与重合，其在地理空间上的投影就能够清晰地呈现出跨国公司全球研发网络的基本骨架，并通过研发活动单元的空间集聚程度反映出不同能级的全球研发网络的空间节点区域（祝影，2007）。其中，跨国公司研发机构空间分布最为集中的城市逐渐浮出水面，成为新技术的发源地以及当今世界经济和科技发展的重心（楚天骄和杜德斌，2006b），进而奠定了进一步成长成为国际研发城市的坚实基础。

3.3 跨国公司全球研发网络的空间节点考察

对跨国公司研发机构的空间分布进行考察与分析是公司地理学研究的经典方法。Malecki（1979）曾对330家美国大公司研发机构的区位进行调查分析，发现88%的公司研发机构与总部位于同一区位；Florida和Kenney（1994）调查了54家日本跨国公司位于海外的67家研发机构，发现大部分集中于美欧等发达国家与地区；杜德斌（2001）根据由美国商务部提供的美国跨国公司位于海外的186家研发机构的地理分布信息，分析了跨国公司研发全球化的空间特征及其研发活动单元的区位选择因素。Zedtwitz和Gassmann（2002）考察了全球81家主要跨国公司1021个研发基地的空间分布，结果表明跨国公司研发机构依然高度集中于美国、欧洲及日本等三极地区，但是以韩国、中国、印度、新加坡为代表的亚洲新兴工业化国家已然成为跨国公司研发布局的重点区域；美国著名的商业信息服务机构邓白氏公司（Dun&Bradstreet）在2004年的一项针对全球2063个拥有多数股权的外国研发机构区位分布调查中，再度印证了上述空间格局的存在①。Satoshi Shimizutani和Yasuyuki Todo（2008）调查了日本主要跨国公司海外研发机构的空间布局，指出不同的研发活动类型：基础应用研究与开发设计研究具有不同的区位选择模式。2008年，美国宾夕法尼亚州州立大学的Gerard J. Tellis等发布了一份题为“竞争未来”的研究报告，报告中调查了世界500强公司近1500家研发机构在全球范围内的空间分布，并针对不同行业对跨国公司研发机构的宏观区位选择因素做了定量研究（Gerard J. Tellis等，2008）。

回顾过往的研究，作者发现对于全球范围内跨国公司研发机构的空间分布特征以及区位决定因素的研究大都局限于国家乃至更为宏观的洲际层面，对于中观

① 联合国贸发会议. 2005世界投资报告：跨国公司和研发国际化[M]. 北京：中国财政经济出版社，2005：117

层面城市尺度的分析与探讨则相对薄弱。事实上，一方面城市是跨国公司研发机构实现具体落位最为基本的空间载体（范军勇，2006）；另一方面，国家等宏观层面的研究也在很大程度上忽略了国家内部不同地域的空间环境差异对于跨国公司研发活动单元区位选择的影响。鉴于本文的研究命题所涉及的空间尺度为城市，因此有必要以城市为基本单元对全球主要跨国公司研发机构的空间区位做深入调查与分析，在此基础上进一步勾画出研发全球化的空间轮廓，确定跨国公司全球研发网络的空间节点并以此作为国际研发城市判定的核心识别性指标。

3.3.1 样本公司来源与选择

作者考察的样本公司主要来源于英国商业创新与技术部（Department of Business Innovation & Skill，以下简称 BIS）发布的 2010 全球企业研发支出排行榜（2010 R&D Scoreboard），该份榜单公布了 2010 年度全球研发支出排名前 1 000 位的企业（以下简称"研发 1 000 强"）名单及相应的研发数据。在"研发 1 000 强"中，绝大部分为跨国公司，其中包括 215 家全球 500 强公司（BIS，2011）。榜单内的企业来自全球 39 个国家与地区，涉及 37 个行业门类。根据 Booz&Co. 和 BIS 联合发布的统计数据显示，2010 年，"研发 1 000 强"的研发支出占据全球研发总支出的半壁江山，达到 50.4%，并占全球所有企业研发支出的 81%（Booz&Co.，2010①）。具体见图 3-5。

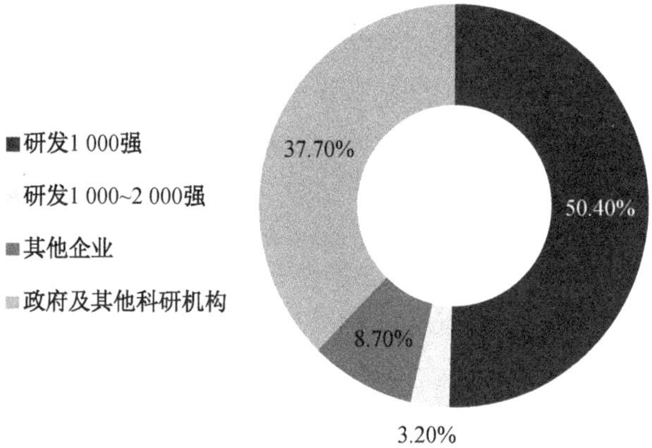

图 3-5 2010 年全球研发支出各部门分配比例

资料来源：Booz&Co. 2010：6

受客观因素制约，作者无法对榜单内的企业逐一进行考察，而是在数据可得的前提下，重点选择了其中 170 余家主要的跨国公司。选择的原则与依据如下：①突出重点企业。以"研发 1 000 强"企业的研发支出金额的排名先后为依据，重点考察研发投入较多，研发资源配置能力较强的大型跨国公司。②突出重点行业。从入选榜单的企业数量观察，技术硬件及设备、医药与生物科技、电子与电气设备等行业拥有的企业数量占据前列；在各行业的研发支出总额方面，亦表现出相同的集中趋势，

① Booz&Co. Profits Down, Spending Steady: The Global Innovation 1000[R]. 2010:6

只是在具体排序上与入选企业数量的排序略有差异(见表3-3)。从各个行业内企业的平均研发强度[1]来看,医药及生物科技、软件及计算机服务与技术硬件与设备等行业的表现最为突出,分别达到16.4%、10.2%和8.6%,而石油与天然气生产行业的平均研发强度最低,仅为0.3%(见图3-6)。因此,技术硬件及设备、医药与生物科技、软件与计算机服务等行业领域的企业成为优先考察的对象。③关注重点地域。从“研发1 000强”企业的国别来源观察,美国、日本、英国、德国、法国及瑞士等6大发达国家牢牢占据着全球研发创新的主导地位,拥有的“研发1 000强”的数量的74.3%,其控制的研发资金更是占据了“研发1 000强”研发总支出的82%,需要重点关注。另外,来自中国台湾、韩国、中国大陆、印度等新兴工业化国家及地区的“研发1 000强”企业数量亦占据了相当比例,因此在选择企业样本时也给予适当兼顾。

表3-3 “研发1 000强”中企业数量及研发支出排名前6的行业

企业数量排名	数　量	研发支出排名	占总支出比
技术硬件及设备	159家	医药与生物科技	19%
医药与生物科技	116家	汽车及零部件	18%
电子与电气设备	82家	技术硬件及设备	17%
化　学	77家	电子与电气设备	7%
汽车及零部件	73家	软件及计算机服务	7%
软件及计算机服务	65家	化学	5%

资料来源:BIS. 2010 R&D Scoreboard.经过作者整理

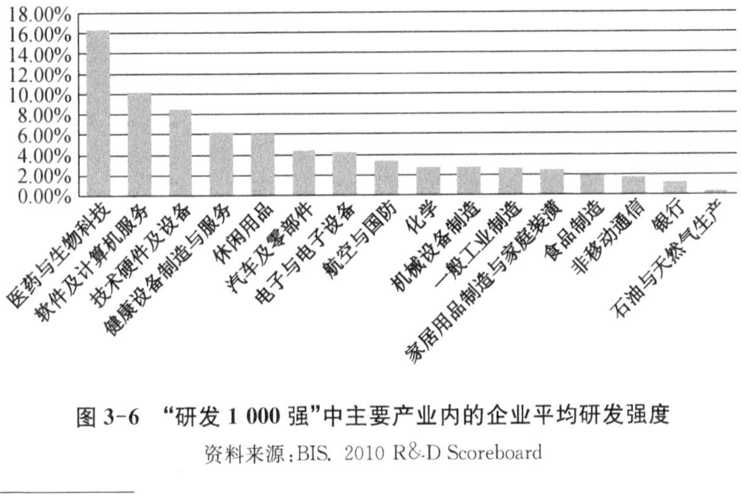

图3-6 “研发1 000强”中主要产业内的企业平均研发强度

资料来源:BIS. 2010 R&D Scoreboard

① 企业的研发强度是指一个企业当年的研发支出金额与销售收入金额的比值。

在大致确定了公司的范围之后，作者采取以网络查询为主，电子邮件问卷调查为辅的考察方式。首先，在网络查询方面，主要包括公司的官方网站、公布的可供下载的企业年报或创新手册以及过往的研究文献等，里面包含了公司主要研发机构的空间分布信息。对于通过网络查询无法获取相关信息或相关信息比较模糊[①]的公司，则采取向该公司的研发管理部门或公共关系部门发放电子调查问卷的考察方式，然后根据问卷反馈的情况来确定其研发机构的空间分布数据。由于研发历来是跨国公司的核心职能，相当一部分公司对于其研发机构空间分布信息的披露采取保密的态度，因而，在实际调查过程中，存在较多通过以上两种方式均无法获取相关信息的情况，此时，则依据所选行业内企业研发投入的排名依次进行替补，将其补充到被考察公司的范围。最后，实际考察的公司名称见表3-4。

表3-4　实际考察的171家跨国公司名单一览

产业门类	跨国公司名录	数量
航空与防务	欧洲宇航防务(荷)；波音(美)；芬梅卡尼卡(意)；联合科技(美)；泰雷兹(法)；古德里奇(美)；英国宇航系统(英)	7
汽车与零部件	丰田(日)；大众(德)；通用汽车(美)；本田(日)；戴姆勒-奔驰(德)；博世(德)；尼桑(日)；宝马(德)；日本电装(日)；标致(法)；雷诺(法)；德尔福(美)；现代(韩)；爱信精机(日)；马自达(日)；铃木(日)；法雷奥(法)；普利司通(日)；ZF(德)；米其林(法)；伟世通(美)；马勒(德)；三菱机车(日)；贝洱(德)；塔塔(印度)；高田(日)；韩泰(韩)；SAAB(瑞典)	28
化学	拜耳(德)；巴斯夫(德)；杜邦(美)；三菱化学(日)；先正达(瑞士)；索尔维(比)；信越化学(日)；三井化学(日)；阿克苏-诺贝尔(荷)；日东电工(日)；汽巴精化(瑞士)；罗地亚化学(法)	12
建筑与材料	圣戈班(法)；旭硝子(日)；海德堡水泥(德)	3
电子及电气设备；娱乐电子	三星(韩)；西门子(德)；佳能(日)；夏普(日)；LG(韩)；三菱电子(日)；ABB(瑞士)；施耐德(法)；住友电子(日)；三洋电机(日)；鸿海电子(中国台湾)；安捷伦(美)；京瓷(日)；先锋(日)；TDK(日)；阿尔卑斯电子(日)；爱默生(美)；日本电产(日)；尔必达记忆体(日)；仁宝电子(中国台湾)；松下电器(日)；索尼(日)；飞利浦(荷)	23
电信	日本电话电报(日)；英国电信(英)；法国电信(法)；AT&T(美)	4
食品；饮料；零售	雀巢(瑞士)；联合利华(英)；卡夫食品(美)；达能(法)；丹尼斯克(丹)；百事(美)；亚马逊(美)	7

① 相关信息模糊是指某些公司可查询到的研发机构空间分布仅限于国家或省(州)域尺度，而本文研究需要的是基于城市空间尺度的数据信息。

续表 3-4

产业门类	跨国公司名录	数量
一般工业制造	东芝(日);通用电气(美);霍尼韦尔(美);三菱重工(日);3M(美)	5
工业工程	沃尔沃(瑞典);迅达(瑞士);JFE(日);通力电梯(芬)	4
石油及天然气	壳牌(荷);中石油(中国大陆);埃克森-美孚石化(美);雪佛龙(美);斯伦贝谢(美);中石化(中国大陆);贝克休斯(美)	7
个人用品、烟草	欧莱雅(法);花王(日);金佰利-克拉克(美);资生堂(日);汉高(德);英美烟草(英)	6
医药与生物科技	罗氏(瑞士);辉瑞(美);赞臣(美);诺华(瑞士);赛诺菲-安万特(法);葛兰素(英);阿斯利康(英);默沙东(美);礼来(美);百时美施贵宝(美);武田制药(日);勃林格殷格翰(德);雅培(美);第一三共(日);默克雪兰诺(德);卫材(日);安斯泰来(日);诺和诺德(丹);UCB(比);大日本制药(日);Shire(英);盐野义制药(日);珀金埃尔默生物科技(美);久光制药(日)	24
软件与计算机服务	微软(美);IBM(美);富士通(日);谷歌(美); SAP(德);雅虎(美);赛门泰克(美);尤尼西斯(美)	8
技术硬件与设备	诺基亚(芬);英特尔(美);思科(美);日立(日);阿尔卡特-朗讯(法);爱立信(瑞典);摩托罗拉(美);NEC(日);惠普(美);高通(美);意法半导体(瑞士);德州仪器(美);AMD(美);博通(美);理光(日);恩智浦半导体(荷);飞思卡尔(美);苹果(美);希捷(美);英飞凌(德);精工-爱普生(日);施乐(美);瞻博网络(美);戴尔(美);联发科(中国台湾);中兴(中国大陆);飞索半导体(美);罗姆半导体(日);安华高科(新);联想(中国大陆);ARM(英);华为(中国大陆)	33

注:全球 171 家跨国公司全球研发总部与区域研发总部(卓越研发中心)基于城市尺度的空间分布数据库见文后附录 1;各公司的中文名称均来自其公司的中文官方网站或维基百科提供的中文翻译名称;各公司的国籍归属以公司全球总部所在地为准;表中产业门类的划分依据 BIS 的产业划分标准;在汽车与零部件产业中各汽车公司的研发机构中不包含试车场(proving ground)

资料来源:作者根据考察结果整理

在实际考察的 171 家跨国公司中,就研发投入金额而言,排名首位的企业为日本的丰田汽车公司(Toyota Motor),2010 年该公司的研发支出达到 73.57 亿英镑,其投入金额甚至超过当年许多国家经济体的研发总支出;而即使是排名末位的企业:来自韩国的韩泰轮胎公司(Hankook Tire),其当年的研发支出也高达 5 234 万英镑;从被考察公司的行业分布来看,不仅包括了研发强度较高的医药与生物科技、软件与计算机服务、技术硬件及设备等高新技术产业,同时也包括了包括食品、饮料、一般工业制造等研发强度较低的传统制造业,具有较为广泛的行业覆盖度;在公司的国别来源方面,被考察公司共来自 20 个国家和地区,其中既包括美国、日本、德国等发达国家和地区，亦包括中国大陆、印度、韩国、中国台湾等新兴工业化国家和地区。应该说，被考察公司不仅具备了较为强大的研发资源配置能力，而且在行业门类和地域分布方面也都具有相当广泛的代表性。因此，以上述企业作为样本来考察全球跨国公司研发机构的区位分布，可以比较客观而准确地反映出当前跨国公司研发资源在全球范围内的空间集聚态势，进而为识别与判定国际研发城市提供较为扎实的指标依据。

3.3.2 评分方法与原则

根据网络查询与问卷调查的反馈结果，跨国公司研发机构的功能等级通常分为3个级别。其中，最高级别为全球性研发总部(global R&D headquarter)，是跨国公司制订与实施全球研发战略，协调研发资源空间配置的中枢职能部门；其次为区域性研发总部(regional R&D headquarter)或卓越研发中心(R&D center of excellence)，是在跨国公司研发体系内占据重要战略地位的技术创新部门；最低级别为普通的研发或设计中心(R&D center or design center)，通常只是为了满足当地市场与生产需求而进行调适性开发的技术机构。而本次考察的重点则是跨国公司内功能等级较高的研发机构，即全球性研发总部和区域研发总部(卓越研发中心)在全球范围内基于城市空间尺度的区位分布。

过往的研究表明，由于研发是跨国公司在全球范围内保持竞争力的核心职能部门，因此，研发机构的区位条件与公司总部具有某种相似，研发活动在空间上也倾向于公司总部所在地(Malecki, 1979；李小建等，1999)。本次考察的结果进一步印证了上述论点。尽管也会出现少数公司研发总部与公司总部在地理布局上相互分离的情况①，但是，绝大多数公司都会将功能等级最高的研发总部布局在其公司总部所在地。因此，在进行研发机构的功能等级认定时，作者将那些未被特别标明为研发总部但却分布在公司总部所在城市的研发机构认定为功能等级最高的全球研发总部。

本次调查共计观测了来自全球近171家跨国公司超过2 000家高等级研发机构的空间分布，涉及全球数百个城市。为了能够直观反映各城市跨国公司研发机构的集聚程度与质量，作者借鉴了GaWC(2008)针对世界城市的研究方法，以跨国公司研发机构在各个城市的落户数量与机构性质为依据来对国际研发城市进行识别。在打分时，作者对于不同功能等级的研发机构赋予相应的分值。其中，全球性

---

① 例如皇家壳牌石油公司的总部位于荷兰的海牙，全球研发总部则位于荷兰的阿姆斯特丹、莱斯韦克以及美国的休斯敦；阿尔卡特-朗讯公司的总部位于法国的巴黎，其全球研发总部则位于美国新泽西州的茉莉山。

研发总部为3分，区域性研发总部（卓越研发中心）为1分，城市的最终得分是该城市所拥有跨国公司研发机构数量和功能等级的综合反映。计算公式表达如下：

$$S_j = 3\sum_{i=0}^{n} H_{ij} + 1\sum_{i=0}^{m} R_{ij} \quad \text{公式 (3-1)}$$

在以上公式中，S_j 指 j 城市的得分。H_{ij} 指 j 城市拥有的跨国公司全球性研发总部的数量，$i=0, 1, 2, \cdots, n$ 不等；R_{ij} 则代表 j 城市拥有的跨国公司区域性研发总部（卓越研发中心）的数量，$i=0, 1, 2, \cdots, m$ 不等。S_j 值越高，说明该城市跨国公司高等级研发机构的空间集聚程度越高，当其达到某一阈值时，则可将该城市认定为跨国公司全球研发网络的空间节点，即国际研发城市。

3.3.3 考察结果与分析

本次考察共涉及全球数百座城市，为了对研究对象的范围实施有效的限定，作者为进入研究范围的城市设定了以下两个基本阈值：第一，城市集聚的包括全球研发总部在内的跨国公司高等级研发机构的数量至少有5个及以上；第二，城市的最终得分至少要大于等于8分。经过统计，满足上述条件的城市共有32座，具体空间分布与得分情况见图3-7，作者将其判定为国际研发城市。

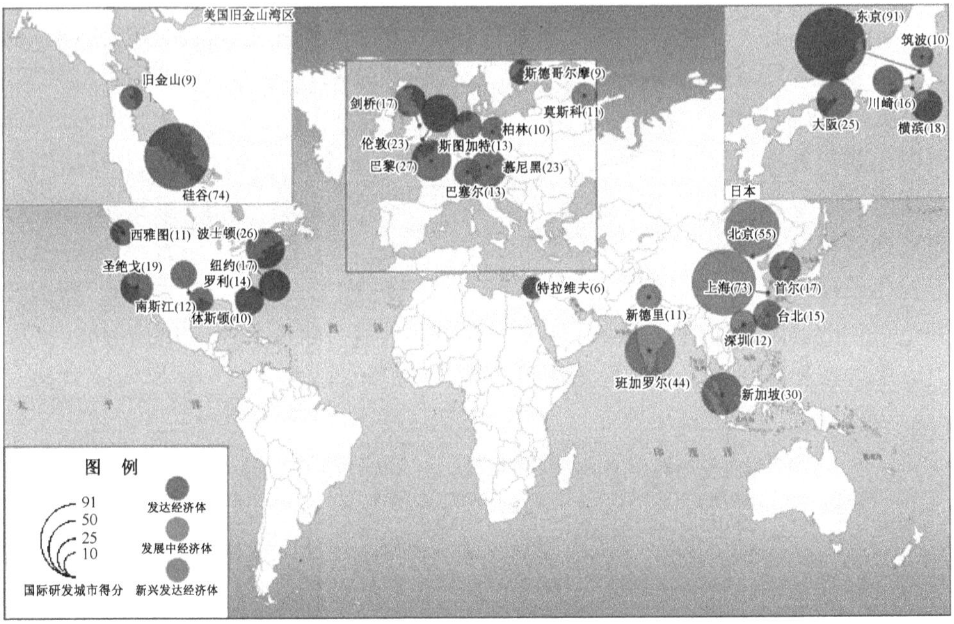

图3-7 32座国际研发城市的空间布局与得分

资料来源：作者根据考察结果绘制

(1) 空间分布特征

从洲际层面的空间分布特征来看，32 座国际研发城市均集中在北美洲、欧洲和亚洲三大洲，分别为 9、10 和 13 座，依然呈现出三极主导的“大三角”空间分布模式，这再度印证了过往的研究成果[①]。从中可明显看出，亚洲地区在全球研发创新格局中的地位正在得到不断巩固与强化。32 座城市中，总得分排名前 6 的城市中除硅谷[②]外，其余均来自于亚洲地区，依次为东京、上海、北京、班加罗尔和新加坡，进一步凸显了亚洲城市对于跨国公司高等级研发机构的区位吸引力。其中上海、北京和班加罗尔表现尤为突出，各自集聚的高等级研发机构数量分别为 73、50、44 个，均接近甚至超越总得分排名榜首的东京(51 个)。在 2005 年，UNCATD 曾发起一项针对跨国公司海外研发投资空间区位选择意向的调查，结果显示有 61.8% 和 50%的跨国公司期望在中国与印度进行研发投资，排名高居意向地区的前两位(UNCATD, 2005)。显然，中印两国正凭借着巨大的市场空间，丰富廉价的研发人力资源，逐渐完善的技术基础设施等因素正日益成为跨国公司研发资源全球布局的重点区域，而作为各自所在国家经济与科技中心的上海、北京和班加罗尔往往成为跨国公司区域总部和区域研发总部进入时的首选目的地城市。

进一步从国家层面的空间分布特征来观察，遴选出的 32 座国际研发城市分属 14 个国家和地区。其中，美国拥有 9 座国际研发城市，独占鳌头，分别为硅谷、波士顿、圣迭戈、纽约、罗利、休斯敦、奥斯汀、旧金山和西雅图；排名其次的是日本，拥有 5 座国际研发城市，分别为东京、大阪、横滨、川崎和筑波；德、中二国各占 3 席，紧随其后，分别为德国的慕尼黑、斯图加特和柏林以及中国的上海、北京和深圳；英国以伦敦和剑桥，印度以班加罗尔和新德里各占据 2 个席位；其余国家和地区则各有 1 座城市入选，分别为法国巴黎，瑞典斯德哥尔摩，瑞士巴塞尔，俄罗斯莫斯科，以色列特拉维夫，韩国首尔，中国台北以及新加坡。在上述 14 个国家和地区中，大部分(11 个)属于由 UNDP 认定的发达经济体(UNDP, 2010)[③]，其中韩国、新加坡和中国台湾地区进入到发达经济体序列的时间较晚，因此，在本文的研究中，将以上 3 个国家和地区界定为新兴发达经济体。经过统计，发达经济体阵营中共拥有

---

① 32 座城市集聚的高等级研发机构所属跨国公司名单及得分情况详见文后附录 2。

② 在硅谷的广阔地域中，圣克拉拉县被视为硅谷的心脏地带(兰德公司，2012)。在对跨国公司全球研发网络空间节点的区位考察中，圣何塞、帕兰奥多、圣克拉拉、森尼维尔、库比蒂诺和山景城 6 座属于圣克拉拉县的城市跨国公司高等级研发机构空间集聚程度较高。在后续研究中，作者以上述 6 座城市相关数据的总和来替代硅谷的数据。因此，硅谷的各项数据表现将在一定程度上被低估。

③ 本文对于经济体发达程度的界定参照由联合国人类发展计划署(UNDP)发布的《2010 年人类发展报告》，报告依据其制订的“2010 年人类发展指数”认定 2010 年全球共有 44 个国家和地区达到极高人类发展水平，将其界定为发达经济体。

23座国际研发城市，占据32座城市中的绝大部分，新兴发达经济体拥有3座城市，发展中经济体阵营拥有余下的6座城市，表明以美、日、德、英等为代表的老牌发达国家依然在全球研发的战略版图中居于主导地位。值得注意的是，拥有国际研发城市的发展中经济体分别为中国、印度和俄罗斯，均属于由美国高盛公司提出的金砖国家之列，是世界公认的最为主要的新兴市场与工业化国家，在一定程度上反映出上述地区巨大的市场空间与经济活力是吸引跨国公司研发投资集聚并由此形成国际研发城市的重要因素。

(2) 城市规模特征

首先，我们将32座国际研发城市与英国拉夫堡大学GaWC研究小组于2012年在全球范围内最新确定的45座α级世界城市名单(GaWC，2012)相对照，可以发现两者之间存在相当程度的交集(见图3-8)，共有东京、伦敦、纽约、巴黎、新加坡、莫斯科、首尔、北京、上海、中国台北、新德里、斯德哥尔摩、慕尼黑、旧金山、波士顿15座城市既属于国际研发城市，又处在主要世界城市之列。可见，作为全球经济指挥与控制中心的世界级大城市是跨国公司研发布局的重要区位选择。显然，从研发视角来看，主要城市及大都市依然是全球创新网络最为重要的节点(Castells和Hall，1998;中译本)。

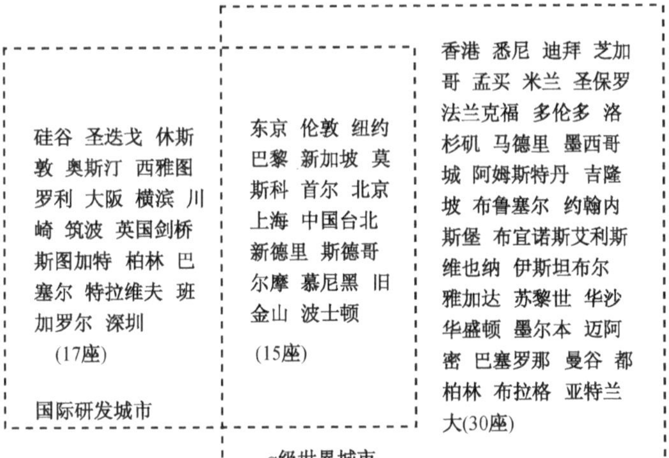

图3-8 国际研发城市与主要世界城市的交集示意图

资料来源：作者根据相关资料绘制

随后，观察依据城市人口数量[①]划分的城市规模。在32座城市中，人口小于50

---

① 各个城市的人口数据来自于由中国学者倪鹏飞和美国学者彼得.卡尔·克拉索主编的全球城市竞争力报告(2007—2008)，其余则来自www.citymayor.com网站检索。统计口径为城市行政区人口数量。

万的小城市和人口在50万～100万之间的中等城市共计有12座[①]，占国际研发城市总量的37.5%，其余大部分城市皆为人口规模超过100万的大城市，共计20座，占32座国际研发城市总量的62.5%，可见，跨国公司研发依然大多数是属于人文环境富足大城市的活动(P. Dicken, 2007;中译本)。

依据32座城市所属的经济体性质以及城市人口规模构造4象限图，然后依据每座城市的具体情况将其纳入到各自所属的象限中，结果可以将32座城市划分为3大类别：分别为发达经济体大城市，发达经济体中小城市，发展中与新兴发达经济体大城市(图3-9)。

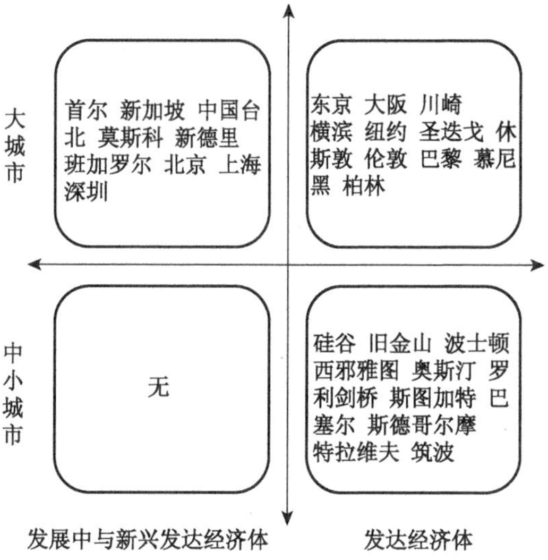

图3-9 根据经济体性质与人口规模划分的国际研发城市4象限图

资料来源：作者根据考察结果绘制

由图可以发现，12座中小城市无一例外皆来自于发达经济体，除筑波属于亚洲的日本之外，其余城市均来自于欧美地区，在跨国公司全球研发网络中占据重要的节点位置。20座大城市中，囊括了全部3座新兴发达经济体城市和6座发展中经济体城市，且其中有多达12座城市来自亚洲地区。以上情况似乎隐含着两个暗示，即在新兴发达和发展中经济体中，国际研发城市只适宜出现在人口稠密、经济发达的区域中心城市，因为中心城市通常拥有丰富的研发创新资源、广阔的市场腹地与坚实的工业基础，可以大幅降低跨国公司对于全球创新知识的搜寻成本(王缉慈,2001)。而在发达经济体中，国际研发城市不仅适宜在大城市分布，同时也适宜分布在中小城市；其次，国际研发城市在亚洲地区大多分布于大城市(除筑波外)，而在欧美地区，则存在着分布于大、中、小城市多元化的区位指向，城市技术研发功能的去中心化趋势较为明显。但是同时也可以发现，有相当一部分中小城市多位于世界大都市核心环境的边缘，如东京-筑波，纽约-波士顿，伦敦-剑桥，旧金山-硅谷等，不仅可以利用邻近核心地区的优势，同时

① 硅谷是一个由众多相邻中小城市所构成的城市化区域。依据人口规模，在进入到统计范围的6座城市中，圣何塞为中等城市，其余均为小城市。在本研究中，作者将硅谷纳入到中小城市的范畴。

可以摆脱沿袭下来的传统与禁忌而利于创新(Castells 和 Hall，1998;中译本)。

(3) 集聚机构特征

在各城市集聚的研发机构性质层面，首先考察城市对于跨国公司全球研发总部的控制力(见图 3-10)。跨国公司全球研发总部通常与公司总部位于同一地理区位，是企业制订与实施全球研发战略，决定与协调研发资源空间配置的中枢职能部门。城市集聚的跨国公司全球研发总部越多，其研发总部控制力则越强，城市在全球研发资源的空间配置上也将拥有更多的话语权与主导权。根据统计，在 32 座国际研发城市中，拥有 4 个及以上的跨国公司全球研发总部的城市共有 7 座，分别为东京、硅谷、巴黎、大阪、慕尼黑、斯图加特和巴塞尔(见表 3-5)。上述城市中，均来自美、日、德、法等发达国家和地区。显然，发达经济体城市比发展中经济体城市具有更强的全球研发总部控制力，因此在技术创新领域具有更高的国际辐射能力。反观上海、班加罗尔等发展中经济体城市，尽管其集聚的跨国公司研发机构数量众多，但却没有一家跨国公司全球性研发总部，在一定程度上说明其在全球研发资源的空间配置过程中依然处于支配性地位，其技术控制力与影响力较弱。

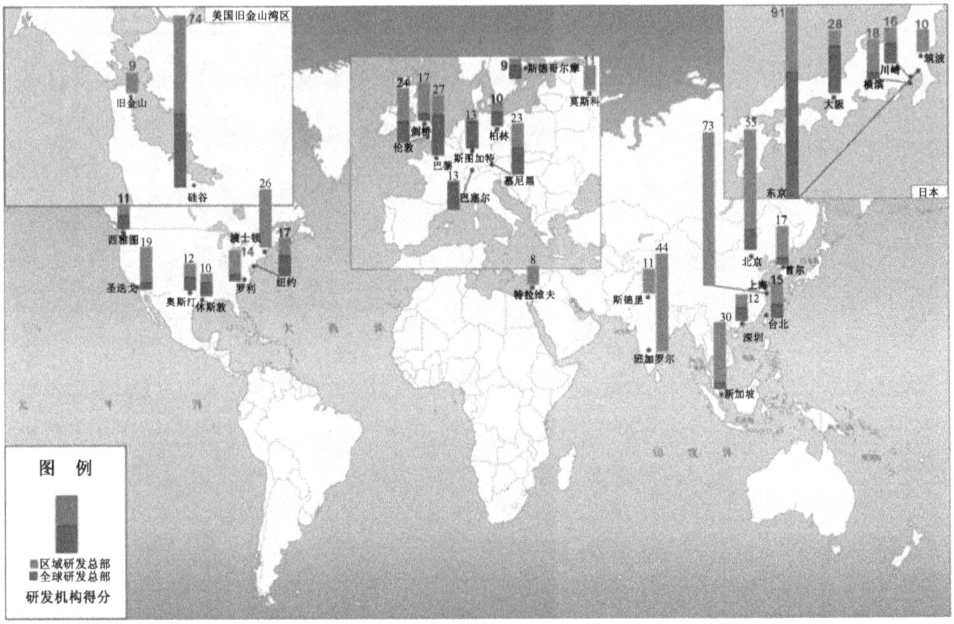

图 3-10　32 座城市集聚的全球研发总部与区域研发总部

资料来源:作者根据考察结果绘制

表 3-5　拥有 4 个及以上全球研发总部的国际研发城市

城市	数量	公司名称	所属国
东京	19	本田、普利司通、三菱机车、鹿岛建设、旭硝子、佳能、三菱电子、日本电产、日本电报电话、索尼、花王、资生堂、第一三共制药、日立、理光、尔必达记忆体、三菱重工、JFE、富士通	日本
硅谷	11	思科、安华高科、英特尔、安捷伦、惠普、苹果、瞻博网络、飞索半导体、雅虎、AMD、谷歌	美国
巴黎	6	欧洲宇航防务、泰雷兹、标致、雷诺、欧莱雅、法雷奥	法国
大阪	6	住友电子、三洋电机、松下电器、武田制药、大日本制药、盐野义制药	日本
慕尼黑	4	欧洲宇航防务、宝马、西门子、英飞凌	德国
斯图加特	4	戴姆勒-奔驰、博世、马勒、贝洱	德国
巴塞尔	4	罗氏制药、诺华制药、汽巴精化、先正达	瑞士

注：根据考察，欧洲宇航防务拥有 2 个全球性研发总部，分别位于巴黎和慕尼黑

资料来源：根据作者考察结果整理

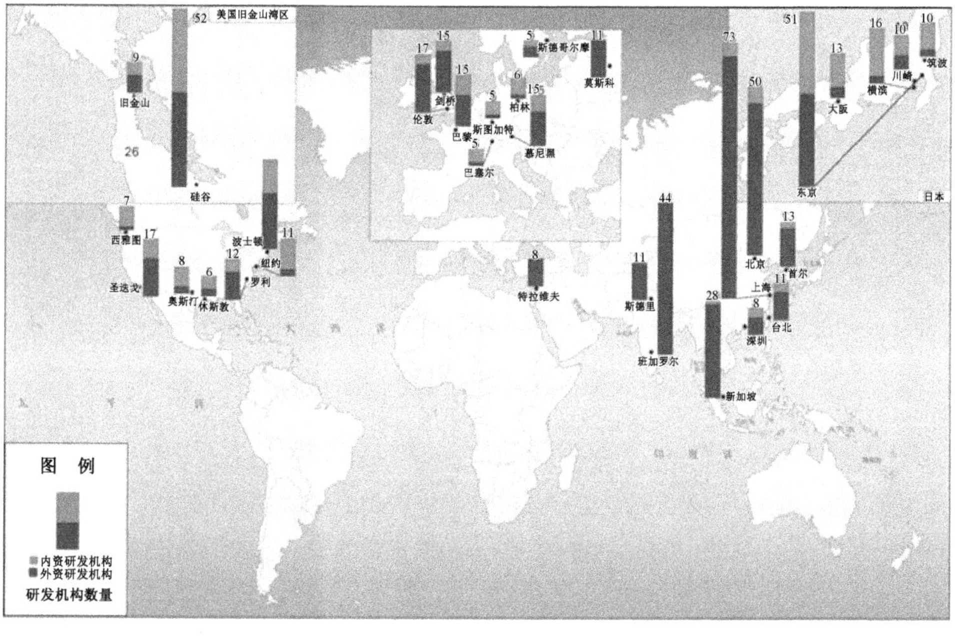

图 3-11　32 座城市集聚的外资与内资研发机构

资料来源：作者根据考察结果绘制

其次，随着跨国公司价值链中研发环节国际化的持续深入，带来技术创新资源在世界范围内的重新整合，在不同程度上改变了地区间的研发实力对比。通过对城市集聚的跨国公司研发机构依据国籍划分的机构来源考察，可以使我们了解各座城市的研发力量格局在研发全球化推动下有着何种程度的变化。透过图3-11，可以发现无论是何种经济体城市，都无法置身于研发全球化浪潮之外，来自海外研发机构所裹挟的技术创新资源嵌入到本地环境，或多或少地改变了32座国际研发城市的研发资源储备，从而使城市的研发力量得到不同程度的增强。经过统计，其中外资机构占集聚机构总数之比达到90%的城市有7座(见表3-6)，之中有5座来自发展中经济体，分别为班加罗尔、新德里、莫斯科、上海和北京，其余2座城市特拉维夫和新加坡则来自国土面积较小的国家(以色列和新加坡)，相较于其他地区，发展中经济体以及领土小国在研发全球化浪潮中获得更多的外生研发资源注入，进而使区域内研发力量得以大幅增强。与此同时，我们也可以清晰地发现，即使是东京、硅谷、伦敦、巴黎等发达经济体城市，在研发全球化过程中也同样获得了不同程度的收益。

表3-6　外资研发机构占比达到90%的城市

城　市	外资机构数量	内资机构数量	外资占比
班加罗尔	44家	0家	100%
新德里	11家	0家	100%
莫斯科	11家	0家	100%
特拉维夫	8家	0家	100%
新加坡	27家	1家	96.4%
上　海	69家	4家	94.5%
北　京	45家	5家	90.0%

资料来源：根据作者考察结果整理

3.4　本章小结

本章首先从创新型城市和世界城市相融合的理论视角出发明确了国际研发城市的核心特征、功能内涵与基本概念等一系列基本问题，建立了一套相对完整与严密的学术概念体系。

国际研发城市是一座以研发服务与创新作为主导功能的国际城市，是全球知识的生产中心、技术资本的控制中心与技术扩散的交互中心，堪称技术创新领域内的世界城市。有鉴于此，本章主要借鉴了世界城市及其体系的相关理论与研究方法，从跨国公司研发全球化的空间组织切入，通过对全球171家主要跨国公司高等级研发机构区位分布与空间集聚程度的考察，以城市为空间尺度勾勒出研发全球化的地理格局，确定全球研发网络的空间节点，并将其作为识别与判定国际研发城市的核心特征指标。根据考察结果，共有32座城市由于具有较高的跨国公司高等级研发机构集聚度而被判定为国际研发城市。随后，作者还着重分析了32座城市在空间分布、城市规模以及集聚机构性质等若干方面的特征。

需要特别指出的是，本次研究所判定的32座国际研发城市是严格基于对171家样本公司高等级研发机构空间分布与集聚程度考察的结果，选择不同的公司或者是扩大考察公司的范围，都将使判定的结果发生一定程度的变化。一些在技术研发领域享有盛誉的城市因未能达到作者设定的阈值而无法被判定为国际研发城市，如印度的海得拉巴、英国的布里斯托尔以及美国的达拉斯等。但是本章最为主要的研究目的并不在于穷举所有的国际研发城市，而是期望能够采取一种较为科学的方法来对国际研发城市这一新型城市类型进行识别与判定，确保其逻辑上的合理性，进而为相应的后续研究夯实基础。

另外，在判定过程中，32座国际研发城市的得分更多反映了这样一个事实：即在研发全球化的作用下，以跨国公司研发机构为主体的全球研发资源的空间配置格局与以往相比发生了相当程度的变化，并不能充分说明32座城市所具有的研发能力水平与层级。例如，上海、班加罗尔等城市在判定过程中就获得了非常高的分数，显著体现出近年来跨国公司研发全球化的空间结构与布局趋势，但并不意味着上海和班加罗尔已经成为全球顶级的国际研发城市。至于32座国际研发城市的研发能力、研发效率等具体运行特征将留待下一步的研究工作中做进一步的深入分析与比较。

第4章

基于 PCT 的国际研发城市特征分析与类型归纳

在上一章,我们通过对跨国公司全球研发网络空间节点的区位考察在世界范围内确定了 32 座国际研发城市,并初步分析了其空间分布特征,城市规模特征与集聚机构特征等。接下来,需要对上述城市的研发产出规模、研发效率、增长趋势、外资研发依存度、公共性研发依存度等方面加以具体分析以期更为客观全面地反映国际研发城市的发展现状与运行特征,并在此基础上对国际研发城市的发展类型进行归纳。受限于数据获取,在以往的相关研究中,对于国际研发城市或枢纽的特征分析与类型判断大多是基于案例描述的定性研究(黄鲁成和李阳,2004a;李玺,2006;王铮,2007),相关的定量分析并不多见。

研发活动的产出形式主要有专利与科研论文,但是有学者指出,基于科研论文的文献计量分析通常主要是与科学的动态发展而不是创新有关(K. Smith, 2009,中译本[①])。因此,采用专利指标数据来分析城市的研发创新特征将会更加具有针对性。专利是研发活动的主要产出形式,其统计与分析结果能够充分反映出一个国家和地区技术研发创新能力的高低程度,是区域科技资产中最富经济价值的部分(刘玉敏和张群,2010)。随着信息科学的不断发展,各类专利数据库日臻完善,其强大的检索功能及其提供的丰富数据信息为本文的研究提供了便利条件。有鉴于此,本章设想从城市的国际专利申请数据入手来搭建 32 座研发城市之间的国际比较分析框架,通过对各城市国际专利数据与相关信息的充分挖掘,来深入透视 32 座国际研发城市的研发运行特征,并在此基础上进一步归纳与总结国际研发城市的发展类型。

---

① [挪]詹·法格博格,[美]戴维·莫利,等. 牛津创新手册[M]. 柳卸林,等,译. 北京:知识产权出版社,2009:153

4.1 专利指标涵义与 PCT 简介

4.1.1 专利是测度区域研发产出的有效指标

专利是发明者与政府之间签订的公开契约，它授予申请人享有一项技术发明一定时间的垄断使用权。当某一项专利获得授权，即意味着其所申请的技术发明与已有的技术相比具有一定的先进性(K. Smith, 2009，中译本①)。发明者与国家订立合约，披露有关发明的详细信息，而作为相应的回报是得到对发明的有限保护，即其他人在合约生效的一定时期和在有限地域内不得使用该项发明。

在知识经济时代，经济的增长由资本驱动阶段转向创新驱动阶段，这使得区域及企业之间的竞争越来越多地聚焦在专利及标准竞争等领域。许多发达国家都将专利的申请和授权量作为一个国家或地区经济实力和创新能力的晴雨表，美国公司甚至将知识经济时代的生存法则浓缩为"或拥有专利，或被淘汰出局"(范黎波和吴易明，2009)。无论对区域还是企业而言，要想攫取由技术创新所带来的垄断租金，就必须不遗余力地进行研发活动以期获得更多的专利授权，形成对自主知识产权的掌控，进而不断保持其技术竞争优势。

自上世纪 70 年代以来，在学术界专利的申请或授权数量作为衡量创新产出水平的指标得到了广泛的应用(Jaffe, 1989; Griliches, 1990)。尽管使用专利数据具有一定的局限性(Furman 等，2002)，因为不同产业、不同地区、不同时期的专利倾向不同，不是所有的发明都能够获取专利，不同的专利因质量不同，其所产生的经济效益也有着天壤之别(古利平等，2006)；另外，某些专利实际上只是标志了新技术原理的出现而不是商业创新，因此并不具备技术或经济意义(Kleinknecht 和 Mohnen, 2002)。但是由于专利和创新活动关系密切，数据获取相对容易，而且专利信息的收集具有较长时期的持续性和稳定性，因而并不妨碍专利数据成为衡量创新活动产出的可靠指标(Acs 等，2002)。此外，专利公布制度中的标引规定可以系统地将某项发明和与其相关的前后向技术相联系(K. Smith，2009，中译本①)，这使得专利文献中包含了应用技术领域内几乎所有的技术成果，成为涉及经济发展、科技创新和战略决策最为重要的信息资源。根据世界知识产权组织的统计，在专利文献中就包含有世界上约 95%的研发成果(崔雅晖，2007)。当某项专利获得

---

① [挪]詹·法格博格，[美]戴维·莫利，等. 牛津创新手册[M]. 柳卸林，等，译. 北京：知识产权出版社，2009：158，159

授权，即表明了针对某项技术的研发活动以及相应的成果的创新性与有效性得到了科技界的广泛认可。而过往的一些研究也证明了一个地区及企业的研发投入与专利产出之间总是存在显著的相关性，R^2超过0.9(古利平等，2006；逄淑媛和陈德智，2009)。

综上而言，虽然专利数量并不是衡量科技产出的完美指标，但是它能在一定程度上体现研发活动的有效性(Griliches, 1991)。因此，我们依然认为专利是测度一个区域研发产出水平的合适指标，对于专利数据的统计与分析结果能够很好地反映出一个区域创新活动的成果并进而揭示其研发能力的高低。

4.1.2 PCT的形成与发展

随着知识经济时代的到来和对外贸易的不断扩大，以及基于专利权的地域性特点，希望积极开拓全球市场，谋求占领国际份额的国内企业仅将其技术发明取得某一国家的专利保护已经不能满足其发展要求，到多个国家申请专利并取得专利保护权益成为十分必要的选择(邓声菊等，2006)。在引进专利合作条约途径前，申请人要想在多个国家获得专利保护，只能通过传统的巴黎公约途径向每个国家单独提交申请。由于各国对申请文件的语言、格式、审查期限等多方面的差异，给申请人带来诸多困难，并造成各国专利局在处理专利申请、专利审批等方面的重复劳动。为了减轻申请人和各国专利局的负担，以便捷国际申请为目的的专利合作条约(Patent Cooperation Treaty，以下简称PCT)应运而生。

PCT是由世界知识产权组织(WIPO)发起的，在巴黎公约基础上，就专利领域进行国际合作、统一和简化跨国申请专利的格式和手续的国际条约，被誉为专利制度国际化的里程碑事件。该条约于1970年6月19日在美国华盛顿缔结，于1978年1月生效，并于当年6月在最初的18个成员国内施行。PCT规定，提出一份国际专利申请，就具有和在被指定国提出的国家专利保护申请相同的效力。提出专利保护要求的申请人可以只提出一份申请，就可以要求在该条约的无论多少个签约国中获得保护。这使得PCT成为一个具有全球性一体保护功能的全球专利制度(唐春，2009)，其国际影响力日渐扩大。截止到目前，PCT成员国已扩大至146个国家和地区，不仅包括美国、日本、加拿大和全体欧洲专利公约缔约国等发达经济体，同时还包括中国、印度、巴西等发展中经济体，几乎覆盖了全世界所有实行专利制度的重要国家与地区。与此相对应的是，PCT的申请量也持续大幅攀升。统计资料显示，自1990年以来，全球PCT的年均申请量长期保持超过10%的高增长率。除了在2009年受到全球性金融危机的影响，该年度全球的PCT申请量出现负增长以外，其余年份均保持较高的增长势头(见图4-1)，到2011年，全球PCT申请总量累积超过200万件，较2010年增长10.7%，充分反映出国际社会对于该项专利制度的高度认可(WIPO，2012)。

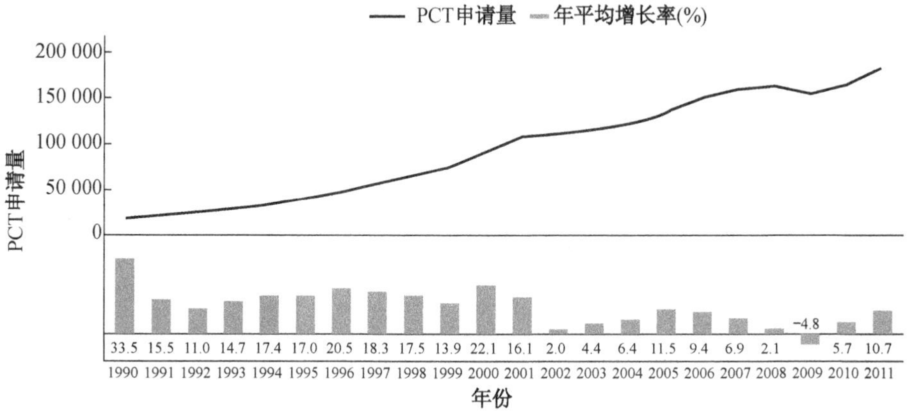

图 4-1　1990 年以来的全球 PCT 申请量及增长率

资料来源:WIPO. 2012：23

4.1.3　PCT 的数据特性

目前,学术界在国际创新研究中应用比较广泛的专利数据及信息来源主要有美国专利及商标局(USPTO)、欧洲专利局(EPO)和日本专利局(JPO)提供的专利数据库,即通常所说的三方专利。

在三方专利中,应用最为广泛的是来自 USPTO 的专利数据,因为 USPTO 的专利需要通过严格的专利审查以检验其创新性,具有较高的质量,专利的实用性和商业性也能得到保证(UNCATD，2005;官建成和王刚波,2008)。但是上述数据库在国际研发城市研究的实际应用过程中存在着明显缺陷,这主要是因为以上数据库都非全球性的专利数据库,具有强烈的地域性特征。在现实中,普遍存在不同国家的机构,其专利申请的地域倾向不同的情况,譬如美国公司会优先向 USPTO 申请授权,这使得上述任何单一数据库的专利数据信息均无法客观均衡地反映专利申请机构在全球范围内的研发创新发生地点。当单独使用 USPTO 的专利数据来衡量城市的研发产出水平时,位于美国的国际研发城市显然将会比位于其他地区的国际研发城市更具优势而使得分析结果失于偏颇。

本文的研究目的是对位于世界不同地点的国际研发城市进行全球层面的统一把握,因此亟须一个能够整合上述专利数据库的全球性数据平台,以使我们能够站在全球视野的高度对 32 座城市进行统一地横向比较研究。WIPO 建立的 PCT 数据库不仅在很大程度上整合了世界主要专利国家的数据库资源,并且其数据特征决定了其在进行国际研发城市分析与研究时具有以下突出优势：

①PCT 申请并不是发明者要求取得一项新的专利授权，而是就为在某一国家或地区的专利局（包括三方专利）已经获得授权的专利争取到在其他国家或地区同样的专利保护权益。因此，凡是进行 PCT 申请的专利都是已经通过各自所在国家或地区创新性检验的专利，具有较高的专利质量。②大多数国家和地区都规定了和中国相类似的专利体系（濮东丹，2012），将专利分为发明、实用新型和外观设计 3 种类型。其中，发明专利的授权需要跨越较高的专利审查门槛而体现出更多的新颖性、创造性及实用性，被认为具有最高的技术水平。而目前，在诸多专利类型中，只有发明专利可以通过 PCT 途径申请在其他国家相类似的权利保护，而外观设计和商标是不能通过 PCT 途径获得保护的（邓声菊等，2006），上述限制保证了凡是进行 PCT 申请的专利类型均为发明专利，因而也就具有较高的技术创新水平与价值。③PCT 申请是一种跨越国家边界的专利保护申请，这就意味着在 PCT 支持下的新产品或新工艺方法将接受国际市场的检验，并得以在全球层面进行流通、扩散与传播，因此，一个城市所拥有的 PCT 申请与授权数量能够充分体现其研发活动与产出的国际化程度。

以上 PCT 的数据特性一方面能够将位于世界不同地域的众多城市纳入到具有统一性的数据平台之下，使得国际研发城市之间比较结果的客观性与准确性得到有力保证，另一方面，对于城市 PCT 数据信息的统计分析结果也能够充分体现国际研发城市的国际性特征。

4.2 比较分析框架

4.2.1 分析数据来源

经过数十年的运营，由世界知识产权组织开发的 PCT 专利数据库业已发展得十分完善，数据库涵盖了从专利合作条约制度执行起至当前所有的 PCT 专利数据信息，并且每周进行一次即时的数据更新。PCT 专利数据库向世界各地的用户提供免费的专利文献全文检索服务并具备基本的数据分析功能，为研发城市之间的国际比较研究提供了便利条件。

目前，PCT 专利数据库支持简单检索、高级检索、结构检索（或称“域组合”检索）3 种不同的检索方式。简单检索是指不含任何运算符和字段限定的检索方式。与高级检索不同，简单检索不支持词组和逻辑检索，因此在简单检索中，只能进行单个词的检索，若要进行词组与词组的组合检索，则只能采用高级检索或者结构检索方式。结构检索是将高级检索中复杂的检索语言用菜单进行简化，同样可以达到高级检索效果的一种检索形式。在结构检索的界面上有数十项控制检索范围的选项，包括 PCT 申请者地址、申请号码、公布日期、递交申请专利局代码等，并与"and"及"or"等逻辑语言相结合，使用者可以依据自身的研究需求，按照检索指南的要求输入相应的词组或代码来设置限定条件，通过检索查询来获取所需的数据信息。

专利指标数据包括专利申请和专利授权两类，国外学术界通常采用专利申请而不是专利授权来衡量创新水平（Groshby，2000）。这是因为专利授权受政府专利机构等人为因素的影响较大，导致专利授权的不确定性因素增大，从而在数据表现上易出现异常变动（Griliches，1990），因此，专利申请往往比专利授权能够更好地反映创新的真实水平。基于上述理由，本章选择 PCT 的专利申请数据为基础来对国际研发城市的研发特征进行比较分析。

根据本文的研究需要，采取结构检索的方式来采集 32 座国际研发城市的 PCT 申请数据信息。登录世界知识产权组织的 PCT 数据库检索网页，在控制检索范围的选项上选择申请者地址（applicant address），在相应检索栏内输入需要查询的城市名称；同时在控制检索范围的选项上选择申请者所在国家（applicant address country），在相应检索栏内输入城市所属国家的代码，进一步在控制检索范围的选项上选择申请者日期（application date），在相应检索栏内输入所需研究的时间段；随后在专利数据库类型中选中 PCT，点击查询（search）进行检索，即可获得某城市在某一时间段内 PCT 的申请数据信息。例如，如果需要检索位于美国加州圣迭戈自 2006—2010 年的 PCT 申请信息（见图 4-2），首先在控制检索范围的选项上选择申请者地址栏，输入圣迭戈的城市名称"San Diego CA"，其中，后缀"CA"为圣迭戈所在加利福尼亚州在世界知识产权组织的指定代码，紧接着在控制检索范围的选项上选择申请者所在国家栏，输入美国在世界知识产权组织的指定代码"US"，随后，在控制检索范围的选项上选择申请者日期栏，输入"[01. 01. 2006 to 12. 31. 2010]"，选中专利数据库类型"PCT"，点击查询，即可获得圣迭戈从 2006 年到 2010 年所有的 PCT 申请数据信息（见图 4-3）。检索系统自带的专利分析功能将根据设置自动生成圣迭戈 PCT 申请的主要信息，具体包括以下：①2006—2010 年间圣迭戈的 PCT 申请总量；②该时段内圣迭戈 PCT 申请量排名前 25 位的技术主题；③该时段内圣迭戈 PCT 申请量排名前 25 位的申请机构名称；④该时段内圣迭戈 PCT 申请量排名前 25 位的发明者姓名；⑤圣迭戈 2006—2010 年间每年获得国际公布的 PCT 数量。上述信息的给予可以为我们深入分析圣迭戈在 2006—2010 年间的研发特征提供丰富的线索与基础数据。

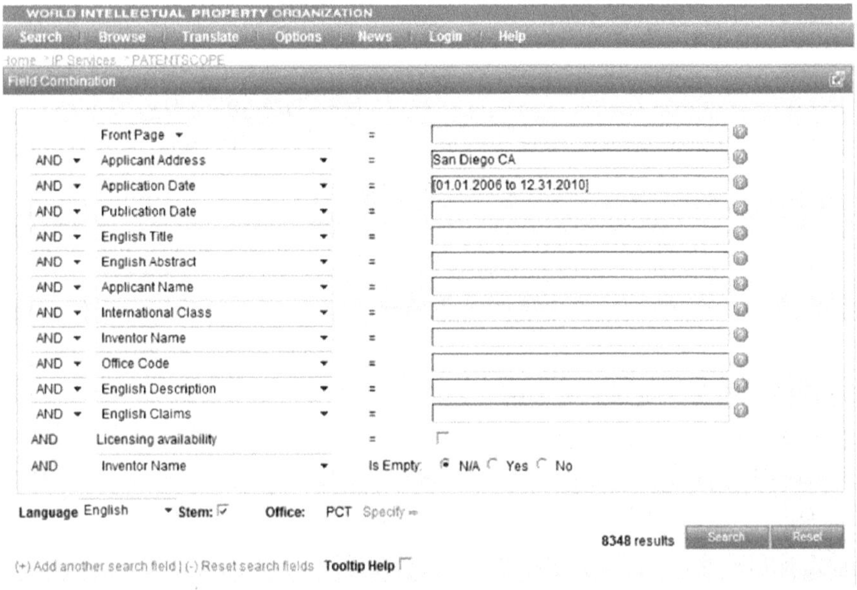

图 4-2 以圣迭戈为例的 PCT 检索图示

资料来源：WIPO 数据库检索

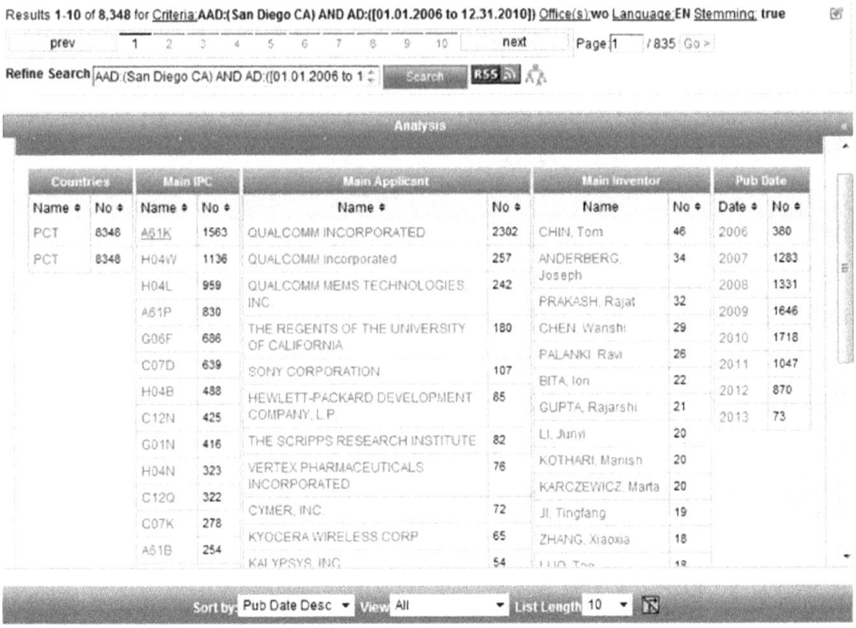

图 4-3 以圣迭戈为例的 PCT 检索结果图示

资料来源：WIPO 数据库检索

4.2.2 比较指标确定

在分析数据的时段选取方面，为了能够充分反映各城市当前的研发运行特征，作者主要选择了 2006—2010 年这 5 年间各城市的 PCT 申请信息作为分析的基础数据。

比较指标选择与确定方面，在保证数据可得性的前提下，拟利用体现城市研发产出规模、研发产出效率、研发水平增长态势、城市研发对于外资研发力量的依赖程度、城市研发对于公共性研发机构的依赖程度、城市研发基于行为主体的集中程度这 6 个方面的指标来综合揭示每座城市的研发运行特征，并以此为基础对 32 座城市进行横向比较。具体指标及解释如下。

(1) 比较指标 1：PCT 申请量

专利是研发活动的主要产出形式之一。一座城市的 PCT 申请量可以直观展现其研发产出的规模大小，并进而反映出其研发能力的高低(韩小非等，2011)。

设定比较指标 1 为 PCT 申请量，即城市在 2006—2010 年 5 年间 PCT 申请量的总和，数学公式表达为：

$$P_t = \sum_{i=1}^{N} pt_i \qquad \text{公式(4-1)}$$

公式中，P_t 为 PCT 申请量，N 为研究时间，以年份为单位，N 值为 5，pt_i 为某城市研究时间内第 i 年份的 PCT 申请量。P_t 值越大，表明该城市的研发产出规模越大，研发能力也就越高；反之，则表明该城市的研发产出规模越小，研发能力也就越低。

(2) 比较指标 2：PCT 申请密度

由于 32 座国际研发城市的研发产出规模差异明显，单纯以总量指标来考察城市的 PCT 申请难以客观揭示一个城市的研发产出水平。WIPO 在其 2006 年的专利报告中引入了专利密度概念，用国家人口等不同数据与专利申请量之间的比值来评估各国的专利申请状况(田雅娟等，2008)。在本章，作者将此概念移植到城市，通过对城市专利密度指标的考察，能够帮助我们在一定程度上把握一个城市的研发产出效率高低。

设定比较指标 2 为 PCT 申请密度，即城市于 2006—2010 年 5 年间每万人拥有的 PCT 申请量，数学公式表达为：

$$P_{ta} = \frac{\sum_{i=1}^{N} pt_i}{POP} \times 10\,000 \qquad \text{公式(4-2)}$$

公式中，P_{ta} 为城市 PCT 申请密度，N 为研究时间，以年份为单位，N 值为 5，pt_i 为

研究时间内第 i 年份的 PCT 申请量，POP 为城市在研究时间内某年份的人口数量。P_{ta} 值越高，即该城市每万人拥有的 PCT 申请量越多，那么表明该城市具备较高的研发产出效率，城市的研发功能较为凸显；反之，即该城市每万人拥有的 PCT 申请量越少，则表明该城市的研发产出效率相对较低，城市的研发功能尚不明显。

(3) 比较指标 3：PCT 申请年平均增长率

PCT 申请量反映出一个城市截止到某个时间点研发产出水平的静态结果，但仍然需要从时间维度来考察城市研发产出的动态变化。专利增长率测算的是专利数量成长随时间变化的百分率，用于衡量研发创新随时间的变化是增加还是迟缓。

设定比较指标 3 为 PCT 申请量的年平均增长率，为了更加客观地表示城市在较长一段时期内的研发增长态势，作者将考察年份进行扩展至 10，即 2001—2010 年间城市获得公布的 PCT 申请量的年平均增长态势，数学公式表达为：

$$p = \sqrt[(N-1)]{\left(\frac{P_{t_{\text{last}}}}{P_{t_{\text{first}}}}\right)} - 100\% \qquad \text{公式(4-3)}$$

公式中，$P_{t_{\text{first}}}$ 和 $P_{t_{\text{last}}}$ 分别为某城市研究时段内第一年和最后一年的获得公布的 PCT 申请量，N 为研究时间，以年份为单位。p 值越大，说明该城市在 2001—2010 年 10 年间研发产出的增长速度越快，研发创新的潜力越大；反之，则说明该城市 10 年间研发产出的增长速度较慢，研发创新的潜力较小。

(4) 比较指标 4：PCT 申请外资依存度

在研发全球化的深刻背景下，跨国公司专利申请的国际化程度不断提高（崔新健，2011），上述趋势同样体现在各类机构的 PCT 申请中。因此，可以透过城市中外资机构的 PCT 申请量多少来考察城市对于外资研发力量的依赖程度。

设定比较指标 4 为城市 PCT 申请的外资依存度，即城市 PCT 申请中的主要外资机构申请量与城市主要申请机构申请量的比值①，数学公式表达为：

$$CR_{\text{foreign}} = \frac{\sum_{i=1}^{N} P_{t_{\text{foreign-}i}}}{\sum_{j=1}^{N} P_{t_{\text{local-}j}}} \times 100\% \quad (N > n) \qquad \text{公式(4-4)}$$

公式中，$P_{t_{\text{foreign-}i}}$ 为研究时段内城市 PCT 申请中排名第 i 位外资机构的 PCT 申请量，i＝取值从 1，2，…，n。$P_{t_{\text{local-}j}}$ 值为研究时段内城市 PCT 申请中排名第 i 位申请者的 PCT 申请量，j＝取值从 1，2，…，N，在本研究中 N 值为 20。CR_{foreign} 值越

① 在 WIPO 数据库提供的检索结果中，仅包含了城市 PCT 申请量排名前 25 位的申请者，通过网络查询能够明确大部分专利申请者的国籍。为了保证数据的可得性与准确性，在本研究中，作者将 N 值设定为 20，通过计算城市 PCT 申请排名前 20 位申请者中外资申请者所占的比值来确定城市 PCT 申请的外资依存度。

高，城市的 PCT 申请外资依存度越高，表明其在研发创新过程中更多依赖外资研发力量，反之，城市的 PCT 申请外资依存度越低，表明其在研发创新过程中更多依靠本土研发力量，自主创新程度相对较高。

(5) 比较指标 5：PCT 申请公共研发依存度

根据 R&D 经费的主要执行部门划分，研发活动的行为主体主要包括企业、高等院校、政府和私人非营利性研究机构。其中，企业是商业性研发的绝对主力，而高等院校、政府和私人非营利性研究机构则是公共性研发的主要承担者（上海科学情报研究所，2009）。因此，可以通过城市中高校、政府研究所等公共研发机构的 PCT 申请量多少来观察城市对于公共性研发的依赖程度。

设定比较指标 5 为城市 PCT 申请的公共研发依存度，即城市 PCT 申请者中主要公共性研发机构申请量与城市主要申请机构申请量的比值①，数学公式表达为：

$$CR_{\text{public}} = \frac{\sum_{i=1}^{N} P_{t_{\text{public-}i}}}{\sum_{j=i}^{N} P_{t_{\text{local-}j}}} \times 100\% \quad (N > n) \qquad \text{公式(4-5)}$$

公式中，$P_{t_{\text{public}}\text{-}i}$为研究时段内城市 PCT 申请中排名第 i 位公共性研发机构的 PCT 申请量，i=取值从 1，2，…，n。$P_{t_{\text{local-}j}}$ 值为研究时段内城市 PCT 申请中排名第 i 位申请者的 PCT 申请量，j=取值从 1，2，…，N，在本研究中 N 值为 20。CR_{public} 值越高，说明城市的研发创新更多由公共性研发机构推动，那么该城市就越偏向于公共研发主导型城市，反之，说明城市的研发创新更多经由企业研发机构推动，那么该城市就越偏向于商业研发主导型城市。

(6) 比较指标 6：PCT 申请者集中度

我们不仅需要考察城市 PCT 申请的规模总量与成长趋势特征，还需要考察城市 PCT 申请者的规模分布状况来映射城市研发创新活动基于研发行为主体的集中程度，继而揭示城市的研发创新行为是趋向于垄断抑或是分散。

借鉴行业集中度指数（胡健和董春诗②），设计比较指标 6 为城市 PCT 申请者

---

① 在 WIPO 数据库提供的检索结果中，仅包含了城市 PCT 申请量排名前 25 位的申请者，通过网络查询能够明确大部分专利申请者的机构性质。为了保证数据的可得性与准确性，在本研究中，作者将 N 值设定为 20，通过计算城市 PCT 申请排名前 20 位申请者中公共性机构所占的比值来确定城市 PCT 申请的公共研发依存度。

② 行业集中度，又称市场集中度，指某一产业中规模最大的前 n 家企业所占市场份额（如产值、销售额、资产总额等）的总和，计算公式为 $CR_n = \sum_{i=1}^{n} X_i / \sum_{i=1}^{N} X_i$ 。n 是某一产业中规模最大的企业数目，一般取值为 4 或 8；N 表示全部企业数。CR_n 越高，行业垄断程度越高。

集中度,即在城市 PCT 申请中排名前 4 位申请者的 PCT 申请量之和与城市 PCT 申请量之间的比值,数学公式表达为:

$$CR_{\text{top}} = \frac{\sum_{i=1}^{N} P_{t_{\text{top-}i}}}{P_{t_{\text{local}}}} \times 100\% \qquad \text{公式(4-6)}$$

公式中,$P_{t_{\text{top-}i}}$ 为某城市研究时段内排名第 i 位申请者的 PCT 申请量,i=取值 1,2,…,n,$n=4$。$P_{t_{\text{local}}}$ 为某城市研究时段内的 PCT 申请量。CR_{top} 值越高,说明该城市的研发行为越集中于少数研发主体之上,那么该城市的研发创新越趋向于垄断,反之,则说明该城市的研发创新行为比较分散,那么该城市的研发创新越趋向于竞争。

4.3 国际研发城市研发运行特征的比较分析

表 4-1 是经过计算后 6 个数据指标的描述性统计特征。总体来看,每组指标的数据表现都呈现出高度分化特征,表明各城市间在各项研发运行特征的发展程度方面均存在较大差异。

表 4-1 基本特征指标的描述性统计特征

比较指标	样本数	最小值	最大值	平均值	标准差
PCT 申请量(件)	32	1 141	101 784	12 983.94	18 930.41
PCT 申请密度(件/万人)	32	0.88	369.46	78.61	89.21
PCT 申请量年平均增长率(%)	32	−4.22	68.88	9.03	14.01
PCT 申请外资依存度(%)	32	0	83.48	15.01	21.75
PCT 申请公共研发依存度(%)	32	0	77.62	18.65	21.26
PCT 申请者集中度(%)	32	4.77	84.89	33.96	22.89

资料来源:作者根据统计结果整理①

根据每个指标的具体涵义,大致可以将上述 6 个指标分为两大类。第一类由 PCT 申请量、PCT 申请密度和 PCT 申请年平均增长率 3 个指标组成,分别表征城市的研发产出规模、研发产出效率和研发增长趋势,是对国际研发城市最为基本研发运行特征的刻画,可称其为基本特征指标;第二类由 PCT 申请外资依存度、PCT 申请公共研发依存度和 PCT 申请者集中度 3 个指标构成,分别表达了城市研发对

① 32 座国际研发城市具体的 PCT 申请数据见文后附录 3。

于不同性质行为主体的依赖程度，以及城市研发基于行为主体的集中或者说是垄断程度，是针对城市研发创新行为主体性质及其结构特征的刻画，可将其称为主体特征指标。接下来，作者将依据上述两个分类分别对32座国际研发城市的研发运行特征进行国际比较与分析。

4.3.1 基本特征指标分析

基本特征方面，为了判断城市在各项研发特征发展程度方面所处的不同阶段，本文采用有序样品聚类法，即最优分割法，先将数据进行标准化处理，随后，依据数值的排序与离散程度将各项指标数据划分为3个等级区间来依次对应3种程度不同的研发特征发展阶段，并在此基础上对32座城市进行国际比较与分析。

(1) PCT申请量

图4-4显示了32座城市在2006—2010年间的PCT申请量，根据申请量的离散程度划分为3个等级区间(见表4-2)。经过统计，有7座城市进入到第一区间，分别为东京、大阪、首尔、硅谷、深圳、巴黎和慕尼黑，除硅谷外，均为人口规模超过100万的大城市，5年间的PCT申请量在2万件以上。其中，东京更是在10万件以上，显示出极其旺盛的国际研发产出能力，这与其占据大量跨国公司全球研发总部有着直接关系①。进入到第二区间的城市有斯图加特、伦敦等15座城市，5年间的PCT申请量在4 500件以上。在研发产出规模相对较高的第一和第二区间的22座城市中，发展中和新兴发达经济体城市占据5席，分别为首尔、深圳、北京、上海和新加坡，其中，首尔与深圳的表现令人瞩目，PCT申请量分别排在第3和第4的高位，表明韩国、中国、新加坡3国已经成长为全球研发一支不可忽视的重要力量，其余17个席位则无一例外地被发达经济体城市占据。进一步从城市人口规模分析，所有11座人口规模超过100万的发达经济体大城市都进入到了申请量较高的第一和第二区间，其中涵盖了东京、巴黎、伦敦、纽约等老牌世界城市，这些作为创新环境的大都市在不同程度上继续发展着高技术工业，并适应了从旧工业方式中已经发生变化的新工业模式(Castells和Hall, 1998，中译本)，在全球研发创新格局中依然占据着十分重要的战略地位；剩余的6座发达经济体城市依次为硅谷、斯图加特、波士顿、斯德哥尔摩、巴塞尔和旧金山，尽管属于人口规模较小的中小城市，但是依然拥有较高的研发产出规模，反而凸显出以上城市在技术研发领域内所具备的超凡实力。

---

① 根据作者在第3章的考察结果显示，在东京集中的51家跨国公司高等级研发机构中，有NEC、索尼、本田、三菱电子等多达19家跨国公司全球研发总部，并且这19家公司大多位于由WIPO公布的2010年全球PCT申请量最多的前100位申请者之列(WIPO, 2011)。

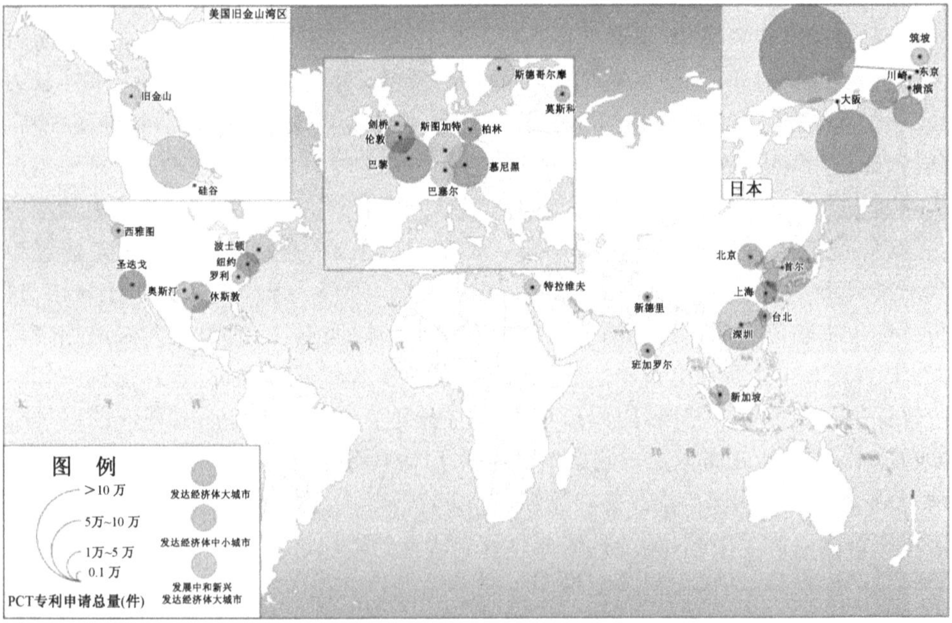

图 4-4　32 座城市 2006—2010 年间的 PCT 申请量

资料来源：作者根据统计结果绘制

表 4-2　根据 PCT 申请量划分的国际研发城市等级区间

指标 1	城　市	数值区间(件)
Ⅰ	东京、大阪、首尔、硅谷、深圳、巴黎、慕尼黑	101 784～20 851
Ⅱ	斯图加特、伦敦、休斯敦、横滨、波士顿、斯德哥尔摩、川崎、圣迭戈、北京、巴塞尔、纽约、柏林、上海、旧金山、新加坡	13 209～4 761
Ⅲ	筑波、英国剑桥、奥斯汀、莫斯科、特拉维夫、班加罗尔、西雅图、罗利、中国台北、新德里	3 426～1 141

资料来源：作者根据统计结果整理

共有 10 座城市进入到 PCT 申请量相对较低的第三区间，5 年间的 PCT 申请量不足 3 500 件。上述城市由两类城市组成，一是为发达经济体中小城市，分别为筑波、英国剑桥、奥斯汀、特拉维夫、西雅图和罗利，较小的城市与人口规模在一定程度上限制了城市的研发产出规模；二是为发展中和新兴发达经济体城市，分别为莫斯科、班加罗尔、中国台北和新德里，尽管人口数量众多，但是数据显示以上城市的国际研发产出能力依然十分薄弱，说明俄罗斯、印度和中国台湾 3 个国家和地区在当前全球的研发创新格局中仍然处于较为边缘化的位置。

(2) PCT 申请密度

图 4-5 展现的是 32 座城市在 2006—2010 年间的 PCT 申请密度，即城市每万人所拥有的 PCT 申请量。根据数值的离散程度，可将其划分为 3 个区间（见表 4-3）。经过统计，有 7 座城市进入到第一区间，依次为巴塞尔、英国剑桥、斯图加特、硅谷、筑波、大阪和慕尼黑，5 年间的 PCT 申请密度在 160 件/万人以上，显示出极高的研发产出效率。波士顿等 11 座城市进入到第二区间，5 年间的 PCT 申请密度在 35 件/万人以上。研发产出效率相对较高的位于第一和第二区间的 18 座城市全部来自于发达经济体，其中，有 12 座城市为人口规模小于 100 万的中小城市，这与指标 1 中较多大城市占据高位区间的情况形成鲜明对比，说明与大城市相较而言，中小城市往往拥有更大比例的从事技术研发工作的从业人员，研发机构的知识产权保护意识也更为浓厚，因而形成更高的研发产出效率，相应的，城市的研发与创新服务功能也更加彰显。剩余的 6 座人口规模超过 100 万的大城市分别为东京、慕尼黑、大阪、川崎、圣迭戈和休斯敦，以上城市无论在指标 1 还是在指标 2 的比较中都进入到了中高位区间，在拥有较大研发产出规模的同时，依然保持着不俗的研发产出效率，在很大程度上说明上述 6 座城市在技术研发领域内所具备的综合能力。

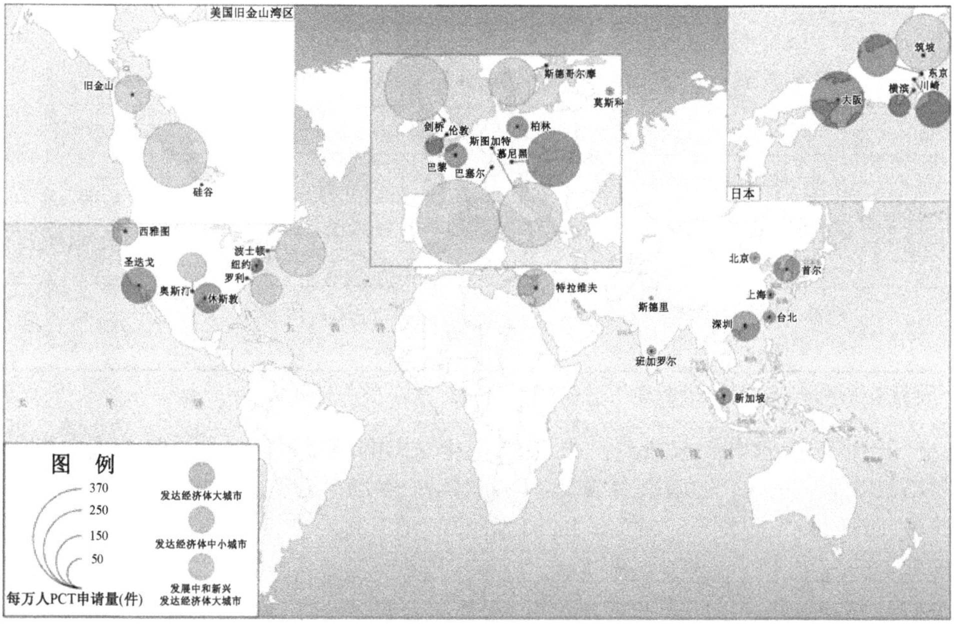

图 4-5　32 座城市 2006—2010 年每万人的 PCT 申请量

资料来源：作者根据统计结果绘制

表 4-3 根据 PCT 申请密度划分的国际研发城市等级区间

指标 2	城 市	数值区间(件)
Ⅰ	巴塞尔、英国剑桥、斯图加特、硅谷、筑波、大阪、慕尼黑	369.5～161.8
Ⅱ	波士顿、斯德哥尔摩、东京、特拉维夫、旧金山、圣迭戈、川崎、罗利、休斯敦、奥斯汀、西雅图	130.9～38.3
Ⅲ	深圳、首尔、横滨、巴黎、柏林、伦敦、新加坡、纽约、中国台北、北京、班加罗尔、莫斯科、上海、新德里	33.2～0.9

资料来源:作者根据统计结果整理

有 14 座城市进入到 PCT 申请密度相对较低的第三区间,5 年间的 PCT 申请密度在 35 件/万人以下,皆为人口规模超过 100 万的大城市。其中,在指标 1 中表现较为突出的巴黎、伦敦、纽约等老牌世界城市在指标 2 的评比中却处于低位区间,主要是受到城市超大人口规模的制约而导致城市的 PCT 申请密度偏低,另外,也从一个侧面说明与金融中心、生产控制中心与总部管理中心等其他城市功能相比,主要为制造业提供服务的研发创新功能在欧美世界城市中的地位正逐步削弱。事实上,在欧美发达国家中,制造业普遍存在去中心化的趋势,世界城市与作为技术极而存在的城市也的确具有分离存在的特点(李健,2011);此外,低位区间中涵盖了所有的 9 座发展中和新兴发达经济体城市,尽管首尔、深圳、北京、上海和新加坡在指标 1 中有着令人惊叹的表现,但是指标 2 的数据却差强人意,以排名最低的新德里为例,5 年间的 PCT 申请密度仅为 0.9 件/万人,与排名第 1 的巴塞尔相差约 410 多倍,差距极为悬殊,这固然是受各自城市巨大人口规模的影响,但同时也表明作为各自所在国家经济中心的发展中与新兴发达经济体城市仍然需要大幅增加对于研究与开发的投入,加强知识产权保护意识,提高城市研发效率,进而推动城市研发与创新服务功能的形成。

(3) PCT 申请年平均增长率

图 4-6 显示了 32 座城市自 2001—2010 年间获得公布的 PCT 申请量年平均增长率。根据数值的离散程度,可将其划分为 3 个等级区间(见表 4-4)。进入到研发增长速度最快的第一区间的有 8 座城市,分别为深圳、班加罗尔、北京、中国台北、首尔、上海、新加坡与新德里,全部来自亚洲的发展中和新兴发达经济体。其中深圳更是一枝独秀,PCT 申请的年平均增长率高达 68.9%,这与上述城市在指标 2 的表现形成巨大反差,反映出以中国和印度为代表的亚洲国家在全球研发版图的扩张过程中居于引领位置,呈现出极其强劲的增长势头与发展潜力,而这与近年来跨国公司主导下的全球研发资源配置的空间指向高度吻合。不过需要指出的是,亚洲国家城市之所以呈现出 PCT 申请的高增长态势,在相当程度上是因为上述城市进入统计的起始年份数值较低,除首尔与深圳拥有较高的 PCT 申请量之外,其余城市的 PCT 申请量和 PCT 申请密度仍然较低,在指标 1 和指标 2 的国际比较中大多处在低位区间。

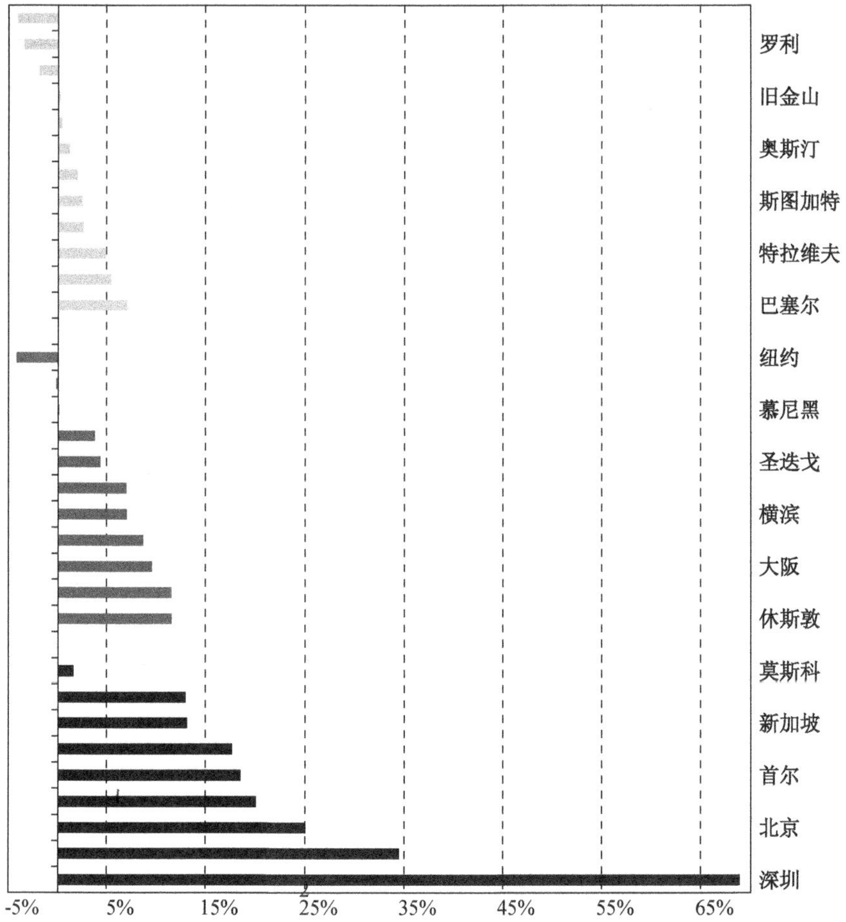

图 4-6　32 座城市 2001—2010 年间 PCT 申请量的年平均增长率

资料来源:作者根据统计结果绘制

注:代表发达经济体中小城市,代表发达经济体大城市,代表新兴发达和发展中经济体大城市。

表 4-4　根据 PCT 申请年均增长率划分的国际研发城市等级区间

指标 3	城　市	数值区间(%)
Ⅰ	深圳、班加罗尔、北京、中国台北、首尔、上海、新加坡、新德里	68.9～13.0
Ⅱ	休斯敦、东京、大阪、巴黎、巴塞尔、横滨、川崎、筑波、特拉维夫、圣迭戈、柏林	11.5～3.8
Ⅲ	波士顿、斯图加特、斯德哥尔摩、莫斯科、奥斯汀、英国剑桥、旧金山、慕尼黑、伦敦、硅谷、罗利、西雅图、纽约	2.7～(－4.2)

资料来源:作者根据统计结果整理

反观进入到研发增长率较低的第三区间的13座城市，除莫斯科之外，其余都来自欧美发达经济体，10年间PCT申请的年平均增长率不足3%。其中，伦敦、硅谷、罗利、西雅图和纽约5座城市甚至出现负增长的情况，这在很大程度上是由于2008年爆发的全球金融风暴对欧美国家实体经济造成的巨大冲击，阻滞了欧美城市研发与创新发展的步伐，进而影响其在PCT申请上的数据表现，但是上述情况也说明了相当一部分欧美城市在技术研发领域正在进入到一个相对稳定的成熟阶段或停滞期，与亚洲城市相比，技术创新活力与后劲略显不足。

不过，同属发达经济体的5座日本城市则全部位于研发增长相对较高的第二区间，10年间的PCT申请年平均增长率保持在5%以上。其中，东京更是保持着超过10%的高增长态势。5座城市中，除筑波因受制于城市规模而在指标1的对比中处于低位区间外，其余4座城市在以上各项指标的国际比较中大多处在等级较高的第一和第二区间，说明日本城市在拥有较强研发产出能力和较高研发产出效率的同时，依然保持着较为强劲的研发增长势头，展现出超出大部分欧美城市的创新潜力与研发活力。

4.3.2 主体特征指标分析

(1) PCT申请外资依存度

在研发全球化背景下，以跨国公司研发机构为主体的外资研发力量已经成为城市研发创新系统的重要组成部分，跨国公司海外研发机构专利申请的国际化程度也随之不断提高。因此，我们可以依据PCT申请的外资依存度指标来衡量城市研发创新对于外资研发力量的依赖程度。根据WIPO公布的统计数据，在2011年全球PCT申请中，有19.6%的申请来自于国外申请者，而剩余80.4%的申请则由本土申请者提交(WIPO,2012)。作者将以上数据作为判断依据，认为外资依存度高于19.6%的城市在研发主体来源方面具有较强的外生性特征，外资依存度低于19.6%的城市则具有较强的内生性特征(见表4-5)。

表4-5 根据PCT申请外资依存度划分的国际研发城市等级区间

指标4	城　市	数值区间
外生性	班加罗尔、上海、罗利、北京、莫斯科、特拉维夫、中国台北、新加坡、英国剑桥	83.5%～24.3%
内生性	巴塞尔、伦敦、巴黎、圣迭戈、纽约、休斯敦、奥斯汀、新德里、柏林、旧金山、斯图加特、斯德哥尔摩、波士顿、川崎、硅谷、慕尼黑、深圳、东京、大阪、横滨、首尔、西雅图、筑波	15.8%～0%

资料来源：作者根据计算结果整理

根据统计，PCT 申请外资依存度高于 19.6%的研发城市共有 9 座城市，全部由发展中和新兴发达经济体城市以及发达经济体小城市构成。其中，班加罗尔的外资依存度最高，达到 83.5%，而英国剑桥的外资依存度也达到了 24.3%。而第 3 章的考察结果显示，在上述城市集聚的跨国公司研发机构中，外资研发机构所占比重同样较高。较高的 PCT 申请外资依存度表明以上城市的国际研发产出中有相当部分来源于境外申请者，在很大程度上说明以上 9 座城市在技术研发与创新的过程中，以跨国公司研发机构为主体的外资研发力量扮演着重要角色，不仅承担了大量的研发工作，并且在技术成果与知识产权的掌控方面也牢牢把握着主动权，使得以上城市在研发创新的主体与动力来源方面呈现出相当强的外生性特征。

另根据统计，在 32 座城市中，大部分城市（23 座）PCT 申请的外资依存度低于 19.6%的临界值。其中，东京、大阪、横滨、筑波、首尔、西雅图、深圳和慕尼黑等 8 座城市的外资依存度更是不足 1%，2006—2010 年 5 年间排名前 20 位的 PCT 申请者几乎全部来自本土，说明以上城市在技术研发与创新过程中更多倚仗由本国企业、高校、政府实验室以及非营利性研究机构等构成的本土研发力量，城市在研发与创新的动力来源方面呈现出较强的内生性特征。不过需要指出的是，在研发全球化日益深入发展的今天，外资研发力量业已成为城市研发资源的重要组成部分与提升城市技术创新实力的重要手段。因此，过低的外资依存度也在某种程度上反映出上述城市对于外资研发资源利用的保守态度。在此方面，日韩城市表现尤其明显，在所有 6 座日韩城市中，除川崎的外资依存度为 1.26%，几乎可忽略不计外，其余东京、大阪、横滨、筑波和首尔这 5 座城市 PCT 申请的外资依存度指标皆为 0，本土研发力量占据绝对优势，城市研发创新的内生性极强。

(2) PCT 申请公共研发依存度

从全球范围来看，企业是商业性研发的绝对主力，而政府、高校以及其他非营利性研究机构是公共性研发的主要承担者。基于此，我们可以用 PCT 申请的公共研发依存度指标来衡量城市对于公共性研发力量或者是商业性研发力量的依赖程度。由 WIPO 公布的统计数据显示，在 2011 年的全球 PCT 申请中，企业行为主体的申请量占全球总量的 82.2%，剩余 17.8%的申请量则由大学、政府及其他科研院所等公共性研究机构所占据（WIPO, 2012）。因此，作者将以上数据作为判断依据，认为公共研发依存度高于 17.8%的城市在研发主体来源方面具有较强的公共性特征，外资依存度低于 17.8%的城市则具有较强的商业性特征（见表 4-6）。

表4-6 根据PCT申请的公共研发依存度划分的国际研发城市等级区间

指标5	城　市	数值区间
公共性	波士顿、新加坡、新德里、纽约、特拉维夫、奥斯汀、筑波、西雅图、北京、中国台北、英国剑桥、巴黎	77.6%～23.1%
商业性	罗利、上海、首尔、柏林、慕尼黑、圣迭戈、旧金山、莫斯科、休斯敦、班加罗尔、伦敦、横滨、硅谷、大阪、斯图加特、深圳、东京、川崎、巴塞尔、斯德哥尔摩	13.8%～0%

资料来源:作者根据统计结果整理

根据统计,共有波士顿、新加坡等12座城市PCT申请的公共研发依存度高于17.8%。其中,波士顿的公共研发依存度排名第一,高达77.6%,即使是在此区间排名最低的巴黎,其公共研发依存度也达到了23.1%。较高的PCT申请公共研发依存度说明以上城市的技术研发与创新较多由大学、政府实验室以及其他非营利性研究机构等公共研究机构来推动,在研究开发的主导方向上也更倾向于外部性强、周期长、风险大、具有共性平台技术性质的基础研究领域,在城市研发的主体来源方面呈现出显著的公共性研发主导特征。城市国际专利的知识产权较多掌握在公共性研究机构手中,体现出该城市在基础研究领域内的强劲实力,不过,公共研究机构取代企业成为专利申请的主体也从另一侧面反映出该城市本土企业研发创新能力的薄弱,以及作为知识生产中心的公共研究机构在其科研成果的商业转化方面效率偏低。

另根据统计,共有罗利、上海等20座城市PCT申请的公共研发依存度低于17.8%的临界值。即使是在此区间排名最高的罗利,其公共研发依存度也仅有约13.8%。其中,斯图加特、深圳、东京、川崎、巴塞尔和斯德哥尔摩等6座城市经过计算后的PCT申请公共研发依存度更是在1%以下。以深圳为例,2006—2010年这5年间,该城市排名前20位的PCT申请者中,仅有1家为公共性研发机构——深圳光启高等理工研究院,该机构5年间的PCT申请量为124件,仅占前20位申请者申请总量的0.51%。可见,上述城市在2006—2010年5年间主要的PCT申请者中没有或极少出现公共性研发机构的身影,说明城市的技术研发与创新进程在很大程度上是由来自本土或境外的企业研发机构所推动,城市在研发的动力来源方面呈现出明显的商业性研发主导特征,在研究开发的主导方向上也更加倾向于产业化程度较高的应用研究领域。

(3) PCT申请者集中度

PCT申请者集中度指标的设计主要借鉴了行业集中度指数的思想,试图通过城市PCT申请量规模最大的4个申请者所占城市PCT申请总量份额的总和来测算城市研发行为主体的集中程度,是衡量专利申请者结构与申请者技术势力的重要指标。通过该指标，能够帮助我们来判断一个城市在研发创新过程中是处于垄断抑或是竞争的状态。

参考美国经济学家贝恩对行业集中度的划分标准（吴国新和万喆君，2007[①]），可以根据计算结果对32座城市基于研发行为主体的垄断程度进行判断。PCT申请者集中度低于等于30%的，可以认为该城市的研发创新具有较强的竞争性特征。反之，具有较强的垄断性特征。在垄断性特征基础上，PCT申请集中度高于65%的城市的研发创新具有高度的寡头垄断性特征（见表4-7）。

表4-7　根据PCT申请者集中度划分的国际研发城市等级区间

指标6	城　市	划分标准
寡头垄断性	斯图加特、深圳、斯德哥尔摩	$CR_4>65\%$
垄断性	巴塞尔、川崎、大阪、新德里、慕尼黑、筑波、休斯敦、圣迭戈、首尔、奥斯汀、巴黎	$30\%<CR_4\leqslant65\%$
竞争性	新加坡、伦敦、横滨、柏林、西雅图、硅谷、班加罗尔、纽约、上海、中国台北、旧金山、罗利、剑桥（英）、特拉维夫、东京、北京、波士顿、莫斯科	$CR_4\leqslant30\%$

资料来源：作者根据统计结果整理

计算结果显示，共有斯图加特、深圳等14座城市的PCT申请者集中度大于30%。其中，垄断程度最高，达到寡头级垄断性质的城市有3座，分别为斯图加特、深圳和斯德哥尔摩，城市的PCT申请者集中度都在65%及以上，说明上述城市的技术研发行为及其相应的知识产权成果大多数集中在极少数申请者手中，城市的技术创新活动更多由少数申请者驱动，致使城市的研发与创新行为呈现出极强的垄断性特征。

经过统计与计算，新加坡、伦敦等20座城市的PCT申请者集中度在30%以下。较低的PCT申请者集中度表示上述城市的技术研发行为主体以及知识产权成果的所有权分布较为分散，相较于具有垄断性特征的城市而言，排名靠前的PCT申请者所占专利份额较小，从而为其他申请者留下了相对广阔的专利申请空间，有更多规模较小的企业与研究机构有机会参与到产品创新的过程中，并从中获取由知识产权带来的收益，城市各级研发行为主体之间充分竞争，技术创新呈现出多点开花式的网络化竞争格局。不过，过低的PCT申请者集中度也从另一个侧面说明城市在研发过程中缺乏旗舰型企业或研究机构的引领与带动，同样有可能导致城市的研发创新动力不足。

① 美国经济学家贝恩对于行业结构的划分标准为：$CR_4\leqslant30\%$，该行业为竞争性行业；$30\%<CR_4\leqslant65\%$，该行业为垄断性行业；$CR_4>65\%$为寡头垄断性行业。

4.4 基于主体特征的国际研发城市发展类型归纳

4.4.1 国际研发城市的发展类型归纳

为了能够更加清晰地反映 32 座城市基于研发创新行为主体的不同发展类型，作者将 3 个主体特征指标综合起来，以城市 PCT 申请的外资依存度和公共研发依存度为坐标轴来构造一个四象限图，根据每座城市在以上 2 项特征指标上的数据表现将其纳入到不同的象限之中，进而将 32 座城市划分为四大类型，并在此基础上显示每座城市研发基于行为主体的集中程度（见图 4-7）。

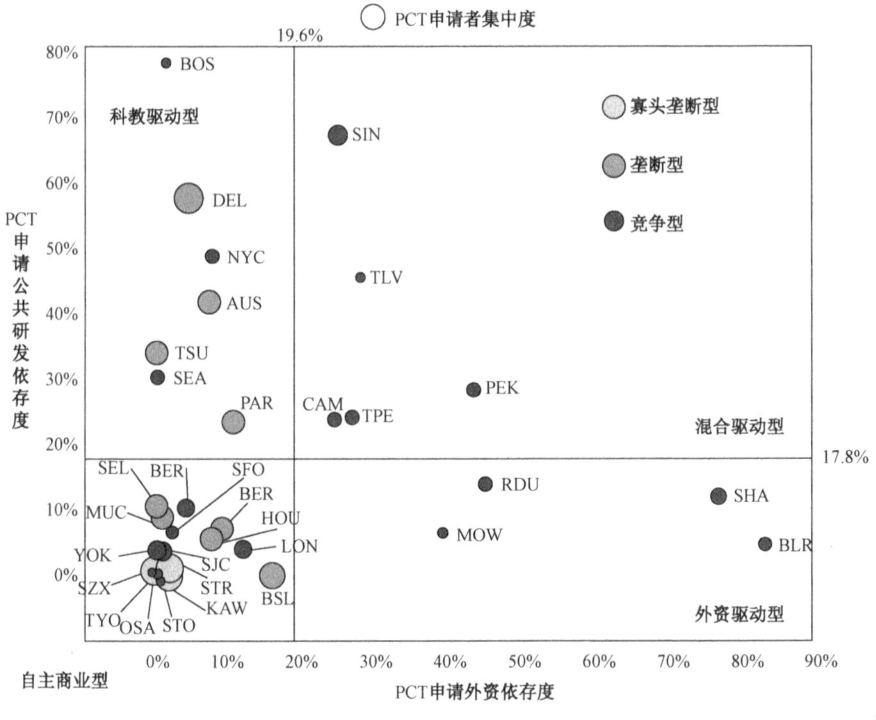

图 4-7 32 座城市基于主体特征指标划分的四象限图

资料来源：作者根据统计结果绘制

图中城市名称均用各自城市所拥有的国际机场英文三字代码表示，其中，硅谷用其中心城市圣何塞的三字代码替代，筑波、英国剑桥用其英文名称的开头三字母替代，具体代码所代表的城市名称见表 4-8。

表 4-8　32 座国际研发城市名称的三字代码

城　市	代　码	城　市	代　码	城　市	代　码	城　市	代　码
东京	TYO	新德里	DEL	巴塞尔	BSL	旧金山	SFO
大阪	OSA	班加罗尔	BLR	伦敦	LON	硅谷	SJC
横滨	YOK	首尔	SEL	英国剑桥	CAM	圣迭戈	SAN
川崎	KAW	中国台北	TPE	巴黎	PAR	波士顿	BOS
筑波	TSU	新加坡	SIN	斯德哥尔摩	STO	休斯敦	HOU
北京	PEK	柏林	BER	莫斯科	MOW	奥斯汀	AUS
上海	SHA	慕尼黑	MUC	特拉维夫	TLV	纽约	NYC
深圳	SZX	斯图加特	STR	西雅图	SEA	罗利	RDU

资料来源：国际航空运输协会官方网站查询

以东京、硅谷为代表的 16 座国际研发城市位于第Ⅲ象限，占 32 座国际研发城市的 50%，以上城市 PCT 申请的外资依存度和公共研发依存度都位于较低的水平，说明以上城市的研发创新动力主要来源于本土企业，具有极强的自主研发与创新能力，可将其定义为自主商业型研发城市，是占据城巿数量最多的发展类型。由此可以判断，来自本土企业的内生性或自主性创新是推动国际研发城市形成的主要力量与方式。

以波士顿、新德里为代表的 7 座城市处于第Ⅱ象限，约占全部城市的 21.9%，以上城市具有较低的 PCT 申请外资研发依存度和较高的公共研发依存度，说明城市研发创新的动力主要来源于本土的大学、政府实验室和非营利性研究机构等公共性研究机构。公共性研究机构的研发经费通常由政府拨付，研发范畴大多聚焦在具有共性技术平台性质的基础研究领域，因此，可将该类城市界定为科教驱动型研发城市。

以新加坡、北京为代表的 5 座城市位于第Ⅰ象限，约占 32 座国际研发城市的 15.6%，上述 5 座城市同时具有较高的 PCT 申请外资研发依存度和公共研发依存度，说明以上城市的研发创新过程在相当程度上依赖于境外跨国公司与本土公共性研究机构的共同作用，充分体现出全球化与内生性两股力量的交织融合，可将其定义为混合驱动型研发城市。

以班加罗尔、上海等 4 座城市则位于第Ⅳ象限，仅占全部国际研发城市的 12.5%。以上城市的 PCT 申请具有较高的外资依存度和较低的公共研发依存度，显然，境外跨国公司在上述城市的研发创新格局中占据显著的战略地位，控制了较多的国际研发成果。由于城市技术研发与创新的动力在很大程度上来自于跨国公司的海外研发投资,因此可以将以上城市划分为外资驱动型研发城市。

从PCT申请者集中度指标层面观察,城市研发基于行为主体的垄断程度较高,即PCT申请者集中度高于30%的14座城市全都位于PCT申请外资依存度较低的第Ⅱ和第Ⅲ象限,说明基于城市本土企业和公共研究机构的内生基础仍然是推动国际研发城市形成的主要动力来源。其中,PCT申请者集中度在65%之上,可以被界定为寡头垄断型的3座城市:斯图加特、深圳与斯德哥尔摩皆位于第Ⅲ象限,同样也是自主商业型研发城市的典型代表,说明寡头垄断型研发城市的技术创新行为以及相应的国际研发成果知识产权更多地控制在少数本土旗舰型企业手中,城市研发创新的动力来源高度集中。而对于上海、北京等处在PCT申请外资依存度较高的第Ⅰ和第Ⅳ象限的竞争型研发城市而言,由于外资研发机构的强势介入,使得城市研发行为的参与主体呈现多元化特征,研发与创新的动力来源也因此相对分散,市场竞争也较为充分。

4.4.2 不同类型国际研发城市的分析与对比

(1) 依据依存度指标划分的典型城市分析

首先,作者将从以上根据PCT申请外资依存度和公共研发依存度划分的4种类型中各选取一座典型城市进行比较分析来进一步说明不同类型国际研发城市的发展特征,分别为硅谷、波士顿、新加坡与班加罗尔。图4-8是以上4座城市的PCT申请者结构对比。

硅谷在2006—2010年间PCT申请量排名前20位的申请者中,以应用材料公司、苹果、英特尔等为首的本土企业申请量占前20位申请者总量的95%,位于帕兰奥多的斯坦福大学是唯一进入到申请量排名前20的公共研究机构,外资企业中仅有德国博世公司1家申请者进入前20。根据作者对于跨国公司全球研发网络空间节点的考察结果显示,硅谷也是众多高科技跨国公司总部与研发总部所在地[①],说明无论从研发投入还是从研发产出角度而言,本土高科技企业在硅谷的研发与创新过程中占据主导地位,使硅谷成为典型的自主商业型研发城市。而在这种具有内生性的自主研发与创新能力驱动下,硅谷诞生了众多关键性技术,推动其成为全球新工艺、新产品的创新源地和新兴产业的策源地。

波士顿在城市研发主体的来源方面与硅谷存在显著的差异性。在2006—2010年间,波士顿PCT申请量排名前20位的申请者中,MIT、哈佛大学、马萨诸塞州总医院、儿童医学中心等公共研究机构的申请量占据前20位申请总量的比重高

① 在考察的171家跨国公司中,共有11家公司的全球或研发总部位于硅谷,分别为思科、惠普、英特尔、安捷伦、瞻博网络、飞索半导体、雅虎、AMD、苹果、谷歌和安华高科。

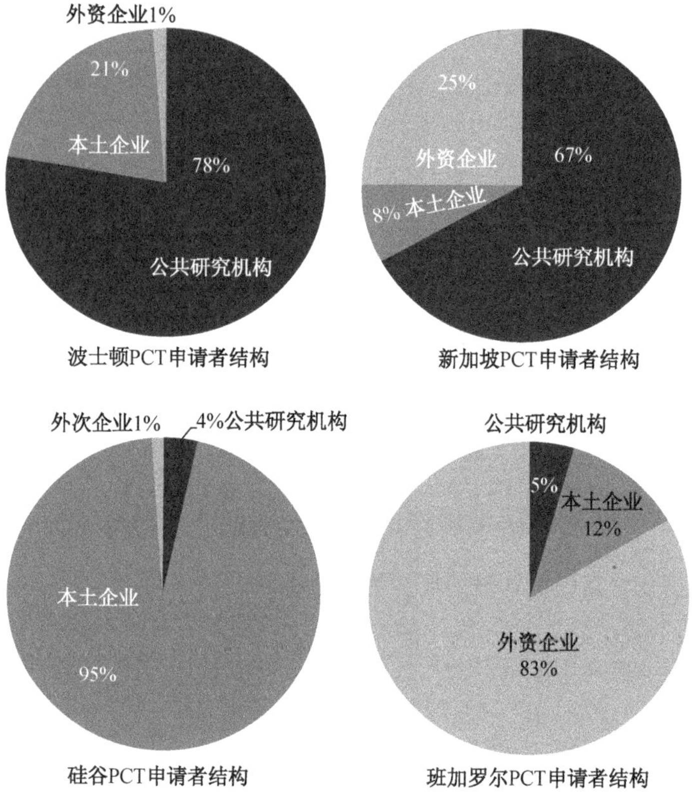

图 4-8　4 种类型典型城市的 PCT 申请者结构对比

资料来源：作者根据城市统计结果绘制

达 78%，企业申请者仅占 22%，且大都集中在生物科技与医药领域①。其中，以 Vertex 制药为首的本土企业占 21%，外资企业中仅有瑞士诺华制药 1 家进入前 20 位。与硅谷形成鲜明对比的是，以本土大学、医院、非营利性研究所为代表的公共研究机构成为波士顿技术研发投入与产出的主体。波士顿被誉为“美国的雅典”，拥有超过包括 MIT、哈佛、塔夫茨等全球知名大学在内的 100 所高校，多达 33 家全美最好的教学与研究医院，在生物科技领域内诞生了 5 位诺贝尔奖获得者②。城市强大的基础研究能力推动了波士顿的功能重组与产业升级，使波士顿成长为美国

① 根据检索结果统计，波士顿共有 7 家企业的 PCT 申请量进入到前 20，分别为 Vertex 制药公司、卡博特化工与应用材料公司、Biogen Idec 生物制药公司、奥尼兰姆制药公司、健赞生物医药公司、千禧制药公司和瑞士诺华制药公司。

② 徐井宏，张红敏．转型：国际创新型城市案例研究[M]．北京：清华大学出版社，2011：427

最大的医疗研究中心和第二大生物科技中心(魏也华等,2005),体现出波士顿科教驱动型研发城市的鲜明特征。

新加坡是混合驱动型研发城市的典型代表。2006—2010年间,新加坡PCT申请量排名前20位的申请者中有5家公共研究机构,分别为A* STAR[①],新加坡国立大学、南洋理工大学、南洋理工学院和新加坡生命科学实验室,其余申请者均为企业。其中,A* STAR等5家公共研究机构的PCT申请量占前20位申请总量的67%,商业性企业仅占33%,表明政府主导及支持下的公共性研发力量在新加坡的技术创新过程中扮演着主要角色。其中,A* STAR的成立是新加坡政府主导下国家研发体系框架形成的标志,它承担着制订与实施国家科技发展计划、科技研发与管理、研发成果商业化以及人才培养等多方面职能(陈强等,2012),并拥有十余个颇具实力的下属研究所,是推动新加坡经济向创新阶段转型最为重要的研究机构(RIEC, 2011[②])。在剩余15家企业申请者中,除却创新科技和DH科技为新加坡本土企业之外,其余13家均为巴斯夫化学、3M等境外跨国公司。2006—2010年间,境外13家跨国公司的PCT申请量占15家企业申请总量的约75%,说明新加坡在商业性研发领域存在明显的外资依赖性特征,本土企业的技术研发能力仍然十分薄弱,显然,这与新加坡属于一个资源贫乏的领土小国有着莫大的关系。由以上可见,在新加坡研发与创新过程中,政府当局与外资企业是两股最为重要的推动力量,呈现出明显的混合驱动型特征。当前,如何加强公共研究机构与本土企业联动,推动科研成果产业化是未来新加坡促进研发创新能力提升需要着力发展的重点方向。

班加罗尔方面,根据作者在WIPO的检索与统计结果显示,2006—2010年间班加罗尔PCT申请量排名前20位的申请者中,有多达15个申请者为境外跨国公司,其中有9家公司来自美国[③],所提出的PCT申请量占前20位申请总量的比重高达83%。剩余份额中,国家级的印度科学院是前20位中唯一的公共研究机构,申请量占前20位的5%左右,其余4家为印度本土企业,申请量仅占前20位的12%。表明班加罗尔在技术研发方面存在很强的外资主导性,本土企业与研究机构的自主研发能力严重不足,并且也体现出本土研发服务商对于研发成果的控制力十分薄弱,在创新过程中让渡了大部分的知识产权。过高的外资依存度将在一

---

① 新加坡科学技术局,由新加坡贸工部于1991年成立。A* STAR是其英文名称Agency for Science, Technology and Reseach的英文首字母缩写。

② RIEC,是由新加坡政府成立的研究创新与创业理事会,全称为Resarch Innovation and Enterprise Committee。

③ 15家境外跨国公司分别为:通用电气、联合利华、三星电子、霍尼韦尔、沙特创新塑料、摩托罗拉、惠普、诺基亚、IBM、德州仪器、博世、Symbol科技、Momentive化学材料、谷歌和英特尔。

定程度上挤占东道国城市本土企业的市场份额与科研资源,对其研发主体产生挤出效应(王凤霞和王道理,2010),长此以往将不利于城市技术研发与自主创新能力的全面提升。

(2) 依据集中度指标划分的典型城市分析

在依据PCT申请者集中度划分的城市类型方面,将各对比分析1座属于不同类型研发城市的发展特征。分别为属于寡头垄断型的斯图加特、属于垄断型的巴塞尔以及属于竞争型的东京。表4-9显示了以上3座城市在2006—2010年间PCT申请量排名前4机构的申请量以及各自占城市PCT申请总量的比重。

表4-9 不同集中程度类型研发城市的PCT申请数据比较

城市类型	城　市	排名	申请者	申请量(件)	占申请总量比重(%)	PCT申请者集中度(%)
寡头垄断型	斯图加特	1	博世汽车	11 213	69.9	84.9
		2	戴姆勒汽车	1 362	10.3	
		3	马勒汽车	349	2.6	
		4	贝洱汽车	273	2.1	
垄断型	巴塞尔	1	诺华制药	1 574	25.0	64.3
		2	罗氏制药	1 304	20.7	
		3	先正达化学	592	9.4	
		4	罗氏诊断	580	9.2	
竞争型	东京	1	NEC	5 552	5.5	13.3
		2	三菱电子	3 348	3.3	
		3	佳能	2 361	2.3	
		4	索尼	2 252	2.2	

资料来源:作者根据检索与统计结果整理

斯图加特的PCT申请者集中度高达84.9%,远远超过65%的临界值。在所有申请者中,申请量排名第1的为博世汽车,占城市PCT申请总量的69.9%,遥遥领先于其他申请者,表明斯图加特的研发创新由博世汽车这样的巨无霸公司主导,呈现出异常明显的单寡头垄断特征,并且高度集中于汽车及其零部件技术领域,形成以本土旗舰型企业引领下的城市研发创新发展态势。

巴塞尔的PCT申请者集中度为64.3%,因略低于65%的临界值而被划分为垄断型研发城市。其中,排名前两位的申请者分别为诺华制药和罗氏制药,PCT

申请量分占总量的25.0%和20.7%，是巴塞尔研发创新的主要来源，先正达化学排名第3，PCT申请量占总量的9.4%，城市研发创新主体的集中程度不如斯图加特显著，在技术研发领域展现出以生物医药为主，化学为辅的发展格局。

东京的PCT申请者集中度仅为13.3%，是典型的竞争型研发城市。即使是PCT申请量排名第1的NEC，其申请量也仅占城市PCT申请总量的5.5%，说明东京的研发行为主体高度分散，在城市的技术研发与创新过程中，有较多研发行为主体充分参与，使得城市的创新环境具有高度的竞争性，而这也是东京研发能力持续在全球领先的重要原因。

当然，东京的例子并不说明PCT申请者集中度越低就越利于城市创新，事实上，过低的PCT申请者集中度也说明城市在创新过程中缺乏旗舰型企业或研究机构的引领，同样有可能导致城市的研发动力不足。因此，在研发城市的不同发展阶段，保持垄断与竞争的适度平衡将十分重要。但是需要指出的是，过高的PCT申请者集中度反衬出城市中其他企业及公共研究机构在技术研发能力方面的孱弱，同时也降低了城市在技术创新领域内抵御风险的能力，并极有可能破坏创新赖以生存的环境基础。创新是一项系统工程，只有在充分竞争的市场环境中，创新才可能持续，无论是行业垄断还是技术垄断，都有可能破坏创新的生态环境，这也是美国政府拆分在当时具有国家垄断地位的AT&T[①]和利用反垄断法持续遏制微软的重要原因(CCTV, 2010)。因此，具有高度垄断特征的城市必须加大对其他中小研发型企业的扶持力度，鼓励多元主体参与创新过程，培育充分竞争的市场环境，才能有效遏制垄断对于创新的负面影响。

4.5 本章小结

本章的研究目标是要对位于世界不同地域国际研发城市的研发运行特征进行全球层面的统一把握，并在此基础上对国际研发城市的发展类型实施划分。因此，亟须寻找一个全球性的数据平台，以使我们得以站在全球视野的高度对32座城市进行统一的横向比较研究与分析。由WIPO建立的PCT数据库在很大程度上整合了世界主要国家的专利数据库资源，并且PCT本身所具有的创新性与国际性特征可使我们从国际研发产出的视角来审视每座城市的研发特征。

作者以城市在PCT数据库的检索信息为基础，构造了6个指标来综合反映32座国际研发城市的研发运行特征。根据指标的具体涵义，可将指标分为两大类。

① 美国电话电报公司，全称为American Telephone & Telegraph Company, AT&T是其英文首字母缩写。

第一类为基本特征指标，由 PCT 申请量、PCT 申请密度和 PCT 申请年平均增长率 3 个指标组成，分别表征城市的研发产出规模、研发产出效率和研发增长潜力，是对城市最为基本研发运行特征的刻画；第二类为主体特征指标，由 PCT 申请外资依存度、PCT 申请公共研发依存度和 PCT 申请者集中度 3 个指标构成，表达了城市研发对于不同性质行为主体的依赖程度以及城市研发基于行为主体的垄断程度。

基本特征指标的分析结果大致呈现出了全球研发创新格局的基本轮廓。发达经济体大城市一般都拥有较大的 PCT 申请量，东京、伦敦、纽约、巴黎等老牌世界城市在全球研发创新格局中依然占据着极其重要的战略位置。不过，一方面受制于巨大的人口规模，另一方面制造业的去中心化削弱了城市为其提供技术服务的研发功能，致使欧美发达经济体大城市的 PCT 申请密度普遍较低。而巴塞尔、英国剑桥、硅谷、筑波等发达经济体中小城市普遍在 PCT 申请密度的国际比较中处于高位区间，城市研发功能十分凸显，成为专业从事技术研发的科技型城市。在发展中和新兴发达经济体城市中，韩、中、新 3 国城市表现突出，显示出了较强的研发创新能力，成为全球研发创新格局中一支不可忽视的重要力量，但是印度城市、莫斯科和中国台北的研发能力依然十分薄弱。同样受制于巨大的人口规模，发展中和新兴发达经济体城市的 PCT 申请密度普遍较低，与经济中心、贸易中心等其他城市功能相比，研发服务与创新仍未成为以上城市的核心与主导功能。除莫斯科外，其余发展中和新兴发达经济体城市都拥有较高的 PCT 申请年均增长率，表现出极强的研发增长潜力，这与近年来跨国公司全球研发投资布局的空间指向趋势十分契合。欧美城市的 PCT 申请年平均增长率多处于较低水平甚至出现负增长，表明欧美地区的研发创新目前正处于一个相对稳定或停滞状态，不过与欧美城市相比，日本城市依然保持着较高的研发增长水平，展现出强于欧美城市的研发创新活力。

主体特征指标方面，对于城市 PCT 申请外资依存度和公共研发依存度的分析使我们对 32 座城市的研发创新来源与主导力量有了较为清晰的认识，而城市 PCT 申请者集中度指标的数据分析也使我们能够对城市研发创新环境是趋向于垄断还是竞争做出相应判断。随后，作者在上述工作基础上，首先将城市 PCT 申请外资依存度和公共研发依存度两个视角综合起来，将 32 座国际研发城市分别纳入至 4 个象限之中，结合相关数据将 32 座城市划分为自主商业型研发城市，科教驱动型研发城市，混合驱动型研发城市和外资驱动型研发城市 4 个类型，并对各自类型中的典型城市：硅谷、波士顿、新加坡和班加罗尔这 4 座城市的 PCT 申请者结构进行对比分析来进一步说明不同类型城市在研发主导力量方面所具有的不同特点。与此同时，作者又参考美国经济学家贝恩对于行业集中度的划分标准，以城市 PCT

的申请者集中度为依据，将 32 座国际研发城市划分为寡头垄断型、垄断型和竞争型 3 种类型，并着重对各自类型中的典型城市：斯图加特、巴塞尔与东京进行了对比分析。过低的 PCT 申请者集中度说明城市在创新过程中缺乏旗舰型企业或研究机构的引领，有可能导致城市的研发动力不足；过高的 PCT 申请者集中度反衬出城市中其他企业及公共研究机构在技术研发能力方面的孱弱，并极有可能破坏创新赖以生存的环境基础。创新是一项系统工程，只有在充分竞争的市场环境中，创新才可能持续。因此，在国际研发城市的不同发展阶段，保持垄断与竞争的适度平衡将十分重要。

第5章

研发合作视角下的国际研发城市网络演化

城市在诞生之初就与外界相互保持着联系，研究单个城市并不能全面把握城市的本质（黄璜，2010）。泰勒（Taylor，2004）将城市之间的关系问题称之为“城市的第二本质”，他指出虽然城市都有腹地，但并不足以创造并维持一个孤立的城市，城市产生的同时城市网络也就产生了。因此，城市网络是城市存在的空间范式，城市是组成城市网络的节点要素，并通过一系列“流的空间”联系结网（王宝平等，2012），这就要求我们在研究国际研发城市问题时也应当采用联系的视角，来进一步分析国际研发城市之间的网络联系与互动机制。

在前面的工作中，作者利用各城市的PCT专利数据信息，对国际研发城市的研发运行特征与发展类型进行了国际比较与归纳。然而，上述分析依然是局限于单体城市的孤立与静态研究，并未揭示出国际研发城市之间的相互作用关系。基于此，本章将以城市体系和网络的相关理论为基础，从研发合作的观察视角切入，运用社会网络分析法（social network analysis，以下简称SNA）对国际研发城市之间的网络联系图景与发展演变轨迹进行刻画，并在此基础上，尝试分析国际研发城市之间的网络联系结构与特征。

5.1 从城市体系到城市网络的理论回顾

5.1.1 从城市体系到世界城市体系

城市网络的相关研究脱胎于城市体系理论。城市体系是指一定地域范围内若干规模不等，性质不同的城市及其职能区域相互联系，相互依赖和制约而形成的一个有机城市地域系统（王力，1987），等级结构、动态机制及其优化调控是城市体系研究的3个重要方面（王力，1991）。

克里斯塔勒（W. Christaller）的中心地理论是最早解释城市体系相互依赖与作用关系的研究范式，它运用市场原则，交通原则和行政原则解释了城市规模-位序的布局规律（许学强等，1997），构成城市地理学重要的理论基础。宁越敏较早从系统论的理论视角出发，分整体性、结构性、有序性和动态性4个方面阐述了城市体系系统的基本特征，总结了城市等级体系的一般组织形式：①位于等级体系最高级的是国家级的大城市，具有广阔的腹地或服务范围；②每个大城市的腹地内都包含若干个等级体系中间层次的区域中心城市；③在每个区域中心腹地内，又包含若干个位于等级体系最低层次的小城市，是周围地区的核心（宁越敏，1985）。以上构成国家、区域、地方3级城市体系层次的相互衔接与嵌套（陈振光和姚士谋，2001）。

早期的城市体系研究多将关注视点集中于一国内部或省域层面。全球化的日益发展促使全球经济融为一体，导致基于国家框架的城市体系背景与基础发生变化，进而形成更高层次的世界城市体系，学术界也因而开始将关注的目光投向世界城市体系研究。

王力和吴殿廷（1993）较早论述了位于中俄边境交界处的图们江地区建设国际城市体系的必要性以及相应的发展策略。闫小培（1995）认为在全球信息革命背景下，信息网络成为影响城市体系发展的基本因素，国家层次的信息网络彼此联通，构成世界信息网络，从而赋予城市以世界属性，推动城市体系由跨国城市体系迈向世界城市体系。吕拉昌（2000）从全球化发展、空间经济组织、文化融合和信息传输4个方面论述了世界城市体系的形成机理：他认为全球化将重塑世界城市体系格局，造成城市间"核心-边缘"位置的动态变化；跨国公司全球经济的空间重组使得世界城市体系形成各自以控制、组织和生产为主导功能的3层等级结构；城市所处的文化位势以及信息传输能力的强弱也将决定城市在世界城市体系格局中所占据的地位高低。城市体系空间极化作用的加剧促使体系内的极少数城市发展成为全球经济的管理和控制中心，即世界城市（苏雪串，2010），体系中处于第二层次的城市在世界城市和实际进行工业生产的城市之间扮演中间人的角色（陈振光和姚士谋，2001）。

在世界城市体系的等级划分方面，比较有影响的主要有弗里德曼以及泰勒与沃克的评定方案。弗里德曼从"核心-边缘"结构理论出发，将世界城市按照核心与半边缘国家区分为主要和次要两大层级（Friedmann，1986）。泰勒和沃克将生产性服务业的研究方法应用到世界城市体系的等级划分中，通过对全球46个从事会计、金融、法律和广告的生产性服务公司总部和分支机构在55个大城市的空间分布情形进行统计分析，并根据分值将世界城市体系划分为3个层级（Taylor 和 Walker，2001）。

5.1.2 从城市网络到世界城市网络

以中心地模式为理论源头的传统城市体系研究存在一个明显缺陷，就是把城市体系视作是静态的、相对孤立的系统，没有充分考虑到体系中城市之间的动态关联(杨永春等,2011),而之前有关世界城市等级体系的研究多采用多城市比较的方法,重视城市的属性数据而忽视城市间的联系数据,因而无法解释体系中各城市间的关系问题,具有很大的局限性。

信息网络技术的广泛应用,使得城市之间的互动联系不断强化。卡斯特尔指出网络是信息时代关键的组织形式,信息技术使空间的地方性日益转化为流动性,产生了"流动的空间",继而形成全球信息网络以及基于此的世界城市网络,世界城市作为全球信息网络的主要节点,控制着全球信息的流动与进出(Castells, 1989)。卡斯特尔的"流空间理论"构建了基于关系连接的世界城市分析框架,为世界城市网络研究奠定了理论基础。

世界城市网络将研究视角从城市的节点属性转移到城市之间的关系连接上。城市作为一个节点的价值在于其与其他节点间的相关性,城市地位的起落由其与其他节点的相互作用所决定,城市的发展则是建立在联系扩展的基础之上(吴灿燃,2011)。有鉴于此,城市间的电信,航空与互联网流量等一系列关系数据的发掘与分析成为研究世界城市网络的主要方法。如 Smith 和 Timberlake(2001)通过对1977—1997 年世界主要城市之间的航空客流量进行网络分析,借以描述各世界城市之间经济联系的强度。国内学者也采用类似的方法对中国城市网络进行实证分析。周一星和胡智勇(2002)基于航空流的视角对中国城市体系的空间网络结构与格局演变进行了探讨;汪明峰和宁越敏(2004)利用互联网骨干设施数据分析了中国信息城市的网络体系结构。上述研究表明城市在网络中的地位在很大程度上仍取决于城市固有的地理区位与基础设施状况。

全球化背景下,更深层次的国际劳动分工逐步形成,全球经济日益融合成为一个相互依存的体系,操控跨国资本的跨国公司则在体系中充当组织与协调全球经济运作的角色。此时,工业经济主导时代的全球等级体系逐渐消亡,代之以"全球-地方"垂直联系为原则的世界城市网络体系(王宝平等,2012)。泰勒将上述体系分为 3 个层面:①服务业分布的世界经济作为网络层面;②城市作为节点层面,构成服务业生产的知识星群;③高级生产者服务业作为亚节点层面(甄峰,2010)。其中,以金融业为代表的高级生产者服务业是城市节点间发生信息流动的联系主体,并经由生产性服务业企业的全球布局与运作推动了世界城市网络的形成。因此,利用跨国公司办事处网络系统以及高级服务业等综合性指标,来分析世界城市的网络联结关系是近年来世界城市网络研究的主流方法。

Beaverstoc 等(2000)以企业组织角度利用会计、金融、广告和法律 4 种高级生产性服务在主要城市的分布和联系探索了世界城市间的网络关系;若干年后,Taylor 等运用同样的研究方法对相同服务业企业的信息进行纵向对比,认为世界城市网络结构的总体格局变化不大(Taylor 和 Aranya, 2008)。但是亦有其他学者研究指出,近年来北京、上海、莫斯科等来自发展中国家世界城市的网络联结度明显增强,在世界城市网络中的地位持续提升(Hanssens 等,2010)。

5.2 国际研发城市网络研究的方法与步骤

5.2.1 SNA 方法简介与应用

(1) SNA 相关理论与方法

社会网络指的是社会行动者及其之间相互关系的集合(刘军,2009)。社会网络由多个节点和节点之间的连线组合而成。节点表示社会行动者,它可以是个体或社会单位,也可以是一个社会组织、城市、国家等。连线表示社会行动者之间的关系,关系是行动者之间资源传送或流动的通道,资源可以是物质的,也可以是非物质的(如知识或信息符号)。线与线的相互交织则构成网络。

社会网络研究起源于人类学家对复杂社群中人际关系的探讨(魏巍和刘仲林,2009)。1954 年,人类学家巴恩斯首次使用社会网络的概念来对挪威某渔村的社会结构状况进行研究(Barnes, 1954),开启了社会网络研究的序幕。后续学者在承继了上述思想的基础上,又研究出了一套由图形理论推演出来的数学分析方法,可以有效地对社会网络结构进行测量,从而大大提高了社会网络研究的科学性。概括而言,SNA 是对社会关系结构及其属性加以分析的一套规范和方法,其主要分析的是不同社会单位(个体、群体或社会)所构成的关系结构以及相应属性(赵蓉英和王静,2011)。

Wellman B (1988)指出在进行网络分析需要秉承如下原则:①世界是由网络组成的,而不是由群体组成;②在解释社会行为时,社会关系比社会成员的特点更加有力;③行动者的行动规则源于其在社会关系结构中所处的位置;④网络中各种资源的配置在很大程度上受社会网络结构的影响。从以上可以看出,SNA 的核心体现在从"关系"的角度来研究社会现象,其关注的要点不在于行动者本身而在于行动者之间的关联(罗家德,2005),通过对行动者之间关系状况的分析,找寻网络的结构特征及其对于组织系统的影响。因此,SNA 既不同于"实体论"研究方式,也不同于"因果性"分析方法,而是一种基于"交互"的结构主义视角下的量化分析(刘军,2007)。

SNA 主要有两大研究领域:个体网(ego-network)与整体网(whole network)研究。个体网指一个个体及与之直接相连的个体所构成的网络;整体网则指由一个群体内部所有成员之间的关系构成的网络(刘军,2009)。当前,SNA 关注的重点是层次最高的整体网,研究内容主要包括整体网的分类、规模、密度、成员之间的距离以及网络结构等。其中，网络结构是重中之重。刘军(2009)将整体网的结构研究分为10种类型，分别是基于权力量化研究的中心性分析、二方关系研究、三方关系研究、基于小群体量化研究的块模型分析、基于凝聚力量化研究的凝聚子群分析、多个行动者之间的对等分析、核心-半边缘-边缘的结构分析、网络数据的统计推断分析，偏好网络论研究及网络演化研究等。

目前，学术界应用最为广泛的社会网络分析软件为Ucinet，该款软件由加州大学欧文分校的权威学者Linton Freeman率先开发，并由Steve Borgatti以及Martin Everett维护更新。Ucinet是一个用来处理社会网络数据的软件包，能读取多种不同形式的数据，如文本文件和Excel文件，可容纳的网络节点高达32767个，拥有中心性、子群、角色、置换等多种数据分析功能和矩阵分析功能。软件中集成的NetDraw可视化软件程序，可用于社会网络图的绘制，实现研究者对于网络数据的可视化分析。

(2) SNA在学术研究中的应用

经过数十年的发展，SNA已经成为社会学领域研究社会结构的重要方法，并逐渐拓展至经济地理学、城市地理学等多个领域。主要集中在产业集群、创新合作以及城市网络等方面的应用研究。

产业集群是介于市场与等级组织之间的一种新型网络组织形式(仇保兴，1999)，从本质上讲是一种社会网络(Gordon和McCann，2000)。过往的集群研究多集中在既有网络对集群竞争力的贡献上，对于企业网络的结构特性和演化的研究较少(李二玲和李小建，2007)，SNA方法的引入则弥补了以上缺陷。刘存福等(2005)较早运用SNA方法对中小民营企业集群的网络特征、模式与发展趋势加以分析。杨锐和黄国安(2005)通过度数、中介性和有效规模3个网络变量来测度杭州手机产业集群内企业的网络位置，研究揭示企业所在网络位置的度数和有效规模与企业创新存在显著的相关性。李二玲和李小建(2007)以河南虞城县南庄村钢卷尺产业集群为例，验证了SNA在集群研究中的具体应用，并指出社会关系意义的深层次洞察是完善SNA的重要方面。黄中伟(2005)研究发现产业集群中的网络结构降低了创新的风险和成本，对集群企业间的联合创新具有促进作用。梁孟荣(2007)以SNA方法研究了企业的外部关系网络对于集群技术创新的作用机制，并论述了正式关系网络和非正式关系网络以各自不同的途径来实现对创新过程的影响。黄攸立和熊宇(2010)将区域创新环境视作一个社会网络，将创新环境要素作为网络节点，将要素间的相互关联定义为网络的连线，运用SNA中的中心性分析法来考察芜湖市创新集群环境的整体质量，并对环境中的核心要素进行识别等。

近年来，随着各国专利与论文数据库的逐步完善，学术界越来越多地利用专利合作和论文合著信息从社会网络视角来探讨各组织或主体间的创新或研究合作关系。向希尧等(2010)构建了由112家中外企业组成的专利合作网络，运用SNA中的多元回归分析法探讨了地理接近性、技术接近性和社会接近性对于企业在网络中感知距离与合作创新程度的影响，结果表明社会接近性对于缩短企业距离和提高合作创新程度的正向作用最为显著。刘凤朝等利用专利合作数据(2011)分析了1985—2009年间中国"985"高校与国内其他高校、研究机构以及企业之间的产学研合作网络结构和空间分布的演化路径。胡晓辉和杜德斌(2012)将城市视为网络中的行动者，以城市间的论文合作出版数据为基础，分4个时段分析了"长三角"13座城市间的科学合作网络关系的动态演化过程与结构特征。李亮和朱庆华(2008)采用SNA方法分别从中心性、凝聚子群以及"核心-边缘"结构3个角度，以《情报学报》发表论文的合著者为对象，对国内情报学领域的合作网络进行了实证研究。

在城市网络研究方面，主要是从企业的空间组织视角切入来探求城市之间的网络联系。Alderson和Beckfield(2004)对2000年全球500强公司在3692个城市的布局数据进行了分析，发现世界城市网络呈现偏态分布，少数城市垄断了"权力"和"声望"，伦敦、巴黎、纽约、东京等7组城市构成了相互紧密联系的中心，其余17组城市则构成相互联系较弱的外围。Carrol (2007)以世界500强企业董事会的空间分布数据为基础，运用Ucinet软件分析了基于企业网络的世界城市网络特征，研究揭示世界城市网络的重心依然集中于北美与欧洲。张凡(2012)分析了2008年处于α级的39座世界城市基于航空流的网络联系与结构特征，并与GaWC的工作成果进行了对比。赵新正(2011)利用跨国公司500强及其分支机构的空间布局信息，分析了"长三角"城市网络体系的中心度与派系关系。李仙德(2012)则以城市拥有的上市公司数量与城市间的交叉投资金额表征联系数据，对"长三角"地区的城市网络结构特征进行了实证探索。

5.2.2 研究思路

在第4章，作者以32座国际研发城市的PCT申请数据为依据，对城市的研发运行特征与发展类型进行了分析与归纳，但从本质上讲仍然是基于属性数据的静态与孤立研究，并未涉及国际研发城市之间的互动关联。

拥有强大的知识交互能力，并通过知识的生产与扩散获得广泛的技术影响力与控制力是国际研发城市的核心特征之一。对于国际研发城市而言，彼此间在技术方面的研发合作，尤其是跨越国家边界的国际研发合作是国际研发城市之间发生空间关联最为重要的表现形式。位于不同城市的研发主体之间针对某项产品或技术环节进行合作研究与开发，意味着作为行动者的城市之间发生了能量流(知识流、技术流、资金流、人才流等)的交换、转移与扩散，从而将国际研发城市纳入到由"流的空间"所构成的网络体系之中。国际研发城市充当网络体系中的节点，城市节点间能量的流动水平,频繁以及密集程度决定了其在国际研发城市网络中的所拥有的权力与声望的高低。

2010 年,来自戴尔公司的数据研究专家马特·马奥尼(Matt Mahoney)以专利合作表征创新合作,利用 2004—2006 年间世界知识产权组织的 PCT 合作申请数据研究了基于国家尺度的国际创新合作网络的复杂结构(见图 5-1)。研究显示,美国是全球最大的国际创新合作者;日本、韩国较少参与国际创新合作,而那些需要开发更大市场或者拥有强大科研基础设施的小国如瑞士往往会积极参与到国际合作中去(Matt Mahoney, 2010)。马特·马奥尼以 PCT 合作申请数据为基础来审视国际创新合作网络的研究颇具特色,虽然只是限于国家层面的研究,但是却为国际研发城市的网络研究启迪了思路。在本章的研究中,作者将 32 座国际研发城市间的相互作用关系视为一个社会网络,以城市作为社会网络中的行动者,以城市之间发生的研发合作为连线,运用 SNA 方法来着重考察研发城市之间基于研发合作关系的网络结构特征与动态演变轨迹。在研究数据选择方面,作者借鉴了上述马特·马奥尼针对国际创新合作网络的研究方法,以 32 座研发城市间国际专利在不同时段的合作申请数量来表征国际研发城市之间发生研发合作联系的基础数据,运用 Ucinet 软件进行网络联系的结构分析,通过软件中集成的 NetDraw 可视化程序绘制相应的社会网络动态图谱来直观映射国际研发城市之间的网络联系图景与动态演变过程。

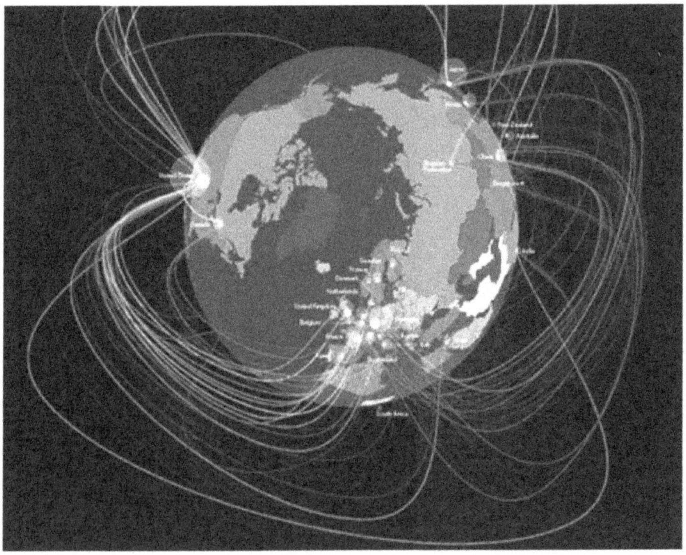

图 5-1　马特·马奥尼对于国际创新合作网络的研究

资料来源:马特·马奥尼. 2010[EB/OL]

5.2.3 研究步骤

(1) 研究数据采集

本章的研究数据全部来源于由世界知识产权组织建立的 PCT 专利数据库。将本文的研究对象:32 座国际研发城市看作社会网络中的行动者,通过城市与城市之间的两两检索,构造城市节点间 PCT 合作申请的网络数据矩阵。为了能够充分与系统刻画国际研发城市之间研发合作网络的动态演变过程,作者分别检索了 1996—2000 年,2001—2005 年,2006—2010 年 3 个时间段的各个城市之间 PCT 合作申请数据。检索实例与结果分别见图 5-2、图 5-3。

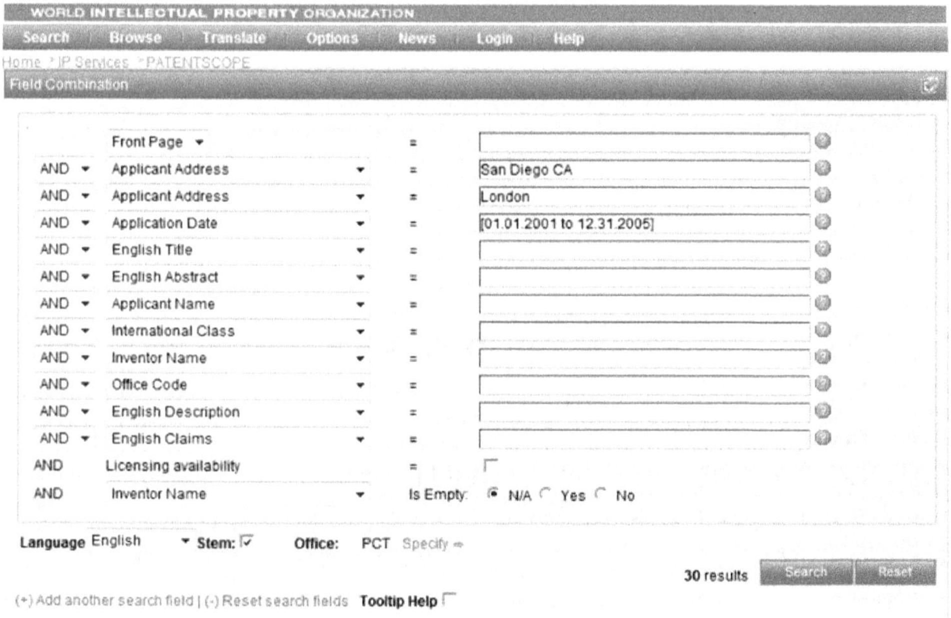

图 5-2 以 2001—2005 年间圣迭戈和伦敦之间 PCT 合作申请为例的检索图示

资料来源:WIPO 数据库检索

上图显示了 2001—2005 年时段,位于美国加州的圣迭戈与位于英国伦敦两城市之间的 PCT 合作申请数量为 30 件,也即说明 5 年间圣迭戈与伦敦之间发生了 30 次研发合作关系。图 5-3 则显示了 30 件合作申请 PCT 的相关具体信息,如这 30 件专利所涉及的技术主题、主要的申请者、发明者以及专利获得国际公布的年份等,为可能的进一步深入分析提供了数据支持。

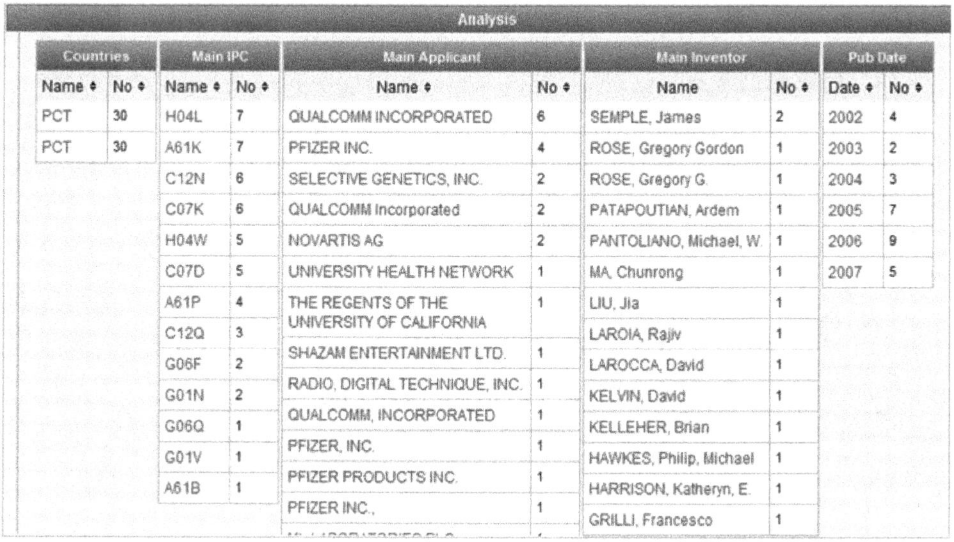

Analysis

Countries		Main IPC		Main Applicant		Main Inventor		Pub Date	
Name	No	Name	No	Name	No	Name	No	Date	No
PCT	30	H04L	7	QUALCOMM INCORPORATED	6	SEMPLE, James	2	2002	4
PCT	30	A61K	7	PFIZER INC.	4	ROSE, Gregory Gordon	1	2003	2
		C12N	6	SELECTIVE GENETICS, INC.	2	ROSE, Gregory G.	1	2004	3
		C07K	6	QUALCOMM Incorporated	2	PATAPOUTIAN, Ardem	1	2005	7
		H04W	5	NOVARTIS AG	2	PANTOLIANO, Michael, W.	1	2006	9
		C07D	5	UNIVERSITY HEALTH NETWORK	1	MA, Chunrong	1	2007	5
		A61P	4	THE REGENTS OF THE UNIVERSITY OF CALIFORNIA	1	LIU, Jia	1		
		C12Q	3	SHAZAM ENTERTAINMENT LTD.	1	LAROIA, Rajiv	1		
		G06F	2	RADIO, DIGITAL TECHNIQUE, INC.	1	LAROCCA, David	1		
		G01N	2	QUALCOMM, INCORPORATED	1	KELVIN, David	1		
		G06Q	1	PFIZER, INC.	1	KELLEHER, Brian	1		
		G01V	1	PFIZER PRODUCTS INC.	1	HAWKES, Philip, Michael	1		
		A61B	1	PFIZER INC.,	1	HARRISON, Katheryn, E.	1		
						GRILLI, Francesco	1		

图 5-3　以 2001—2005 年间加州圣迭戈和伦敦之间 PCT 合作申请为例的检索结果图示

资料来源：WIPO 数据库检索

（2）数据预处理

城市网络研究的数据是不同于属性数据的关系数据，在网络分析时需要将其按照分析模型的需求进行预处理。在 SNA 中，对网络数据进行形式化表达的方法主要有两种，分别为社群图法和矩阵代数法。鉴于本文采用 Ucinet 软件作为分析工具，因此，在关系数据的形式表达上采用矩阵代数法。

在矩阵中，将 32 个样本城市分别置于行和列上，然后在行和列的交叉点填上对应两个城市的研发合作联系数据，即前文所提及的城市间 PCT 合作申请数量。考虑到研发合作联系数据不具有方向性，且每个城市与城市本身无合作关系，因此，最终构建的矩阵是以对角线为对称轴的对称矩阵，对角线上数值为 0，网络性质为由 32×32 的多值无向网络。依据原始数据构造的城市间研发合作联系矩阵见表 5-1。

表中展现了 32 座国际研发城市之间在 2006—2010 年间基于 PCT 合作申请的研发合作次数，但是在本研究中，如果依据以上原始数据进行网络分析，将不可避免地出现 2 个问题。

首先，矩阵中有一小部分数值很小，如北京与班加罗尔两城市间在 2006—2010 年时段内的 PCT 合作申请仅有 1 次，同样的情况还发生在班加罗尔和大阪之间，时段内的 PCT 合作申请仅有 2 次。有限的 PCT 合作申请次数表明上述城市

表 5-1 根据原始数据构造的 32 座城市研发合作联系矩阵(2006—2010 年)

城市	东京	硅谷	上海	北京	班加罗尔	新加坡	波士顿	大阪	巴黎	…
东京	0	326	43	55	6	70	34	3 418	111	…
硅谷	326	0	144	104	133	61	171	23	96	
上海	43	144	0	218	11	56	21	17	499	…
北京	44	104	218	0	1	36	14	36	65	…
班加罗尔	6	133	11	1	0	7	5	2	8	…
新加坡	70	61	56	36	7	0	21	40	28	…
波士顿	34	171	21	14	5	21	0	11	90	…
大阪	3 418	23	17	36	2	40	11	0	36	…
巴黎	111	96	499	65	8	28	90	36	0	…
…	…	…	…	…	…	…	…	…	…	0

资料来源:作者根据检索结果整理

间的研发合作有可能仅是偶然发生,城市间的联系强度极弱。为了能够充分反映国际研发城市研发合作结网的主要骨架与脉络,本文设定 5 件 PCT 合作申请为基本阈值,即某一时段内两两城市间必须发生 5 次及以上的研发合作关系才能被认定为有联系,5 次以下的研发合作由于联系强度过弱而将其默认为 0。

其次,由于本文的研究对象为国际研发城市,因此需要重点关注跨越国家边界的国际研发合作联系。如果依照原始数据进行分析,由于同属一个国家的城市间发生研发合作联系的次数要远远大于国际研发合作联系的次数,例如东京与大阪之间在 2006—2010 年时段发生的研发合作高达 3 418 次,这就造成计算时,高强度的研发合作将更多体现在位于同一国家的城市之间,此时跨越国家边界的国际研发合作联系的地位将被大大低估。相反,如果将属于同一国家城市之间的联系排除在外,即默认为 0,那么在进行网络分析时,由于位于同一国家城市之间的联系被忽略,又将使得某些城市的核心地位被不同程度地低估,事实上,国内城市间往往存在着更为密切的研发合作联系,因而忽略同一国家城市之间联系的方法会使分析结果难以客观反映网络联系的真实状况。基于此,就需要对原始数据进行恰当地处理以平衡国内研发合作联系与国际研发合作联系之间的关系。

检索与统计结果显示,32 座城市间的研发合作次数随着时间的推移而不断增加,每个时段内城市间跨越国家边界的国际研发合作联系的最高值也在持续走高,从 1996—2000 年间的 114(东京与硅谷),上升到 2001—2005 年间的 344(东京与硅谷),直至 2006—2010 年间的 499(上海与巴黎)。为了最大限度地弱化国内城市间研发合作联系过多而对国际研发城市网络结构测算所产生的影响，同时又能够实际反映国内城市间研发合作联系强度大于国际研发合作联系的客观事实，作者以上述数值为参照，将各个时段大于上述最高值的国内城市间的研发合作联系值分别统一规定为 115、345 和 500。经过处理后的网络联系矩阵示例见表 5-2。

表 5-2 经过处理后的 35 座城市研发合作联系矩阵(2006—2010 年)

城 市	东京	硅谷	上海	北京	班加罗尔	新加坡	波士顿	大阪	巴黎	…
东京	0	326	43	55	6	70	34	500	111	…
硅谷	326	0	144	104	133	61	171	23	96	
上海	43	144	0	218	11	56	21	17	499	…
北京	44	104	218	0	0	36	14	36	65	…
班加罗尔	6	133	11	0	0	7	5	0	8	…
新加坡	70	61	56	36	7	0	21	40	28	…
波士顿	34	171	21	14	5	21	0	11	90	…
大阪	500	23	17	36	0	40	11	0	36	…
巴黎	111	96	499	65	8	28	90	36	0	…
…	…	…	…	…	…	…	…	…	…	0

资料来源：作者根据检索结果整理①，色块表示为经过处理后的数据

5.3 国际研发城市的网络特征及其动态演变

5.3.1 网络宏观特征及其变化趋势

(1) 网络密度分析

网络密度是指网络图中存在的实际关系边数与理论上最大关系边数的比率，该指标测度的是网络中各个成员之间联系的紧密程度，是衡量整个网络内聚性的和体现网络宏观特征的重要变量。在一定的网络规模下，不同的网络密度会给网络中的行动者和整体网络的运行绩效带来不同的影响。网络密度越大，表明网络行动者间的合作行为就越多，信息流通更为容易，网络绩效也将更好(罗家德，2005)。网络密度的测算公式如下：

① 3 个时段完整的国际研发城市研发合作网络数据矩阵见文后附录 4。

$$MD = \sum_{i=1}^{n} d_i/(k^2 - k) \qquad 公式(5-1)$$

公式中,MD 为网络密度,d_i 为网络中 i 节点存在的边数,k 为网络中的节点数。MD 值在 0～1 之间,MD 值越趋向于 1,网络密度越大,反之,则越低。

首先,将多值网络数据转换为二值网络数据,随后,运行 Ucinet 软件来计算 32 座国际研发城市在 3 个不同时段的网络密度,计算结果见图 5-4。总体来看,32 座城市的网络密度呈现逐个时段的上升趋势,从第 1 时段(1996—2000 年)的 0.346 8 上升至第 2 时段(2001—2005 年)的 0.546 4 再到第 3 时段(2006—2010 年)的 0.574 6,城市间研发合作关系的边数也从 344 条增加至 542 条再至 570 条,表明网络内城市间的联系渠道不断增加,城市间的研发合作愿望与机会增多,整体网络的研发资源流动效率持续提升。但是,网络密度截止到第 3 时段仍不超过 0.6,意味着有相当一部分城市尚未充分参与到研发合作中,城市现有的合作关系仍处于较为松散的状态,网络综合水平有待提升。进一步从网络密度的变动趋势来看,两组数据从第 1 时段到第 2 时段的增长幅度较为显著,而从第 2 时段到第 3 时段的增长趋势却较为平缓,在一定程度上说明 35 座城市间的国际研发合作关系在 2001—2005 年间接近当前的疏密程度,并在之后的 5 年中保持相对稳定的状态。

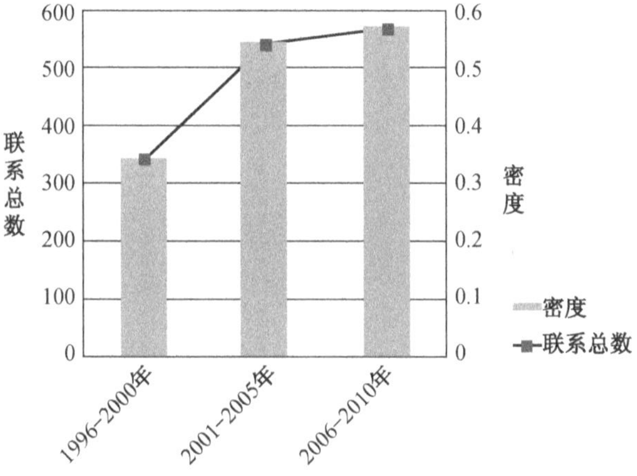

图 5-4 3 个时段的国际研发城市网络密度

资料来源:作者根据计算结果整理

(2) 网络通达性分析

网络通达性亦是分析网络宏观特征的重要方面,反映了网络整体的联系效率。在国际研发城市网络中,网络通达性可以用以揭示城市节点间发生研发合作联系的难易程度。通过对网络中任意两个节点之间平均路径长度的测算,能够帮助我们直观了解网络的通达性与空间组织效率的高低。计算公式表达如下:

$$L = \frac{2}{k(k-1)} \sum_{i} \sum_{j=0}^{i} d_{ij} \qquad 公式(5-2)$$

公式中，d_{ij} 为网络中两节点之间的距离，是连接上述两个节点的最短路径的边数，L 为网络的平均路径长度，即任意两个节点之间距离的平均值。L 越小，表明网络中任意两城市之间需要经过中转发生联系的次数越少，网络的通达性与组织效率也就越高。k 为网络中的节点数量($k > 1$)。

运行 Ucinet 软件计算 3 个时段网络的节点间距离分布频率与平均路径长度，计算结果见图 5-5 与图 5-6 所示。结果显示，第 1 时段网络节点间的最大距离为 3，意味着该时段内任意两个城市之间最多需要 2 次中转，即可与其他城市发生研发合作关系。从比例来看，第 1 时段内有 344 次研发合作是两两城市之间直接发生的，占时段内全部联系的 39.5%，有 466 次研发合作是通过 1 次中转发生的，占时段内全部联系的 53.6%；有 60 次研发合作是通过 2 次中转发生的，占时段内全部联系的 6.9%。到了第 3 时段，网络节点间的最大距离降低为 2，任意两城市间最多只要经过 1 次中转，即可建立起研发合作联系。在第 2、第 3 两个时段内，城市间无需中转可直接发生的研发合作次数与比例都呈较为明显的上升趋势，从第 1 时段的 344 次和 39.5%上升至第 3 时段的 578 次和 58.3%。

Frequencies of Geodesic Distances

	Frequen	Proport	
1	344.000	0.395	
2	466.000	0.536	
3	60.000	0.069	第 1 时段

Frequencies of Geodesic Distances

	Frequen	Proport	
1	542.000	0.546	
2	444.000	0.448	
3	6.000	0.006	第 2 时段

Frequencies of Geodesic Distances

	Frequen	Proport	
1	578.000	0.583	
2	414.000	0.417	第 3 时段

图 5-5　3 个时段的网络节点间距离分布频率

资料来源：作者根据计算结果整理

平均路径长度的值则呈现出逐个时段减小的趋势，从第 1 时段的 1.674 下降至第 2 时段的 1.460，再到第 3 时段的 1.417，网络中各城市间国际研发合作的中转次数在不断降低，表明单个城市研发交流的通达性增强，网络节点功能得到提升；与以上相对应，网络基于距离的凝聚力指数呈现出逐个时段的上升趋势，从第

1时段的0.602增加至第2时段的0.772再到第3时段的0.791，证明网络内城市节点间的互动程度正日趋提高，网络整体凝聚力持续增强。值得注意的是，与之前的网络密度相似，在各项数据指标的变动趋势上，第1时段到第2时段的增长幅度较为显著，而第2时段到第3时段的增长则显得较为缓慢，反映出国际研发城市网络的整体特征在第2时段便已初步成型，并在随后时段保持着较为稳定的温和增长状态。

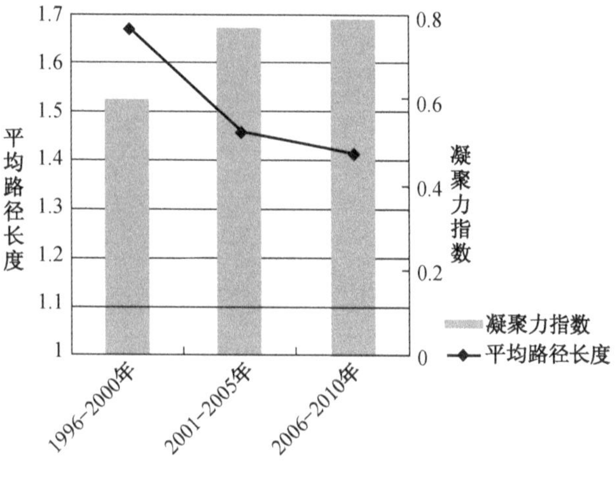

图5-6　3个时段网络的平均路径长度与凝聚力指数变动

资料来源：作者根据计算结果整理

5.3.2　网络权力的变化：中心性分析

权力是社会学中的一个重要概念(刘军，2009)。社会网络视角下，一座抽象的城市是没有权力的，一座城市之所以拥有权力，是因为与其他城市存在关系，或者说一座城市的权力是其他城市的依赖性，城市地位的发展与沉降由城市与其他节点的相互作用所决定。

中心性是社会网络分析的重点，个人或组织在其社会网络中具有怎样的权力或者说是居于怎样的中心地位的量化分析是SNA对于权力研究的独特贡献。节点的中心性反映了节点对于网络中资源流动实施控制的能力，相应的，也就反映了该节点在网络中的权力(张凡，2012)。SNA对于网络的中心性分析一般包括点度中心度(degree)、中间中心度(betweenness)、接近中心度(closeness)等。接下来，作者将重点分析国际研发城市网络在不同时段的点度中心度以及在此基础上构造的对外联系强度，解读不同时段的网络中心势，并对城市网络的联系图景实施动态分析。

(1) 点度中心度

在某个社会网络中，如果一个行动者与较多的其他行动者之间存在直接联系，那么该行动者就居于中心地位，在网络中拥有较大的权力(李亮和朱庆华，2008)。网络中节点的点度中心度，可以用网络中与该点有直接联系的节点数量来衡量。首先将多值网络数据进行二值化转换，随后运用Ucinet软件进行计算，计算结果如下：

表 5-3　3 个时段节点城市的点度中心度及其排名变化

城市	第 1 时段	排名	城市	第 2 时段	排名	城市	第 3 时段	排名
平均值	10.750			16.938			17.813	
硅谷	24	1	东京	28	1	东京	28	1
东京	23	2	伦敦	28	1	硅谷	28	1
伦敦	21	3	硅谷	27	3	伦敦	26	3
巴黎	19	4	纽约	25	4	巴黎	26	3
纽约	18	5	巴黎	25	4	旧金山	25	5
波士顿	17	6	慕尼黑	24	6	波士顿	25	5
圣迭戈	16	7	波士顿	24	6	上海	24	7
大阪	15	8	圣迭戈	23	8	圣迭戈	24	7
旧金山	15	8	大阪	21	9	休斯敦	22	9
英国剑桥	15	8	新加坡	21	9	新加坡	22	9
巴塞尔	14	11	休斯敦	21	9	纽约	21	11
柏林	13	12	旧金山	20	12	柏林	21	11
慕尼黑	13	12	巴塞尔	19	13	巴塞尔	21	11
罗利	12	14	柏林	18	14	慕尼黑	21	11
奥斯汀	12	14	英国剑桥	17	15	大阪	19	15
莫斯科	11	16	首尔	17	15	北京	19	15
横滨	10	17	上海	17	15	班加罗尔	18	17
休斯敦	10	17	莫斯科	17	15	英国剑桥	18	17
西雅图	8	19	北京	16	19	首尔	18	17
斯德哥尔摩	8	20	斯德哥尔摩	16	19	斯德哥尔摩	17	20
筑波	7	21	罗利	14	21	奥斯汀	15	21
北京	7	21	奥斯汀	14	21	罗利	14	22
新加坡	7	21	横滨	14	21	斯图加特	14	22
川崎	7	21	西雅图	11	24	横滨	14	22
首尔	6	25	特拉维夫	11	24	莫斯科	13	25
特拉维夫	5	26	斯图加特	10	26	川崎	11	26

续表 5-3

城市	第 1 时段	排名	城市	第 2 时段	排名	城市	第 3 时段	排名
斯图加特	5	26	班加罗尔	10	26	西雅图	10	27
上海	3	28	川崎	10	26	深圳	9	28
深圳	2	29	筑波	8	29	筑波	8	29
中国台北	1	30	中国台北	7	30	中国台北	8	29
班加罗尔	0	31	深圳	6	31	特拉维夫	8	29
新德里	0	31	新德里	3	32	新德里	3	32

资料来源:作者根据计算结果整理

表内时段内的数值即为网络中某城市在该时段内的点度中心度,例如硅谷在第 1 时段内的点度中心度为 24,表明在该时段内,硅谷共与网络内的 24 座城市发生过研发合作联系;班加罗尔与新德里在第 1 时段的点度中心度为 0,表明在该时段内没有和网络中的任何一座城市发生过研发合作。

整体来看,3 个时段网络点度中心度的平均值分别为 10.750,16.938 和 17.813,显而易见,随着时间的推移与全球化的深入,网络中参与研发合作的城市日趋增加。第 2 时段与第 1 时段相比,各城市的点度中心度增加显著,而第 3 时段各城市的点度中心度与第 2 时段基本持平,这与之前网络密度及平均路径长度在各时段的变动趋势大体相同,再一次说明了以城市为节点的全球研发合作的网络结构在第 1 时段便已基本成型。

计算结果显示,有 6 座城市的点度中心度在各个时段始终保持在前 10 位的上游区间,分别为东京、伦敦、硅谷、巴黎、波士顿和圣迭戈,说明以上城市在全球研发合作的过程中长期居于主导与中心地位。相反,在各个时段排名持续处于后 5 位下游区间的城市主要有新德里、深圳和中国台北 3 座城市,点度中心度的绝对数值增长也十分有限,表明以上城市对于全球研发合作网络的融入度仍然较低。尤其是深圳,尽管其在第 2 时段的 PCT 申请量达到了 27 425 件,在 32 座城市中排名高居第 4,但是在第 3 时段的点度中心度也仅为 9,表明与其发生研发合作联系的城市仅有 9 座①,国际创新合作的渠道有待大幅拓展。

进一步分析各城市点度中心度排名的变动趋势,可明显看出,增长势头最为迅猛的是上海,增长较快的城市还有班加罗尔、北京和新加坡,点度中心度及其排名的变化提升均十分显著,其中,上海更是从第 1 时段的 3 和第 28 位飙升至第 3 时

① 除中国的北京与上海之外,其余在第 3 时段和深圳发生过研发合作联系的 7 座城市分别为大阪、巴黎、班加罗尔、慕尼黑、圣迭戈、柏林和斯德哥尔摩。

段的 24 和第 7 位。以上城市均为近年来跨国公司海外研发投资布局的重点区域，表明随着研发全球化的日益深入，城市可以借助跨国公司研发机构作为通道与载体来积极扩展其国际研发合作渠道，进而不断提升城市在网络中的权力与声望。此外，作为石油科技中心的休斯敦也保持着较为稳定的增长趋势，在第 2 和第 3 时段的点度中心度排名都稳步进入到前 10 之列。

与东京、伦敦、巴黎等老牌世界城市不同，在第 1 和第 2 时段均保持在高位的纽约，其点度中心度排名在第 3 时段跌出前 10，点度中心度也从第 2 时段的 25 降至第 3 时段的 21，与其进行研发合作的城市数量有所减少，导致在网络中地位下降。此外，筑波、特拉维夫、西雅图、横滨、罗利等城市在各个时段点度中心度的绝对值增长并不显著甚至小幅下降，在其他城市中心度绝对值普遍增长的情况下，上述城市的中心度排名出现下滑趋势。以筑波为例，该城市在 3 个时段的点度中心度分别为 7、8 和 8，相应的排名则由第 1 时段的 21 位进入到第 2 及第 3 时段的后 5 位，15 年间城市对外研发合作渠道的拓展极其有限，在相当程度上说明在政府计划下形成的以国家级科研机构作为研究主体的筑波科学城在国际研发与创新合作方面长期持有的保守态度与所处的封闭状态。

(2) 对外联系强度

点度中心度的计算结果是基于二值网络数据，仅仅反映了国际研发城市之间的网络联系状态，即城市之间是否存在研发合作关系，并没有考虑节点城市间发生联系交换的规模与强度。因此，还需要利用多值网络数据来进一步考察城市节点的对外联系强度，可以用某城市节点与网络内其他城市节点间发生研发合作联系值的总和来表示，计算公式如下：

$$C_i = \sum_j R_{ij} \qquad \text{公式(5-3)}$$

公式中，C_i是节点城市 i 的对外联系强度值，R_{ij} 是节点城市 i 和 j 之间联系次数，城市的对外联系强度值越大，则说明该城市节点的对外联系规模越大，那么该城市在网络中就拥有更大的控制力与影响力。运行 Ucinet 软件进行计算，计算结果如下。

表 5-4　3 个时段研发城市网络节点的对外联系强度值及其排名变化

城市	第 1 时段	排名	城市	第 2 时段	排名	城市	第 3 时段	排名
平均	320.38			877.69			1 070.81	
硅谷	1 035	1	硅谷	3 330	1	硅谷	3 690	1
东京	960	2	东京	2 782	2	东京	3 569	2
大阪	633	3	大阪	1 693	3	巴黎	2 026	3

续表 5-4

城市	第1时段	排名	城市	第2时段	排名	城市	第3时段	排名
伦敦	581	4	伦敦	1 426	4	大阪	1 780	4
波士顿	523	5	圣迭戈	1 371	5	圣迭戈	1 559	5
圣迭戈	505	6	波士顿	1 297	6	上海	1 483	6
巴黎	498	7	横滨	1 266	7	横滨	1 426	7
纽约	469	8	川崎	1 198	8	休斯敦	1 404	8
横滨	463	9	纽约	1 128	9	伦敦	1 361	9
川崎	459	10	英国剑桥	1 107	10	波士顿	1 356	10
英国剑桥	453	11	休斯敦	1 104	11	旧金山	1 263	11
旧金山	428	12	慕尼黑	995	12	北京	1 166	12
慕尼黑	384	13	筑波	935	13	川崎	1 159	13
筑波	364	14	旧金山	918	14	慕尼黑	1 130	14
柏林	309	15	巴黎	906	15	筑波	1 076	15
斯图加特	281	16	奥斯汀	895	16	英国剑桥	982	16
巴塞尔	270	17	柏林	747	17	纽约	964	17
奥斯汀	257	18	巴塞尔	712	18	柏林	881	18
罗利	230	19	斯图加特	546	19	奥斯汀	822	19
休斯敦	218	20	北京	509	20	斯德哥尔摩	725	20
北京	187	21	上海	487	21	巴塞尔	698	21
新加坡	143	22	新加坡	471	22	斯图加特	696	22
莫斯科	131	23	罗利	367	23	新加坡	515	23
西雅图	125	24	斯德哥尔摩	359	24	班加罗尔	507	24
斯德哥尔摩	111	25	莫斯科	293	25	首尔	434	25
特拉维夫	107	26	西雅图	289	26	深圳	346	26
首尔	65	27	首尔	279	27	莫斯科	322	27
上海	40	28	班加罗尔	224	28	罗利	299	28
深圳	15	29	特拉维夫	211	29	西雅图	285	29
中国台北	8	30	深圳	143	30	中国台北	153	30
班加罗尔	0	31	中国台北	68	31	特拉维夫	129	31
新德里	0	32	新德里	30	32	新德里	60	32

资料来源：作者根据计算结果整理

整体来看，3 个时段城市节点对外联系强度的平均值分别为 320.38、877.69和 1 070.81，亦表现出持续增加的趋势，城市间的研发合作能量交换愈加频繁。其中，硅谷、东京的对外联系强度与其点度中心度排名保持一致，在所有时段均高居前 2 位，证明硅谷和东京在国际研发城市网络中所长期占据的主导地位。与以上形成鲜明反差的是新德里，各个时段的对外联系强度值分别仅为0、30和 60，与其点度中心度一样，在各个时段都叨陪末座，表明新德里极少参与国际研发合作，是 32 座城市中对外交流通道最为闭塞，联系规模最小，网络地位最低的城市。

与点度中心度排名略有不同的是，联系强度指标在各个时段排名都在前 10 位的主要有硅谷、东京、大阪、横滨、伦敦、波士顿、圣迭戈 7 座城市，此外，川崎、筑波等城市的排名也得到大幅提升。可以看出，对外联系强度较高以及增长较快的节点城市主要来自日本，由于同属一国城市间的研发合作联系极为频密，推动日本城市的对外联系强度大幅增强，并直接导致原先在点度中心度排名较高的伦敦、巴黎、波士顿等城市的排名出现不同程度的下滑。

从变动趋势观察，上海、北京和班加罗尔的对外联系强度增长势头依然明显。尤其是上海，对外联系强度从第 1 时段的 40 和第 28 位，迅速攀升至第 3 时段的1 483和第 6 的高位，在国际交流渠道不断拓展的同时，对外进行能量交换的规模与强度也在日益增强，初步进入到了网络的核心层级。与上海形成鲜明对比的是，纽约的对外联系强度与排名随着时间的推移不升反降，从第 2 时段的 1 093 和第11 位大幅降低至第 3 时段的 900 和第 20 位，在国际研发城市网络中的控制力有所降低。根据作者在第 4 章对城市 PCT 申请数据的考察，2001—2010 年间，纽约获得公布的 PCT 申请年均增长率为－4.2%，处于负增长状态；从城市的研发行为主体来看，纽约 PCT 申请的外资依存度和公共研发依存度分别为 7.6%和48.1%，属于科教驱动型研发城市，说明作为国际研发合作主体的纽约本土企业的研发水平下降是造成纽约在全球研发合作网络中地位降低的主要原因。

(3) 网络中心势

网络中心势主要是用于分析网络节点在联系上是否具有向心的趋势。一般在星形网络中，核心节点的点度中心度最大，其他节点的点度中心度均为 1，网络中各节点的点度中心度差异很大，网络中的边缘性节点趋向于中心结网，那么这样的网络就具有较大的中心势。反之，在由 n 个节点构成的完备网络中，任何节点的点度中心度均为 $n-1$，没有差异，此时，该网络就不具有中心势。

网络中心势的计算过程为：首先找到网络图中最大点度中心度的值，然后计算该值与网络中其他点度中心度的差值并加总，最后用这个总和来除以理论上各个差值总和的最大可能值(刘军，2009)，公式表达如下：

$$C = \sum_{i=1}^{n} (C_{max} - C_i) / \max \left[\sum_{i}^{n} C_{max} - C_i \right] \qquad \text{公式(5-4)}$$

其中，C 为网络中心势，C_{max} 为网络中节点点度中心度的最大值，C_i 为 i 节点实际的点度中心度值。网络中心势的数值在 0～1 之间，数值越小，则网络的中心势越弱，反之，则越强。运行 Ucinet 软件进行计算，3 个时段国际研发城市网络的中心势分别为：0.456，0.381 和 0.351，呈现出随着时间的推移而不断降低的趋势。以上数据变化说明网络内各节点之间的权力与地位差异渐趋缩小，网络中不断有新的城市崛起，来主导各自所在区域的研发合作，国际研发城市网络的中心集聚趋势不断弱化并逐渐呈现多中心均衡化的网络整体结构。

(4) 网络联系结构的动态演变

为了进一步直观映射国际研发城市网络联系结构的演变过程，运用 Ucinet 软件中集成的 NetDraw 可视化程序，以网络节点的点度中心度和对外联系强度为依据来绘制 3 个时段国际研发城市间网络联系的动态图谱（见图 5-7～图 5-9）。

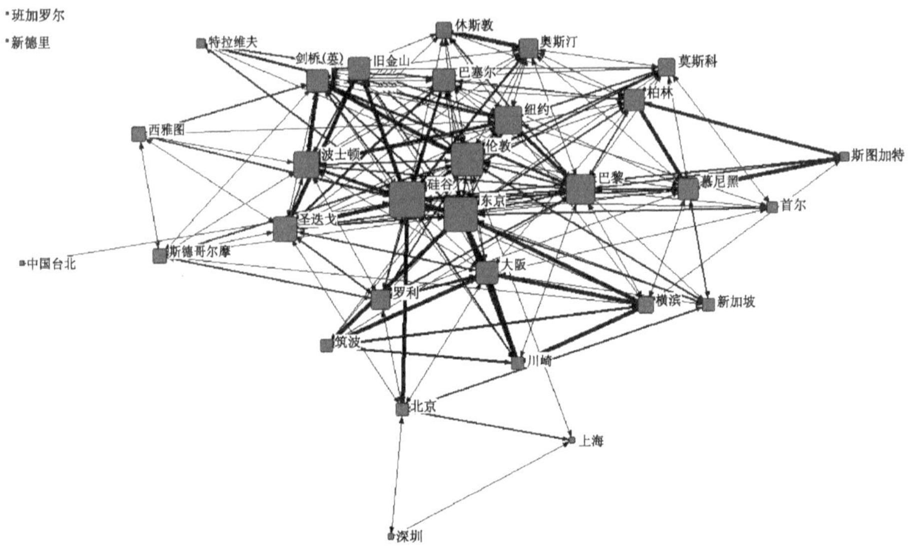

图 5-7　第 1 时段的国际研发城市网络联系图

注：点的大小代表节点城市的点度中心度，连线的粗细代表节点城市的对外联系强度值

资料来源：作者根据计算结果绘制

从国际研发城市网络联系结构的动态发展来看，网络节点间的联系规模与强度在持续扩大与提高，各时段城市间的研发合作边数也在不断增加。从图 5-7～9 可明显看出，1996—2000 年间的网络结构较为松散，网络内各城市节点间的研发合作大多呈“弱联系”状态。其中，班加罗尔与新德里没有和任何一座城市发生过

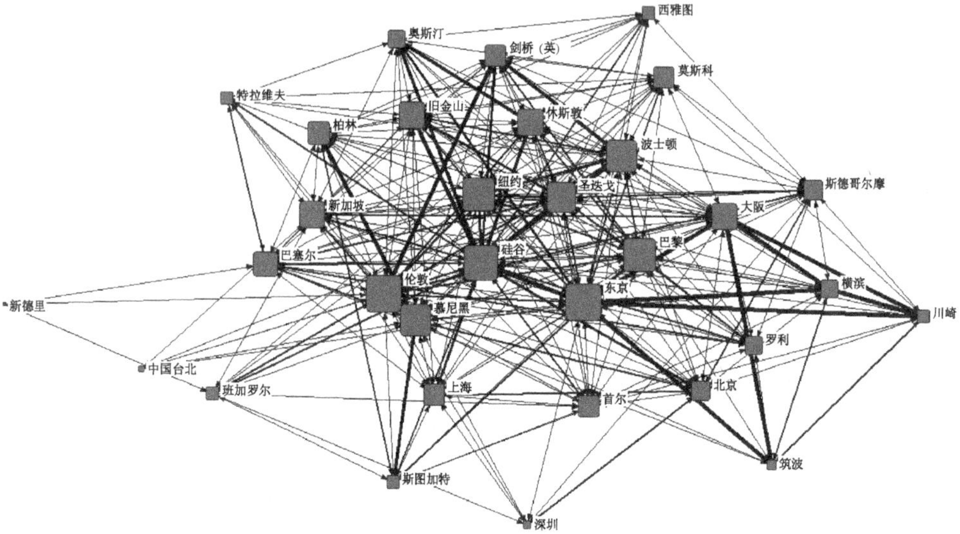

图 5-8　第 2 时段的国际研发城市网络联系图

注：点的大小代表节点城市的点度中心度，连线的粗细代表节点城市的对外联系强度值

资料来源：作者根据计算结果绘制

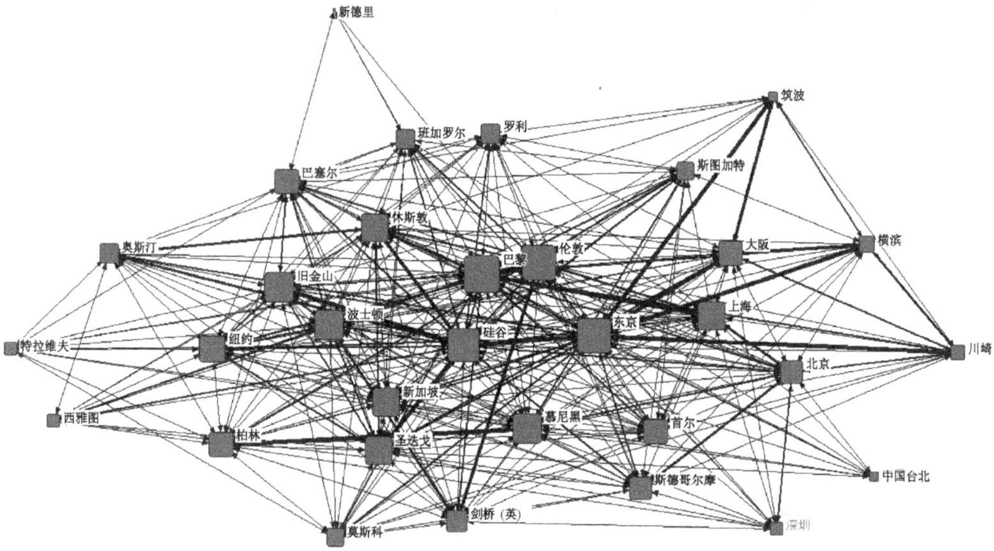

图 5-9　第 3 时段的国际研发城市网络联系图

注：点的大小代表节点城市的点度中心度，连线的粗细代表节点城市的对外联系强度值

资料来源：作者根据计算结果绘制

研发合作联系，游离于国际研发城市网络之外，上海、深圳、北京、中国台北、首尔、筑波、特拉维夫等城市位于网络边缘，点度中心度和对外联系强度都较低，未能有效地参与到全球的研发合作网络中去。2001—2005年间的网络规模有所扩大，网络结构呈现出较有层次的疏密性，硅谷、东京、伦敦、巴黎等城市的网络核心地位继续保持，属于同一区域集团内如美国、日本、德国等城市间的研发合作联系强度同样持续增加。到了2006—2010年间，研发城市网络总体结构更趋均衡，驱动与支撑网络发展的枢纽城市增多，原先处于网络边缘的上海、北京和班加罗尔等城市相继进入到网络内部，网络权力与资源控制力得到大幅提升，网络整体结构呈现向多中心均衡发展的趋势，而新德里、中国台北、深圳、特拉维夫等城市依然游荡在整体网络结构的边缘位置，在网络中的地位较低。

5.3.3 国际研发城市网络子结构特征：凝聚子群分析

当网络中某些行动者之间的关系特别紧密，并构成一个次级团体，那么，这样的团体在SNA中被称为凝聚子群。凝聚子群分析的主要内容就是要分析网络中存在多少个子群，子群内部成员之间以及子群之间的关系特征。通过对于凝聚子群的分析，可以帮助我们进一步洞悉国际研发城市网络中的子网络结构，了解位于不同地域的城市是如何形成疏密程度不同的研发合作小团体。

凝聚子群具有多种概念类型，包括建立在互惠性基础上的“派系”，建立在可达性基础上的“n宗派”，建立在点度数基础上的“k-核”等(徐媛媛和朱庆华，2008)。显然，城市之间在研发合作过程中发生的以技术与知识流为内容的能量交换将使合作双方获益，因此，作者选取建立在互惠性基础上的“派系”概念来对国际研发城市网络进行凝聚子群分析。

(1) 派系定义与C值确定

在一个无向网络图中，“派系”指的是至少包含3个点的最大完备子图。这个概念包含3层含义：①一个派系至少包含3个点；②派系是完备的，根据完备图的定义，派系中任何两点之间都存在直接联系；③派系是“最大”的，在这个子图中增加任何一点，将改变其“完备”的性质。根据上述定义，可以发现派系具有如下特性：①派系的密度为1；②一个规模为n的派系中任何一个节点都与其他$n-1$个节点相连；③派系中任意两个节点之间距离为1，即发生直接联系；④派系内关系到派系外关系的比例达到最大；⑤派系中的所有三方组都是传递性三方组(刘军，2009)。

32座国际研发城市所组成的网络性质是无向多值网络，由于城市之间的联系程度有强弱之分，而凝聚子群分析的主要目的就在于找出网络中那些相互联系比较紧密，具有较强凝聚力的子群体。因此，在进行派系分析之前，首先要确定子群的凝聚程度，也即是，需要给出一个代表子群凝聚力的临界值C，在此基础上发现的派系称之为“C 层次派系”。显然，设定的 C 值越大，所发现的子群凝聚力也就越强。在国际研发城市网络的“C 层次派系”中，任何一对城市节点间研发合作的联系强度都不小于 C，同时派系外任何一座城市与该派系内所有城市的联系强度都小于 C。在实际研究过程中，通常需要先确定临界值 C，然后以 C 值为依据，对多值网络数据进行二值化，如果城市节点间的联系小于 C，则将其之间的联系默认为 0，如果城市节点间的联系大于或者等于 C，则将其之间的联系默认为 1。

在一个规模较大且关系复杂的网络中，可以通过设定不同的临界值 C 而查找出不同层次的派系，在临界值确定方面，作者借鉴了赵新正(2011)和张凡(2012)针对长三角城市网络及世界城市航空网络进行派系分析时的研究方法。首先，计算各个时段城市间所有研发合作联系的平均值，将其作为临界值 C_1，根据 C_1 获得的派系为国际研发城市网络 1 级子网络；随后，计算各个时段城市间研发合作联系的平均值加 1 个标准差，将其作为临界值 C_2，根据 C_2 发现的派系为国际研发城市网络 2 级子网络；如果有需要的话，可再次计算各个时段城市间研发合作联系的平均值加 2 个标准差，将其作为临界值 C_3，根据 C_3 发现的派系为国际研发城市网络 3 级子网络。

(2) 第 1 时段的派系分析

根据计算结果，设定第 1 时段网络子群凝聚力的临界值 C_1 为 10，加一个标准差之后得到临界值 C_2 为 34。根据分析需要，在此基础上再加一个标准差，得到临界值 C_3 为 58。运行 Ucinet 软件进行计算，得到如下结果：

由于 C_1 临界值较小，在网络中发现的 C_1 层次派系有 32 个之多，派系规模从 3 座城市到 8 座城市不等，派系间存在较强的重叠性特征，派系的聚类结果也比较杂乱。32 座城市中，有 26 座城市被纳入到各自不同的派系之中。其中，硅谷、伦敦、东京、圣迭戈、巴黎等城市是众多派系的共享成员(见表 5-5)，表明以上城市与 5 个及以上的小团体保持着研发合作关系，在全球研发合作网络中具有广泛的参与度。尤其是硅谷与伦敦，共享次数分别高达 21 和 17 次，在第 1 时段的 C_1 层次网络中拥有最为广泛的控制力与影响力。同时，上海、深圳、班加罗尔、新德里、中国台北、首尔 6 座城市没有进入到任何派系，则表明以上城市在第 1 时段内游离于全球研发合作网络之外，对外技术交流渠道不畅，并且合作城市间的联系规模较小，对网络尚不具备控制力与影响力。

表 5-5　第 1 时段 C_1 层次派系中共享次数排名前 10 的城市

排　名	共享成员	共享次数	排　名	共享成员	共享次数
1	硅谷	21	6	波士顿	8
2	伦敦	17	7	纽约	8
3	东京	14	8	大阪	7

续表 5-5

排　名	共享成员	共享次数	排　名	共享成员	共享次数
4	巴黎	13	9	慕尼黑	7
5	圣迭戈	10	10	巴塞尔	5

资料来源：作者根据计算结果整理

提高临界值至 C_2，网络中的派系数量由 C_1 层次的 32 个大幅降低至 11 个，此时，派系相对集中，聚类效果清晰，子网络结构特征得到凸显（见表 5-6 和图 5-10）。根据研发合作联系是否跨越国家边界，可以将 11 个派系清晰地划分为两种类型。第一，5～8 派系为区域性派系，代表网络中 3 个以国家为单位的子网络，分别为日本城市、德国城市和美国城市子网络，更多体现了在地理接近和社会接近因素（向希尧等，2010）作用下区域内密集交织的研发合作子网络结构；第二，1～4 和 9～11 派系为国际性派系，派系中的城市分属不同的国家，城市间发生的能量交换与信息传递跨越了国家边界，体现了派系内城市对于研发合作网络在国际层面的控制性与枢纽性特征。需要特别指出的是，由于本文的研究对象是国际研发城市，因此，应当重点分析彼此之间跨越国家边界的国际研发合作联系。在 7 个国际性派系中，东京是 6 个派系的共享成员，硅谷、伦敦则是 4 个派系的共享成员，显示了在第 1 时段，在研发合作更为密集的 C_2 层次上，反而形成以东京为核心，硅谷、伦敦这 2 座城市为次一级核心的子网络结构。剩余的巴黎、纽约、波士顿、英国剑桥、圣迭戈、川崎、巴塞尔这 7 座城市在国际性派系中的共享次数均仅为 1～2 次，说明与上述城市有着高强度研发合作伙伴关系的城市相对集中，因而在此阶段，以上 7 座城市对于网络整体的影响力与控制力仍然相对有限。同时，我们也发现进入到 C_2 层次派系的城市无一例外地来自于发达经济体，其所属城市之间拥有更为密切的研发合作关系，说明城市自身的经济发达程度对于城市间的科技创新合作频次有着明显的正向效应，进而在整体层面呈现出欧美日主导下的“全球大三角”研发合作格局。

表 5-6　第 1 时段的 C_2 层次派系

C_2 层次	派系组成	C_2 层次	派系组成
1	东京　硅谷　波士顿　英国剑桥　伦敦	7	慕尼黑　斯图加特　柏林
2	东京　硅谷　圣迭戈	8	东京　大阪　横滨　川崎　筑波
3	东京　硅谷　川崎	9	东京　巴黎　英国剑桥　伦敦
4	硅谷　圣迭戈　巴塞尔	10	东京　巴黎　纽约　伦敦
5	硅谷　波士顿　旧金山	11	东京　波士顿　伦敦　纽约
6	硅谷　圣迭戈　旧金山		

注：色块区域表示为国际性派系
资料来源：作者根据计算结果整理

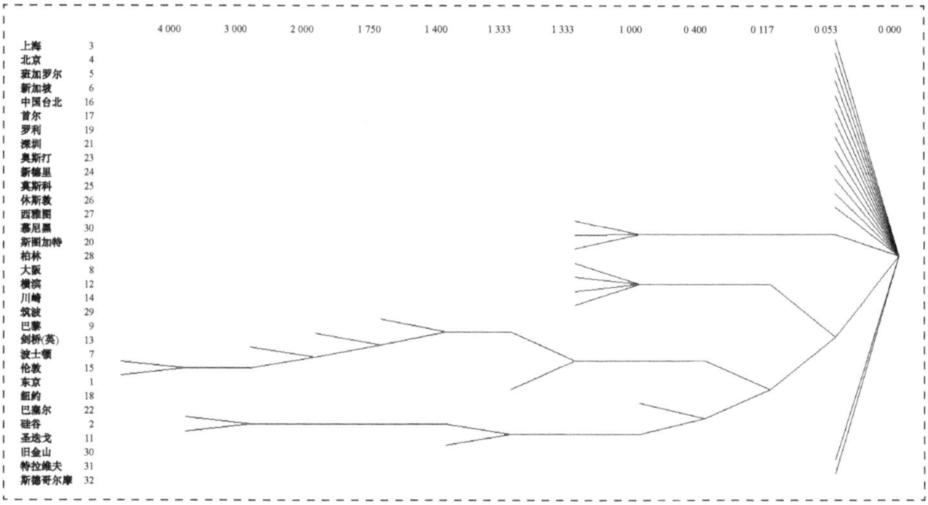

图 5-10　第 1 时段 C_2 层次派系聚类图

资料来源：作者根据计算结果绘制

再进一步将临界值提高至 C_3，此时共发现 4 个派系（见表 5-7），显然，以下 4 个派系均为属于同一国家的区域性派系。其中，2 个为日本城市派系，1 个为美国城市派系，1 个为德国城市派系，不存在国际性派系，这说明之前 C_2 层次的派系分析结果已经能够较好地揭示第 1 时段国际研发城市网络的子网络结构特征。

表 5-7　第 1 时段的 C_3 层次派系

C_3 层次	派系组成	C_3 层次	派系组成
1	硅谷　圣迭戈　旧金山	3	东京　大阪　横滨　筑波
2	东京　大阪　横滨　川崎	4	慕尼黑　斯图加特　柏林

资料来源：作者根据计算结果整理

(3) 第 2 时段的派系分析

根据计算，第 2 时段网络联系的平均值为 27，将其设定为临界值 C_1，加一个标准差之后得到临界值 C_2 为 91，运行 Ucinet 软件计算，得到分析结果如下：

第 2 时段网络中，根据 C_1 发现的派系共有 26 个，派系规模同样从 3 座城市到 8 座城市不等，表现出与第 1 时段相类似的派系林立现象。在派系共享次数方面排名靠前的城市与第 1 时段完全相同，依然是硅谷、东京、伦敦、巴黎、波士顿等 10 座城市（见表 5-8），只是在城市的具体排位方面稍有变化，譬如东京的派系共享次数在此阶段超越伦敦上升至第 2 位，城市的网络核心地位得到强化。在第 1 时段

中未进入到 C_1 层次派系中的 6 座城市中，上海进入到 3 个派系中，对外知识交流渠道有了一定程度的拓宽；班加罗尔、首尔、深圳都分别只进入到 1 个派系之中，说明以上 3 座城市仅与网络中的个别城市保持较为密切的研发合作关系（见表 5-9）；中国台北和新德里依然没有进入到任何派系，这 2 座城市第 2 时段的研发合作渠道仍然十分狭窄。

表 5-8　第 2 时段 C_1 层次派系中共享次数排名前 10 的城市

排　名	共享成员	共享次数	排　名	共享成员	共享次数
1	硅谷	21	6	圣迭戈	6
2	东京	14	7	纽约	5
3	伦敦	10	8	巴塞尔	5
4	巴黎	6	9	大阪	4
5	波士顿	6	10	慕尼黑	4

资料来源：作者根据计算结果整理

表 5-9　上海等城市在第 2 时段进入的 C_1 层次派系

城　市	派系成员	城　市	派系成员
上海	硅谷　上海　北京	首尔	东京　硅谷　圣迭戈　首尔
	硅谷　上海　新加坡	深圳	北京　深圳　斯德哥尔摩
	硅谷　上海　巴黎	班加罗尔	硅谷　班加罗尔　伦敦　纽约

资料来源：作者根据计算结果整理

将临界值提高至 C_2，此时发现的派系从之前的 26 个大幅下降至 10 个，派系的聚类效果较为明朗（见表 5-10 和图 5-11）。在 10 个派系中，5～10 派系均为小团体成员属于同一国家的区域性派系，而 1～4 派系则属于国际性派系，需要重点关注。在 4 个国际性派系中，硅谷是所有派系的共享成员，奠定了其在全球研发合作网络中无可争议的领导地位。东京、伦敦、波士顿、纽约这 4 座城市的派系共享次数均为 2 次，是第 2 时段国际研发城市网络中的次一级核心城市。从表中可以看出，东京更倾向于与美国城市结成紧密的研发合作关系，而波士顿则与伦敦有着更为密切的合作关系。与第 1 时段的情况相一致，在第 2 时段进入到 C_2 层次派系的城市依然全部来自于发达经济体，欧美日主导下的“全球大三角”研发合作格局得到保持。尽管以上海为代表的发展中与新兴发达经济体城市的研发合作渠道大多有了不同程度的拓展，但是仍然难以进入到全球研发合作网络中的核心层级。

表 5-10　第 2 时段的 C_2 层次派系

C_2 层次	派系成员	C_2 层次	派系成员
1	硅谷　波士顿　英国剑桥　伦敦	6	硅谷　奥斯汀　休斯敦
2	硅谷　波士顿　伦敦　纽约	7	硅谷　圣迭戈　旧金山
3	东京　硅谷　纽约	8	东京　大阪　横滨　川崎
4	东京　硅谷　奥斯汀	9	东京　大阪　筑波
5	硅谷　波士顿　圣迭戈　纽约	10	慕尼黑　斯图加特　柏林

注：色块区域表示为国际性派系
资料来源：作者根据计算结果整理

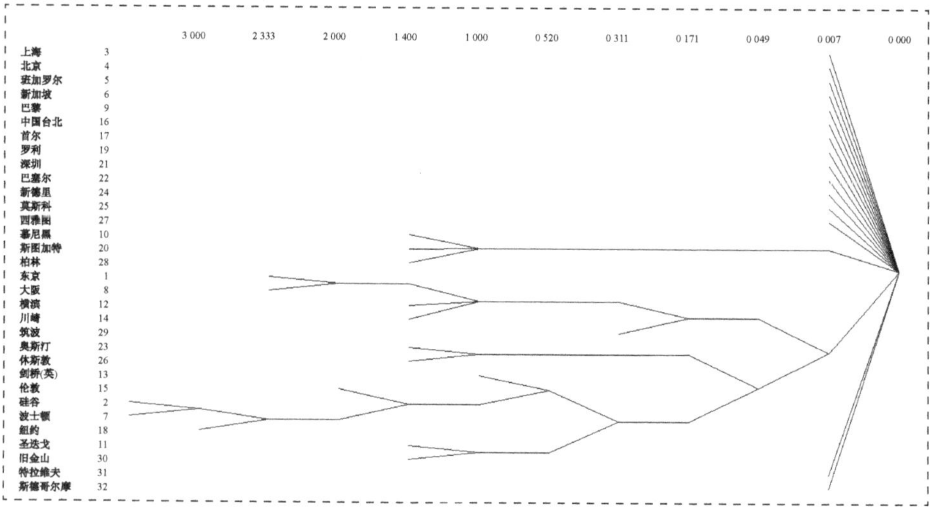

图 5-11　第 2 时段 C_2 层次派系聚类图

资料来源：作者根据计算结果绘制

（3）第 3 时段的派系分析

根据计算，第 3 时段网络联系的平均值为 32，将其设定为临界值 C_1，加一个标准差之后得到临界值 C_2 为 111，运行 Ucinet 软件进行计算，得到分析结果如下：

在第 3 时段的网络中，根据 C_1 发现的派系共有 36 个，派系间存在较强的重叠性，派系的聚类结果也同样较为杂乱。在 C_1 层次派系中，共享次数排名较高的城市如表 5-11。其中，东京、硅谷依然保持在网络中的强势地位，分别是 25 个和 24 个派系的共享成员，波士顿、巴黎、伦敦、圣迭戈这 4 座城市持续保持在前 10 名之列，在网络中所拥有的权力与地位持续稳定。北京、上海、旧金山、斯德哥尔摩这 4

座城市则是首次进入到前 10 位，其派系共享次数及排名均有着显著增加与提高，表明以上城市在第 3 时段内与其他城市之间建立起更为广泛的研发合作关系，因而在网络中的权力和地位得以大幅提升。而在此前两个时段表现较好的纽约、慕尼黑和巴塞尔等城市则跌出 10 名开外，在新兴城市的挤压下，其网络地位有所下降。而中国台北和新德里依然未进入到任何派系。

表 5-11　第 3 时段 C_1 层次派系中共享次数排名前 10 的城市

排　名	共享成员	共享次数	排　名	共享成员	共享次数
1	东京	25	6	伦敦	7
2	硅谷	24	7	上海	7
3	波士顿	11	8	圣迭戈	7
4	巴黎	10	9	旧金山	6
5	北京	8	10	斯德哥尔摩	5

资料来源：作者根据计算结果整理

将临界值提高至 C_2，此时获得的派系急剧降低到 6 个（见表 5-12）。可以看出，第 3 时段网络中的 C_2 层次派系均为区域性派系，显然，由于表征子群凝聚力的 C_2 值设置过高，导致无法有效区分出网络中的国际性派系。因此，在这里需要对 C_2 值进行适当的调整。

表 5-12　第 3 时段的 C_2 层次派系

C_2 层次	派系组成	C_2 层次	派系组成
1	硅谷　波士顿　圣迭戈	4	硅谷　奥斯汀　休斯敦
2	硅谷　圣迭戈　旧金山	5	东京　大阪　横滨　川崎
3	硅谷　波士顿　纽约	6	东京　大阪　筑波

资料来源：作者根据计算结果整理

在 C_1 的基础上，加上 3/4 个标准差，即 91 来作为调整后的临界值 C_2，此时网络中获得的 C_2 层次派系降低至 13 个，相应的派系聚类效果也较为清晰（见表 5-13 和图 5-12）。在 13 个派系中，9～13 为属于同一国家的区域性派系，1～8 为城市间研发合作跨越国家边界的国际性派系。在 8 个国际性派系中，硅谷是所有派系的共享成员，与包括发展中经济体城市在内的不同地区城市都保持着极其紧密的创新合作关系，继续保持其在全球研发合作格局中的绝对核心地位，具有极强的知识交互能力。紧随之后的是巴黎，是 4 个派系的共享成员，东京和上海则分别是 3 个派系的共享成员，其余城市的派系共享次数仅为 1 次，在研发合作强度更高的

C_2 层次上形成以硅谷为核心，巴黎、东京和上海为次一级核心的国际研发城市子网络结构。与第 1 和第 2 时段有着明显区别的是上海、北京 2 座发展中经济体城市首次进入到了 C_2 层次派系，在前 2 个时段呈现出的欧美日主导下的全球“大三角”研发合作格局在一定程度上发生变化。其中，上海更是进入到了网络的核心层内，分别与硅谷、巴黎、巴塞尔建立起密切的国际研发合作联系，反映出随着研发全球化进程的日益深入，发展中经济体城市也有机会通过积极参与国际研发与创新合作的方式融入到全球研发网络，提高自身在国际研发城市网络中的影响力。

表 5-13　第 3 时段 C_2 值调整后的 C_2 层次派系

C_2 层次	派系组成	C_2 层次	派系组成
1	硅谷　上海　巴黎	8	东京　硅谷　奥斯汀
2	东京　硅谷　巴黎	9	硅谷　奥斯汀　休斯敦
3	硅谷　巴黎　斯图加特	10	硅谷　波士顿　圣迭戈　纽约　旧金山
4	硅谷　巴黎　休斯敦	11	东京　大阪　横滨　川崎
5	硅谷　上海　北京	12	东京　大阪　筑波
6	东京　硅谷　圣迭戈	13	慕尼黑　斯图加特　柏林
7	硅谷　上海　巴塞尔		

注：色块区域表示为国际性派系
资料来源：作者根据计算结果整理

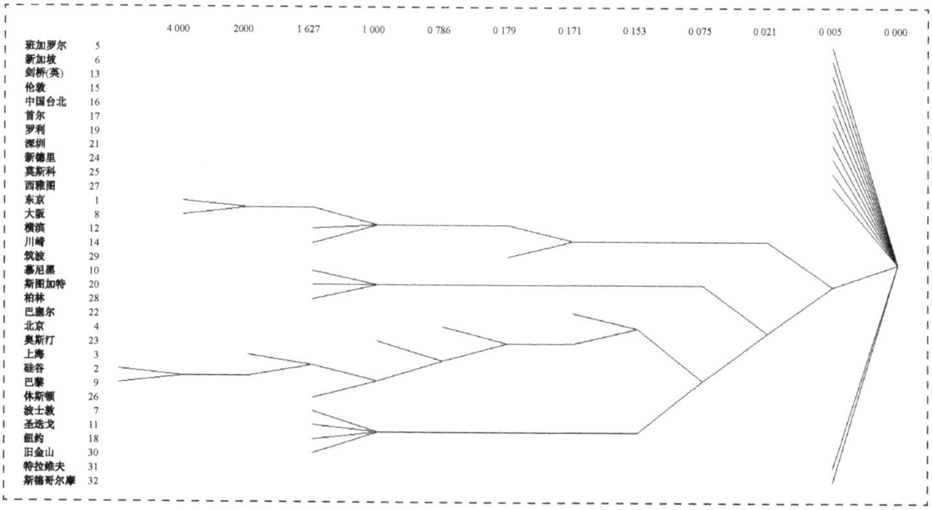

图 5-12　第 3 时段调整后的 C_2 层次派系聚类图

资料来源：作者根据计算结果绘制

为了更为深入而客观地反映上海在第3时段的国际研发合作状况,可以对上海在第3时段与派系中除北京之外的3座城市间的PCT合作申请数据做进一步分析。根据在WIPO的检索结果显示,第3时段上海与巴黎、硅谷和巴塞尔的PCT合作申请次数分别499、144和98。其中,在上海与巴黎合作的499件PCT申请中,有高达477件PCT的申请者为法国的阿尔卡特-朗讯公司及其贝尔(上海)实验室,而剩余22件的申请者同样来自法国,分别为欧莱雅、罗地亚化学、圣戈班等全球性公司,以上公司都在上海设有区域研发总部或卓越研发中心。继续对上海与硅谷、巴塞尔合作的PCT申请者进行分析,亦表现出与以上基本类似的情况(见表5-14)。这充分说明了跨国公司是全球研发创新合作网络的主要塑造者,并以设立海外研发中心的方式在世界研发合作格局中牢牢占据着主动权。尽管上海在之前的派系分析中进到了网络的核心层级,但是可以看出,在与巴黎、硅谷等城市的国际研发合作过程中,目前仍然是属于被动的承接方,由于缺乏极具创新能力的全球性公司,因而在全球技术与知识的交互过程中处于支配性地位。事实上,这也再度印证了文中第3章和第4章中对于上海的分析,即无论在国际研发资源获取,还是在国际研发产出层面,上海都存在着十分明显的外资依赖性特征。因此,在未来,上海既要把握全球研发合作日趋紧密的机遇,又要大力培养本土企业的自主研发能力,积极推进技术扩散,进而大幅提升上海在国际技术领域内的控制力。

表5-14 第3时段上海与巴黎、硅谷、巴塞尔的PCT合作申请数据

申请者/合作城市	上海—巴黎(499件)	上海—硅谷(144件)	上海—巴塞尔(98件)
申请量排名前4位申请者	阿尔卡特—朗讯(477件)	英特尔(74件)	罗氏制药(55件)
	欧莱雅(15件)	Anacor制药(25件)	诺华制药(14件)
	罗地亚化学(3件)	亚申科技(14件)	巴斯夫化学(6件)
	圣戈班(3件)	惠普(5件)	汽巴精化(3)
合计占比	99.8%	81.9%	79.6%

资料来源:作者根据WIPO检索结果整理

5.4 本章小结

本章主要以城市网络的相关理论为基础,从国际研发合作的视角切入,用国际研发城市之间的PCT合作申请数据来表征城市间的研发合作关系,并运用SNA分1996—2000年、2001—2005年、2006—2010年3个时段对32座国际研发城市间网络的宏观特征、联系结构与演变轨迹实施了动态刻画与分析。

网络宏观特征方面，32 座国际研发城市间的网络密度、网络通达性均呈现随时间的推移而不断增强的态势，但是从变化趋势分析，各项指标数据从第 1 时段到第 2 时段的增长幅度较为明显，而第 2 时段到第 3 时段的增长则趋于平缓，表明以城市为节点的全球研发合作网络结构在第 2 时段便已基本成型。

对于网络中节点的中心性分析反映出了网络中城市权力与地位的变化趋势。发达经济体城市的网络权力要普遍高于发展中和新兴发达经济体城市，硅谷、东京、巴黎等全球研发总部控制力较强的发达经济体城市不仅拥有广泛的国际研发合作伙伴，并且对外联系强度也较高，因而始终在全球研发合作网络中占据核心与枢纽位置。以上海、班加罗尔、新加坡为代表的某些发展中和新兴发达经济体城市的网络权力与地位在第 2 和第 3 时段也都呈现出不同程度的上升趋势，这与近些年来跨国公司研发全球化的空间布局指向高度吻合，表明随着研发全球化的日益深入，以上城市可以借助跨国公司研发机构作为通道与载体来积极扩展其国际研发合作渠道，进而不断提升城市在网络中的权力与声望，不过新德里、中国台北、深圳等城市的国际研发合作渠道仍然有待大幅拓展。同时，网络中心势的分析结果也说明网络内各城市节点之间的权力与地位差异正随着时间的推移渐趋缩小，网络中不断有新的枢纽城市崛起，来主导各自所在区域的研发合作，国际研发城市网络结构的中心集聚趋势日趋弱化并逐渐呈现出向多中心均衡化发展的整体态势。

在网络子结构特征方面，3 个时段网络不同层次派系的分析结果表明，硅谷和东京这两座跨国公司全球研发总部最为集中的城市在各个时段以及研发合作层次中，都处于绝对的核心位置。硅谷、东京以及巴黎等发达经济体城市以所属其跨国公司为流通载体，通过全球研发组织体系的空间扩张和地方镶嵌与其它城市开展频繁的研发合作，增强了技术与知识扩散的广度与深度，进而保持其在全球研发合作格局中的领导地位。与网络中心性分析结果基本相同，发达经济体城市之间有着更为紧密的研发合作联系，在前 2 个时段中，发展中与新兴发达经济体城市由于国际研发合作渠道有限，对外联系强度薄弱而无法进入到 C_2 层次派系，全球研发合作呈现出明显的欧美日主导下的“大三角”格局。但是第 3 时段，上海和北京首次进入 C_2 层次派系，尤其上海更是进入到了网络的核心层级，反映出在研发全球化背景下，发展中经济体城市也有机会通过参与国际研发与创新合作的方式融入至全球研发网络，提高对于国际研发城市网络的影响力。但是，对于上海与巴黎等城市 PCT 合作申请数据的分析结果表明，尽管从研发合作层面已经进入到了网络的核心层级，但是由于缺乏极具创新能力的本土全球性公司，上海仍然在全球技术与知识的交互过程中属于被动的承接方而处于支配性地位，全球研发合作的“大三角”格局并未得到实质性撼动。

第6章

基于案例的国际研发城市形成机制分析

在之前的工作中,作者主要从研发集聚、研发产出和研发合作3个角度对国际研发城市的空间分布、研发状况及其网络联系等进行较为详尽的描述、刻画与分析。显然,对于不同的国际研发城市个体来说,其运行特征、发展类型与网络层级等方面都有其各自鲜明的特点,城市研发功能兴起与演化的路径亦有所不同,但是就整体而言,国际研发城市的形成与发展依然存在一定的共性与规律可循,需要从理论与实践层面加以深入探讨。

基于个案的区域研究是经济地理学的经典研究方法。接下来,作者将主要采用案例剖析的研究方法,在众多国际研发城市中选取两座颇具典型性的城市进行全面解析与比较。一方面,以历史的眼光回顾其发展历程与演变轨迹,细致分析驱动案例城市研发与创新发展的成功因素,力争透过现象看本质,来深层次洞察推动国际研发城市崛起的各种力量源泉,并在此基础上综合运用新经济增长、研发全球化、全球价值链以及区域创新系统等理论与分析工具,来搭建国际研发城市形成与发展机制的理论解释框架;另一方面,也期望通过两座城市的个案研究,归纳出不同类型国际研发城市各具特色的发展模式,为我国国际研发城市的建设实践提供有益的借鉴与启示。为了使案例研究具有一定的代表性,作者拟从发达经济体和发展中经济体中各选择一个城市进行案例研究,分别为美国的硅谷以及印度的班加罗尔。

6.1 案例城市1:硅谷

硅谷位于美国加利福尼亚州的北部,旧金山湾区的南部,最早以研究和生产以硅为基础的半导体芯片而闻名,是全球信息技术革命最早的产业核心,并在今天成为世界高科技企业聚集地的代名词,在人类现代科技发展历史上具有无可争辩的崇高地位。自上世纪50年代以来,硅谷虽然历经多次低谷与经济衰退,但每次都能凭借着技术革新重获繁荣,并持续引领了半导体、个人电脑、互联网及绿色科技等革命性技术与新兴产业的交替呈现,是全球新技术、新产品、新工艺的最为重要创新源地,在以技术研发与产业创新推动区域经济迅速增长方面堪称全球典范(Castells和Hall,1998;中译本)。

6.1.1 硅谷国际研发城市的发展历程与演变轨迹

(1) 国防开支扶植下的产业研发兴起阶段(1950—1960 年代)

一般认为硅谷崛起于 1950 年代。1951 年,在“硅谷之父”特曼的倡导与推动下,斯坦福大学设立了“斯坦福工业园”,后更名为“斯坦福研究园”,这是世界上第一个高技术研究开发园区,也是硅谷发展历史上最为重要的里程碑。在随后的几年中,瓦力安、惠普、通用电气、贝克曼仪器等高科技公司相继入驻园区。由诺贝尔物理学奖获得者、晶体管发明人威廉·肖克利于 1955 年所创办的肖克利半导体实验室,当时正是贝克曼仪器公司的附属机构。肖克利半导体实验室是硅谷第一家专门从事半导体研发与生产的科技型公司,随后,从肖克利半导体实验室衍生出来的仙童公司又繁衍变化出众多半导体公司,其中就有英特尔、AMD 等日后成为引领世界信息科技潮流的全球性公司,有力地推动硅谷成为全球半导体的创新与生产中心。斯坦福研究园的建立,不仅奠定了硅谷高科技产业研发与技术创新的空间基础,更为重要的是建立了硅谷依托斯坦福大学为代表的智力资源来发展高技术产业的“学术-工业综合体”的发展模式(何顺果,2002)。

在此阶段,硅谷凭借其临近西海岸的地理区位以及早期斯坦福大学在电子工程学领域的研究优势而成为这一时期美国国防工业的集聚地。在“二战”、朝鲜战争、“冷战”和美苏太空竞争等的刺激下,美国国防部和宇航局投入大量资金用于研发先进技术,为硅谷的产业研发提供了早期的金融与市场业务支持。战争结束后,国防技术逐渐商业化并转向民用,由政府和民间共同开发、使用和经营,进而为硅谷播撒下科技研发的种子(郑宇,2000),更为重要的是,大量的国防支出还促进了硅谷地区及其企业技术基础设施和相应支撑行业的建立,以惠普、洛克希德为代表的科技型公司在巨额国防合同的支持下得以迅速发展。鉴于国防开支对于硅谷在这一时期发展过程中的关键作用,美国学者道格. 汉顿(Doug Henton)甚至将此阶段称为硅谷国防工业时代(韩宇,2009),而这一阶段直到 1960 年代末国防开支的锐减才告一段落。

(2) 社会网络推动下的研发与创新环境形成阶段(1970—1980 年代)

1970 年以来,来自日本企业的激烈竞争促使硅谷的半导体工业进入到更为专业化的芯片领域。1971 年,由英特尔公司的特德·霍夫研发的微处理器使美国率先进入到微电子时代,引发了计算机产业的革命性变革。卡斯特尔甚至认为,至今没有哪一项技术像微电子那样决定了一个城市乃至一个地区的发展(何顺果,2002)。在此时期,以苹果公司为龙头的硅谷个人电脑产业取得爆炸式增长,同时,以太阳微系统为代表厂商的计算机工作站业务也在硅谷蓬勃开展。到 1980 年代中期,计算机产业已经取代半导体产业成为硅谷的主导产业部门。

以计算机为代表的高科技产业的迅猛发展，使得硅谷吸引和集聚了大量的高科技创业公司、技术人才与天使投资人等，他们彼此之间经常进行非正式的聚会，通过面对面的交流来共同破解技术性难题或企业运营瓶颈，这种非正式的社会网络既是技术创新交流的渠道，又是劳动力市场的组织形式，更是一种创新文化形成的物质基础，构成了硅谷技术研发与科技创业的真正沃土(Saxenian,1994)。在这种非正式网络中，最为出名的是由一群电子工程师与计算机爱好者组成的“自制计算机俱乐部”，彼此定期会面以交流与分享该领域内的信息与发展状况。这个网络中的成员有苹果计算机的发明者史蒂夫·伍兹尼克以及微软创始人比尔·盖茨，并相继成立了22家高科技公司。网络还催生了硅谷风险投资的起步与发展，创造了自我支持的金融系统，以第一批成功企业家所积累的财富去投资与培育下一批企业家。到1970年代中期，硅谷已经建立起了自己的社会网络，包括产业基础、支持性的金融、法律、会计等生产性服务活动以及其他专业性组织，形成了硅谷以自我支持为特点的研发与创新环境(Castells 和 Hall,1998;中译本)。

(3) 新国际劳动分工下的全球研发城市崛起阶段(1990—2000年代)

1990年代初期，半导体和计算机硬件行业的国际竞争日趋激烈，硅谷由于成本优势的丧失而一度处于短暂的低潮期。1993年，由网景公司成功研发的Navigator浏览器开启了全球的互联网时代。网络经济的繁荣，带动了软件业的兴盛，使得硅谷的经济重现生机。施乐、思科、网景、雅虎等网络硬件与服务公司成为新时期引领全球高科技产业发展的弄潮儿。总体而言，该阶段硅谷不再以半导体和计算机设备制造业为其主要产业，取而代之的是软件业和建立在网络基础上的信息服务业。硅谷不再是严格意义上以生产硅产品为主的“硅谷”，而转变成为以网络经济为主体的“网谷”(郝莹莹和杜德斌,2005)。

在此阶段，伴随经济全球化的深入，国际劳工分工也从不同产业、不同产品之间的分工转向同一产品内不同增值环节的分工，形成研发、设计、测试、制造、封装等价值链中不同生产过程与环节独立成行的局面，持续推动硅谷的产业结构向高度专业化转化。硅谷公司逐步将价值链中低端的制造、封装等环节分散到劳动力成本更低的临近各州和发展中国家，保留高端的研发与设计环节，保持在先进制造与研发创新方面的高水平优势。1990年代中期以来，跨国公司主导下的研发全球化愈演愈烈，硅谷的全球性公司从其全球战略出发布局其跨国研发体系，在更为广阔的国际空间层面谋求科技与研发要素资源的获取与累积；同时，硅谷由于本身在专业技术方面的领先优势，又使之成为一个巨大的磁场，不断吸引外部研发资源在此汇集，在集聚效应的作用下推动硅谷成长成为全球的科技与研发创新中心。

(4) 全球竞争背景下的绿色技术革命开启阶段(2000年—)

进入新世纪以来，硅谷的研发与创新发展又面临新的挑战。日益激烈的全球竞争以及由美国次贷危机所引发的全球金融风暴，都拖累硅谷的相关产业跌入低谷。2008年，硅谷的失业率飙升至11%，远远高于美国同期8.5%的平均水平。然而，危机背后，也预示着新一轮的技术革命浪潮正在酝酿与开启，面对全球竞争与金融风暴，硅谷产业再次迎来升级与转型，打造以绿色经济为核心的"绿色之谷"已经成为硅谷各界一致认可的发展战略选择。

风险投资所代表的资本走向在很大程度上被视作一个地区未来技术研发与产业发展方向的指示器。当前，硅谷已有大量风险资本涌向绿色经济领域，极大地提高了硅谷绿色技术的研发与创新力度。其中，可再生能源、节能型建筑、绿色基础设施和清洁交通体系是硅谷风险投资的重点方向。2009年，硅谷在绿色经济相关领域内的风险投资额高达48亿美元，从2004—2008年，硅谷与绿色技术相关的工作岗位增长了24%，在绿色技术研发方面取得突破性进展的企业风头正劲，如位于帕兰奥多的特斯拉电动汽车。硅谷在持续巩固其在信息、通讯和互联网等领域技术竞争优势的同时，再次引领全球的技术创新步伐，成为可替代能源、清洁技术、新电池技术以及绿色设计的全球研发与创新中心。

6.1.2 硅谷国际研发城市崛起的驱动因素分析

(1) 研究型大学是硅谷研发与创新发展的引擎

硅谷的起步与发展，在很大程度上得益于以斯坦福大学为代表的研究型大学所孕育出的鼎盛的研究与创新风气。在硅谷发展早期，斯坦福大学等利用东部名校(如哈佛大学)对于军方保密性研究的反感与对应用研究的轻视，承接了大量来自国防部门与企业的应用研究合同，形成了日后有别于东部大学的，鼓励教授和学生从事与产业直接相关的应用导向型研究的传统，极大密切了大学与社会经济发展之间的联系(韩宇，2009)，推动了硅谷"学术-工业综合体"发展模式的形成，使之成为硅谷研发与创新发展的引擎。

作为硅谷的知识生产中心，研究型大学持续不断地向硅谷输送着最新的技术研发成果，许多日后被硅谷高科技企业广泛运用并产生重大影响的关键性技术发明，如喷墨印刷术、光盘记录仪、鼠标输入器和计算机用户界面等皆诞生于斯坦福研究院。同时，斯坦福大学还成功探索出一条技术研发成果的商业转化之路。1970年，斯坦福大学成立了技术许可办公室来掌管全校师生的发明，负责专利申请与技术转让，并制订了权益明晰的商业收益分配机制[①]与促进产学研相结合的

① 技术商品化成功后，技术许可办公室将先抽出15%，预留为办公室的开发经费，剩余利润部分将分成3等分，分别归技术发明者本人、所在系和学校拥有。引自中国中央电视台(CCTV). 公司的力量[M]. 太原：山西教育出版社，2010：218

政策体系(见图6-1),不仅促进了大学科研成果向生产力转化,为学校募集更多的研发与创新资金①,更加强了学校与产业界之间的互动与联系,推动了硅谷产学研合作网络的形成。

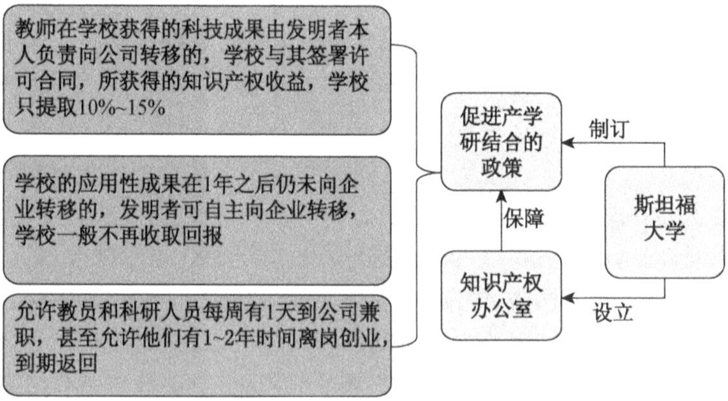

图6-1　斯坦福大学产学研相结合的创新体系

资料来源:北京方迪经济发展研究院. 2009[EB/OL]

技术转移的制度性安排,极大地激发了科研人员的研究热情与创业激情,使整个硅谷都弥漫着浓郁自由的创新与创业氛围。事实上,硅谷高校历来有扶植学生进行科技创业的优良传统。例如,斯坦福大学的特曼教授就帮助他的学生威廉·惠勒(William Hewlett)和戴维·帕卡德(David Packard)在研发出音频振荡器之际创办了惠普公司。而特曼创建斯坦福研究园的初衷就是要给学校的科研人员和毕业生提供一个适宜进行产业研发与科技创业的空间环境。因此,斯坦福大学等研究型大学也是硅谷孕育与培养高科技创业者的摇篮,在其发展过程中衍生出的高科技企业可谓灿若星辰,其中就包括惠普、太阳微系统、英特尔、思科、雅虎、谷歌等改变世界的全球性公司。目前,硅谷之中由斯坦福大学的教师与学生创办的企业就达1 200余家,而据2000年的相关统计,硅谷高技术产业的营业收入中有将近一半来自于斯坦福大学的衍生企业②。

同时,由斯坦福大学、加州大学伯克利分校等组成的硅谷大学系统,也为硅谷的发展提供了源源不断的智力资源与人力资本,包括技术研发人才、电子与网络工程师与项目经理;同时,硅谷的大学还广开校门,实行开放式办学,为产业界的技术

① 斯坦福大学在成立技术许可办公室后,通过技术转让,每年可获取的收益大致稳定在6 000万美金左右。引自王德禄等.硅谷中关村人脉网络[M]. 北京:清华大学出版社,2012:58

② 北京方迪经济发展研究院 http://www.zgzbjj.com/templates/T_Second/index.aspx?nodeid=19&page=Article&periodicalid=17&catalogid=62&articleid=151[EB/OL]. 2009

人员提供培训以提升其研究能力，以上都是研究型大学在硅谷研发与创新发展的过程中所起到的重要作用。

(2) 中小企业是硅谷研发与创新发展的主体力量

长期以来，硅谷遵循的是以中小企业为核心的发展模式（何顺果，2002），硅谷研发与创新发展的动力在很大程度上源自中小企业的集群式发展。以电子制造业为例，资料显示，1980 年代硅谷约有 3 000 家电子公司，其中，员工人数超过 1 000 名的公司只占 2%，85%的公司的员工少于 50 名；1990 年代以来，硅谷 80%以上的公司都是小企业，平均每个企业的雇员仅有 350 人①。这些中小企业在竞争与合作中共同推动了硅谷的研发与创新发展。

在知识经济中，一个城市或区域不是依靠自然资源而是依靠智力资源（即科学与知识）来获得发展，因此，技术创新的成功与否和企业的规模大小并不具有必然的联系。事实上，在熊彼特最为看重的“破坏性”创新层面，尤其是在开拓一种全新技术，大公司所占据的经验积累并不占优势的时候，小公司由于拥有比大公司更强的适应市场需求变化的能力，以及采用弹性、灵活与开放式的经营模式而更具优势（CCTV，2010）。许多日后对高技术产业产生重大影响的关键性技术多来源于当时的小公司，而在关键性技术的研发取得突破之后，小公司凭借其在技术创新和市场上的成功迅速崛起，成为具有超强实力的大型公司。然而，为了应对大型公司对于先前创新成功经验的路径依赖而陷入创新僵化的局面，很多硅谷公司在规模变大之后，仍然选择采取裂变衍生的方式，将公司业务分拆而分形变化成为新的中小公司以保持创新的原动力（何顺果，2002），例如安捷伦就是由惠普的研发部门拆分而来。同时，随着模块化的发展，更多高技术小公司能够依据系统集成商的要求专注于某一细分技术领域，独立的针对某一模块进行技术改良，在新产品的开发与生产过程中形成超细化的分工与合作，既能保持小规模，又能兼具全球竞争力。

大量的中小企业在硅谷诞生、倒闭、再兴起。自 1990 年以来，硅谷平均每年新创立企业约 1.3 万家，死亡 1 万家②，可谓生生不息。在持续优胜劣汰的竞争中，胜出的创业企业构成了硅谷创新型经济“大厦”的坚实地基（王德禄，2010），彼此间你追我赶之余又形成相互合作的企业网络，为硅谷营造出一个充分竞争且利于技术创新的市场环境。

(3) 政府支持是硅谷研发与创新发展的重要保障

硅谷的发展基本上是由民间推动的，但并不说明政府对于硅谷的发展无所作

① 北京方迪经济发展研究院 http://www.zgzbjj.com/templates/T_Second/index.aspx? nodeid=19&page=Article&periodicalid=17&catalogid=62&articleid=151[EB/OL]. 2009

② 引自王德禄. 对美国硅谷模式的新认识[N]. 中国高新技术产业导报，2010-1-18：A03 版

为(郑宇,2000)。尤其在硅谷的起步阶段,联邦政府大量的国防开支是硅谷获得发展最为重要的驱动力量。国防部、宇航局等通过政府采购的手段为硅谷早期的高技术研究项目提供了广阔的市场空间与有力的资金支持,推动了硅谷高科技产业的腾飞。据统计,在硅谷成立初期,其订单有 1/4 来自政府,1950 年代,联邦政府的军事订货达硅谷产品销售额的 40%,在集成电路开始发展的 1960 年代,联邦政府的购买量一直占企业全部产量的 37%～44%①。

在硅谷发展中后期,联邦政府主要通过直接提供研发资助和制订相关政策等方式来促进硅谷的研发创新。联邦政府在硅谷所在的加州先后成立了 70 多家联邦实验室和研究中心,其中包括 SEMATECH、国家科学基金会工程研究中心、国家标准和技术研究所等知名研究机构,每年的研发预算高达 1.76 亿美元。据统计,在 1993—2004 年之间,硅谷的大学、研究所和企业共获得了 136 亿美元以上的联邦研发经费①。另外,联邦政府还重点对中小企业进行研发资助,并制定“研发抵税”等政策鼓励企业自行研发与技术创新。1980 年代,制定《加强小企业研究发展法》等,按比例给中小企业提供 R&D 经费,通过著名的《拜杜法案》,允许大学和中小企业对政府资助所得的研发成果拥有知识产权,从而促进了研发成果的技术转移与开发。此外,联邦政府还实行严格的专利制度,对知识产权进行保护,促进技术交易市场的建立。

除联邦政府外,地方政府的政策支持也对硅谷的研发与创新发展起到了不可或缺的重要作用。硅谷所在的加州被誉为“技术之州”,于 1973 年设立科学技术办公室,负责落实相关的科技政策,鼓励和支持企业的研究发展工作(徐井宏和张红敏,2011)。加州每年拿出 1 亿美元,约占财政总预算的 1%用于资助研发和与之相关的行为。另外,加州宽松的法律环境也为硅谷的研发与发展创造了便利条件,如加州对有关商业秘密保护的法律规定比较宽泛,使得跳槽在硅谷显得相对容易,进而有利于技术人才的流动和科技信息的互通。

(4) 风险投资是硅谷研发与创新发展的催化剂

Castells 和 Hall 认为硅谷最初的风险投资并不来自于旧金山的金融市场,而是源于硅谷自身的财富(Castells 和 Hall,1998;中译本)。硅谷的第一代创业成功者利用自身累积的财富去投资下一代创业者,从而完成向天使投资人身份的转变,并首创了以小企业投资公司为主的风险资本组织形式(韩宇,2009)。凭借一个新技术,甚至一个新想法,就能获得投资,开创事业,这在硅谷已经是再寻常不过的事情。基于本地人际关系的信任文化,是硅谷天使投资繁荣的基础,而美国政府也出台了大量政策来鼓励民间资本开展天使投资,例如规定个人进行的 2.5 万美元以

① 引自何顺果. 比较开发史[M]. 北京:世界图书出版公司,2002:543

上的天使投资如果发生损失，损失部分可以在个人收入所得税中进行冲销，这种冲销甚至可延长至 8 年(王德禄等，2012)。同时，天使投资人的技术专业背景与创业时的成功经验也使他们能够胜任初创科技企业创业者导师的职责，帮助初创企业制订技术发展路线图，甚至是参与企业的经营管理，建构商业模式等。如苹果公司的天使投资人迈克·马库拉就曾经是英特尔早期的联合创始人之一。

天使投资通常只是科技公司获得的第一轮风险投资，而一个科技公司从创立期到稳定期，一般需要经历三轮风险投资，而第二与第三轮的资金募集就往往需要专业型的风险投资机构或私募基金介入。硅谷高新技术产业发展所带来的高额利润，使得硅谷以外的风险投资机构趋之若鹜，并在斯坦福大学西侧的沙丘路(Sand Hill Road)高度集聚。在这条路上，集中了红杉资本、凯鹏华盈、恩颐投资、德丰杰等一系列闻名于世的风险投资公司，使之成为美国乃至全球的风险投资中心。其中，仅红杉资本投资获得成功的公司市值就占整个纳斯达克上市公司市值的 10%以上，其中就包括苹果、谷歌、思科、网景、雅虎等硅谷公司。2008 年，硅谷获得的风险投资额占全美风险投资额的 29%。

天使投资的出现代表了社会对于原创性与前瞻性技术研发成果价值的高度认可，这引发了硅谷的科技创业风潮。硅谷技术创新所创造出的广阔市场与巨额收益吸引外来风险资本的进入，并推动本地风险投资公司的兴起与壮大。风险资本在孵化创业公司，为研发活动提供金融支持方面起了关键作用，而创业公司的成功也为风险资本带来更多的机会。风险投资与技术创新之间的互动在硅谷形成了良性循环，使之成为硅谷研发与创新发展的催化剂。

(5) 社会网络是硅谷研发与创新发展的环境支撑

研究表明，创新行为已经从“线性范式”向“网络范式”转变(Asheim，1998)，使得区域内各创新主体间的网络依赖与作用机制日益成为区域创新能力的核心源泉。硅谷研发与创新的成功发展固然离不开其拥有的智力、技术、人才、资金等大量生产要素的空间集聚，但是更为重要的原因在于区内各生产要素的有效组合、协同作用并继而形成硅谷发达的社会网络。同时，在社会网络的渗透与联结之下，造就了硅谷独有的创新与创业文化传统与氛围，并在此基础上推动了硅谷研发与创新环境的形成，是硅谷国际研发城市得以崛起的深厚土壤。

硅谷是一个建立在社会网络基础上的区域生产系统，网络系统能够促进专业生产者之间在相关技术组成的综合体中作灵活调整。科技企业的地理集聚使得企业间面对面的协作更为便捷，企业能够更方便地获得专业化的要素与技术人才，各公司的工程师之间经常保持着非正式的联系与合作，技术研发人才在公司间流动与跳槽也十分频繁，互动交流的增加使研发与创新变得更加容易，技术的不断溢出也给别的企业带来利益。单个企业不能完成的项目，可以从其他企业汲取互补性的技能或采取联合开发的方式,使企业充分利用规模经济的优势。

硅谷的各行为主体都拥有高度的合作文化与精神。硅谷是合作和竞争的不寻常混合体(Saxenian,1994),而这种特殊的合作文化氛围是在生产与创新过程中逐渐形成的。这种合作文化渗透在硅谷的各个角落,将科技创业企业与律师事务所、会计师事务所、猎头公司、商业咨询公司、天使投资人、风险投资机构等各类生产性服务机构联结起来,企业创业者与各个专业型服务机构之间通常有着密切和相互信任的人际关系作为依托,而这些服务性机构也往往不囿于传统角色,而是竭力帮助创业者及时解决所面临的各种问题,进而构成硅谷高科技研发与创业活动强有力的社会支持网络(韩宇,2009)。

在社会网络的支持下,硅谷始终弥漫着勇于冒险,容忍失败的创新与创业激情。Castells 和 Hall 指出硅谷的榜样是"凭借创新和大胆的努力创建新企业而成为百万富翁的年轻的创业者",而这种企业家精神是培育硅谷创新持久性的无穷无尽衍生企业的土壤(Castells 和 Hall,1998;中译本)。Saxenian 认为硅谷多数人的创业动机是为了应对新技术的挑战。在硅谷,一个人的社会地位更多是由技术成就而不是经济成就所决定,硅谷最受尊敬的是那些科技创业者(Saxenian,1994)。当地社会对于技术价值的高度认可和由此产生的企业家精神使得硅谷的技术研发与创新创业活动长兴不衰,创业者即使在失败时,也没有羞辱感,因为每一个阶段的失败都会导致对前一阶段的重新设计,而这就有可能带来另外一种成功创新的诞生。以上都构成硅谷研发与创新发展的环境支撑。

(6) 全球化是硅谷研发与创新发展的外部力量

随着经济全球化的进一步推进,硅谷突破了自我驱动的发展模式,通过吸引全球的资金、人才以及对外出口技术产品,形成了同全球经济高度互动的经济模式(郑宇,2000)。在以上互动过程中,硅谷自身的研发与创新实力也得到大幅增强,进而确立与巩固其全球研发与创新中心的非凡地位。

如今只要说起硅谷,一些引领世界科技潮流的全球性公司的名字总是会被反复提及。例如洛克希德、惠普、苹果、思科、太阳微系统、雅虎、谷歌、Facebook 以及最近风头正劲的特斯拉电动汽车。上述公司的相继成功也展现出硅谷从国防科技到绿色能源的新兴产业发展路线图。

随着国际劳动分工的日益深入,以全球性公司为代表的硅谷企业纷纷走向全球扩张之路,首先是将价值链中低端的制造与组装环节转移和外包至区外,而将高端的研发与设计环节保留在硅谷,推动硅谷产业结构的高级化演进,带动城市结构由部门专业化向功能专业化转变(朱彦刚等,2010)。硅谷企业历来注重研发。2003 年,硅谷大约有 328 个上市公司设立研发中心,总研发投资超过 324 亿美元,是联邦政府研发投入的 10 倍。从 1990—2003 年,硅谷企业的研发强度平均为

11%左右，而同期美国企业的平均水平仅为3%（何顺果，2002）。与此同时，作为全球新兴产业的策源地，硅谷丰富的科技资源与高科技产业优势，吸引了众多国际科技巨头纷至沓来，或将总部迁于硅谷，或在硅谷设立研发中心。大量跨国公司研发机构汇集硅谷，意味着全球价值链中高附加值研发环节的高度集中，极大提升了硅谷的技术控制力，使之成为推动世界经济增长的技术极区（武前波，2009）。当下，这些全球性公司已经在很大程度上成为硅谷屹立于全球科技与经济舞台的代言人，在其进行全球扩张的同时，所携带的技术流和知识流也在世界范围内得以传播，在客观上成为硅谷影响力辐射全球的通道与载体，进而提升硅谷在全球知识网络中的核心地位。同时，在研发全球化浪潮下，硅谷公司也积极投身到全球研发体系的空间布局中去，充分利用东道国区域的科技资源优势来不断提高自身的研发产出效率，增强自身的技术创新能力，从而进一步保持其在研发与创新方面的全球优势。

全球化还使得硅谷在国际研发与创新人才的招募与流动方面更为便捷。联邦政府制定了宽松的技术移民签证，实施专门为吸纳国际技术型人才及其家属的H-1B签证计划，增加签证发放的数额。在此支持下，硅谷成为全球创新与创业者的“栖息地”，并促进了硅谷丰富多元文化的构建。据统计，2010年，硅谷本地有35%的居民出生在国外，有约33%左右的科学家和工程师来自于国际移民，约25%的高科技企业是由来自印度和中国的移民所经营的（徐井宏和张红敏，2011）。王德禄将硅谷的技术移民、企业家与外籍留学生称为“空中飞人”。“空中飞人”频繁穿梭于硅谷与不同区域之间，不仅意味着硅谷的技术、资金与人才的国际间流动，更建立了硅谷与全球不同创新区域之间的联系（王德禄，2012）。虽然硅谷与中国、印度、中国台湾、以色列等之间有着数万公里的物理距离，但是彼此之间科技与产业联动的距离却因以上“空中飞人”的频繁往来而大大拉近，硅谷向北京、班加罗尔、台北-新竹、特拉维夫-海法等城市与地区成功输出了大量研发要素资源与创新创业模式，编织了以硅谷为核心枢纽的全球技术与知识网络，极大提升了硅谷在全球范围内的辐射力与影响力（见图6-2）。

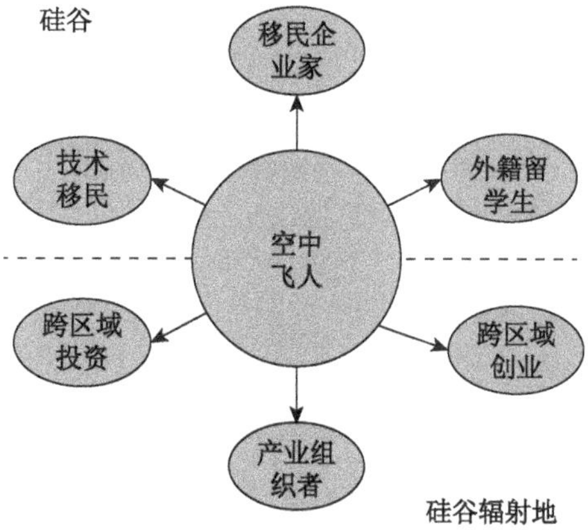

图6-2　硅谷基于国际人才流动的科技与产业辐射

资料来源：王德禄等．2012：69，作者有修改

6.2 案例城市2:班加罗尔

班加罗尔是印度南部卡纳塔克邦的首府城市，自1990年代崛起以来被国际媒体习惯称之为“硅高原”或“印度硅谷”，是印度信息技术产业以及服务外包迅速发展的一个缩影。资料显示，2005年，班加罗尔所在的卡邦的软件出口额高达62.7亿美元，比上年增长52%，其中大部分来自于班加罗尔。直至2010年，班加罗尔仍然占据着印度软件出口总额的36%①。在2008年，班加罗尔被美国媒体评为全球十大高科技城市之一②，也是全球公认的第五大信息科技中心，确立了其技术研发与创新城市的全球地位。

6.2.1 班加罗尔国际研发城市的发展历程与演变轨迹

(1) 封闭条件下的程序员输出阶段(1980年代中期之前)

上世纪80年代以前，印度政府奉行内向型经济发展战略，实行基于进口替代的自给自足的产业模式，印度的信息及服务外包产业发展处于政府的高度管制之下，印度经济可以说是孤立于全球经济之外(萨克森宁，2001)。

一方面，政府对硬件与软件的进口征收高额关税，其中硬件为135%，软件为100%③。过高的关税使得印度的软件服务商在印度购买一台计算机都变得不太现实。另一方面，政府垄断下的通讯基础设施建设不力，通信成本极其高昂，政府的低效与固执致使通过调制解调器下载软件、数据传输以及跨洋协作等这些可以将印度与外部世界连接起来的行为变得极为昂贵(Rafiq Dossani，2009；中译本)。在以上因素制约下，班加罗尔的软件商选择将拥有高超技术的程序员派往国外进行现场工作(on site)，接受客户直接向他们分配的任务，或者加入客户的团队进行程序开发。相较于直接出口程序，外派程序员对于印度公司而言可以规避在国内极高的运营成本并提高工作效率。这种早期的软件服务模式被学者称之为“人体商店”(body shopping)模式。在此阶段，班加罗尔的软件出口并非程序的直接出口，而是班加罗尔头脑最聪明的软件工程师的出口(Balaji Parthasarathy和Yuko Aoyama，2006)。

---

① 走向纵深的印度硅谷：班加罗尔科技园 http://news.xinhuanet.com/tech/2010－08/24/c_12476649.htm[EB/OL].2010

② 佚名.全球10大科技城市排名出炉[J].发明与创新(综合版)，2008(5)：31

③ [美]拉斐奇·多萨尼.印度来了：经济强国如何重新定义全球贸易[M].张美霞，薛露然，译.北京：东方出版社，2009：84

(2) 政府支持下的信息科技产业初创阶段(1984—1990年代初期)

1984年和1986年,甘地政府连续颁布两项涉及电子、软件、通信等新兴产业的新政策,一方面大幅降低了硬件及软件的进口关税,另一方面鼓励各种形式的软件出口并允许外资进入,这标志着印度信息科技产业正式摒弃了进口替代的思想。1990年,印度政府在电子部的倡导下开始实施"软件技术园区计划",为印度信息科技产业,尤其是软件业集群式发展提供空间上的保障与支持。

在印度众多软件园中,班加罗尔软件园是其中建立最早,规模最大的一个。软件园的成功开发为班加罗尔的城市发展提供了空前机遇。1992年,政府在班加罗尔和美国之间架设了印度第一座卫星通讯设备,以专门的卫星通信渠道为软件出口提供高速信息交流服务(徐井宏和张红敏,2011),解决了"最后一英里障碍"。这些关键性的数据通讯基础设施,使得本地软件商为跨国公司提供离岸外包服务成为可能,使之成功摆脱了"人体商店"的服务模式,有力推动了班加罗尔软件以及服务外包产业的发展。

良好的自然环境,早期国防工业奠定的科研基础、日趋完备的通讯基础设施(夏海力和廖瑛,2006;唐礼智,2007;陈平,2007),与美国之间的时差以及英语的广泛使用(严正,2002)等,开始吸引美国跨国公司研发机构进驻班加罗尔。1985年,德州仪器公司率先在班加罗尔设立海外研发中心,随后摩托罗拉、惠普、北电等跨国巨头也相继进驻(Saugata Sengupta,2010[①]),客观上为班加罗尔本土的软件研发服务商提供了滋生发育的土壤。

(3) 外资主导下的研发集聚阶段(1990—2000年)

1990年代初期,跨国公司海外研发中心的进驻只是初露峥嵘,不过在先行者们对于低成本、高质素技术研发人才等的价值诉求得到满足后,在示范效应带动下,跨国公司一改之前的谨慎态度,其入驻班加罗尔的势头与规模可谓风起云涌。与此同时,受益于信息与通讯技术的高速发展,研发要素空间流动的约束性大幅降低而掀起的研发全球化浪潮(祝影,2007),更是强化了班加罗尔以外资为主导的研发集聚态势。在此阶段,跨国公司研发机构以平均每月5家的频率涌入到这座城市的软件园,其中不乏甲骨文、太阳微系统、IBM、SAP、飞利浦等全球顶尖的计算机及软件公司(见表6-1)。在跨国公司研发机构的带动与吸引之下,印度的本土软件服务商也开始大量在班加罗尔进行集聚,到2000年,仅在班加罗尔注册的印

---

① 摩托罗拉、惠普和北电在班加罗尔设立海外研发中心的时间分别为1987、1989和1991年。引自Saugata Sengupta.世界服务外包之都——班加罗尔的故事[J].郭周明,译.中国外资,2010(3):22-33

度国内信息技术企业总数就达到了782家[①]，极大地促进了班加罗尔以软件研发服务为主体的研发产业集群兴起与发展。

表6-1 1990年代部分跨国公司在班加罗尔设立的研发机构

跨国公司	机构概况
甲骨文	建立于1994年，是"甲骨文"在美国之外最大的开发中心，2003年年底达到4 000人，主要负责甲骨文数据库产品、应用产品和应用型开发工具等
太阳微系统	建立于1999年，开始时仅20人，2003年增加为500人，从事包括Solaris和Sun One在内的软件开发
IBM	成立于2000年，参与该公司所有软件的开发
SAP	成立于1998年当时为100人，2003年9月增加到750人，该公司10%左右的工作在这里完成。
飞利浦	建立于1996年，当时有10人，2003年增加到1 000人，是飞利浦在荷兰之外最大的软件中心

资料来源：转引自李玺2006.104，作者有修改

研发是企业价值链中的高端环节，跨国公司将附加值最高的研发活动环节布局在班加罗尔，由简单地转移创新成果，变为转移创新过程本身（UNCATD，2005）。不仅促进了班加罗尔研发要素资源的累积，更为重要的是创建了本地软件服务商与全球研发网络之间的联系，从而为进一步接轨国际技术与研发服务市场奠定了坚实基础。

(4) 外包驱动下的研发服务兴起阶段(2000年以来至今)

进入新世纪以来，跨国公司在班加罗尔的研发投资呈现出新的特征。通常来说，跨国公司在班加罗尔修建的研发中心比在其他国家和地区修建的研发中心规模要大，并且从事的工作也更为重要。越来越多的研发中心从最初为母国同类机构提供技术支持转向当前的受命研发整体产品，研发中心的功能等级不断提升。在此过程中，培养了众多具有国际水准与视野的本地研发人才，同时也为围绕在其周围的本地软件服务商提供了大量的研发服务外包合同。

从全球层面看，随着科技竞争的加剧，产品更新速度的加快，以及出于分担研发风险，降低研发成本，缩短研发周期的需要（张永凯，2010a），世界范围内的大规模研发外包越发普遍，为班加罗尔本土的大型软件服务商提供了市场机遇，并随之出现了沿着价值链高端上行的全新态势。仅在十多年前，班加罗尔的软件公司还只限于从事低层次的系统维护，编码编程工作，而现如今，他们已经能够承接软件

① 徐井宏，张红敏．转型：国际创新型城市案例研究[M]．北京：清华大学出版社，2011：298

研发，系统综合这样的高端研发外包项目（Rafiq Dossani，2009；中译本）。而“千年虫问题”①这类世界级技术难题的顺利解决，也证明了印度公司完全有能力承担服务外包领域价值链中的高附加值部分。

最新的趋势是，班加罗尔的研发服务业发展已经走向纵深，突破了原有软件研发的范畴，拓展至硬件设计、汽车与飞机核心部件研发、新药开发等多重领域，正在经历着从“软件外包之都”到“研发服务之都”的华丽转身。

6.2.2 班加罗尔国际研发城市崛起的驱动因素分析

（1）大量高素质与低成本的技术研发人才

拥有大量的高素质技术研发人才是班加罗尔研发与创新成功发展的关键因素。在班加罗尔及其周围云集了众多印度名牌高校和政府科研机构。大学方面有著名的印度理工学院、以理工科特别是计算机专业闻名的班加罗尔大学、印度管理学院、国立高等研究学院等 7 所综合性大学，此外还有上百所高等专科学校与高等职业学校；在科研机构方面则有印度科学院、国家航天实验室、国际软件科技中心等多家极具研究实力的政府高水平研究所。数量众多、科技领先的教育和研究机构不仅是班加罗尔重要的知识生产中心，更是班加罗尔高水平技术研发人才的培养与输送中心，每年由以上院校与研究所输出的工程技术人员高达 3 万余名，其中近 1/3 是信息技术产业方面的专业人才（陈平，2007）。目前，班加罗尔拥有近 11 万具有良好的英语能力与数学基础的信息科技产业外包员工，高质量研究机构与技术人才的大量集聚为班加罗尔的研发与创新发展提供了源源不绝的智力资本支撑。

大量高科技人才的集中不仅推动了班加罗尔信息技术产业的高速发展，同时也吸引了全球各大跨国公司的研发机构纷纷进驻。跨国公司之所以在印度投资设立研发机构，主要目的还是为了最大限度地获取利润，提高研发产出效率（文富德，2008）。软件开发成本中 70％是人力资源成本，而印度和美国的工程师薪酬相差大约 5 倍之多②。据估计，跨国公司将研发中心迁往印度后能减少约 30％的研发成本，以新药临床试验费用为例，在印度的试验费用不到在西方国家试验费用的

---

① “千年虫”，即计算机 2000 年问题，是指在某些使用了计算机程序的智能系统中，由于其中的年份只使用了两位十进制数来表示，因此当系统进行跨世纪的日期处理运算时，就会出现错误的结果进而引发各种各样的系统功能紊乱甚至崩溃，而该问题的解决方案则是由来自班加罗尔、海得拉巴等的十多家软件服务商最先提出的。

② 引自[美]拉斐奇·多萨尼. 印度来了：经济强国如何重新定义全球贸易[M]. 张美霞，薛露然，译. 北京：东方出版社，2009：68

1/3①。长期以来，班加罗尔凭借着为欧美跨国科技公司提供低成本、高质量的以软件外包为主的技术研发服务而享有盛誉，即便是近年来班加罗尔的研发工程师工资呈现大幅上涨趋势，但是对于跨国公司而言，依然能够通过在班加罗尔设立研发中心来实现劳动套利与创新效率提升。更为重要的是，这种高素质技术人才的低成本比较优势为班加罗尔接轨与融入跨国公司的全球研发网络提供了珍贵的契机。

(2) 政府的大力支持与中介组织的高效运行

班加罗尔信息技术产业的腾飞及其研发与创新的成功发展离不开政府层面的全力护航。1980年代中期以来，印度政府连续颁布涉及电子、软件、通信等产业的新政策，大幅降低了硬件及软件的进口关税，鼓励软件出口，放宽外资软件企业进入印度的壁垒，外方控股可达75%～100%；1998年，瓦杰帕伊政府还专门成立了信息科技部，使印度成为当时世界上少有的专门设立IT部门的国家之一，将信息技术产业发展上升至国家战略的高度。同时，印度各级政府还承担了全国85%的研发经费，建立了印度工业开发银行、印度技术开发与信息有限公司以及印度金融技术有限公司为中心的金融体系，对高技术研发成果的商品化和产业化进行系统的融资服务与支持。

1991年，班加罗尔正式建立了全国第一个软件园区，园区由政府、印度塔塔集团和新加坡合资兴建，配套一流的工作与生活环境，并兴建了可进行高速传输数据的微波通讯网络SoftNet、卫星基站、发电站等高效的信息通讯与市政基础设施，为当地软件业及其相应的产业研发奠定了强有力的物质空间基础与畅通的国际信息沟通渠道。同时，自园区建立起，政府不仅直接为园区提供大量的研发资金赞助，还针对软件园区内的企业出台了涉及税收、设备进口、产品出口、知识产权保护等诸多积极性政策，有力促进了科技企业的空间集聚以及研发创新能力的相应提高(见表6-2)。

表6-2 班加罗尔软件园优惠政策一览

政　策	具　体　内　容
税收政策	软件园区注册企业免交10年所得税；承担一定出口义务条件下，进出口免征进口关税；国内采购免征地方税；园内企业可以零关税进口电信基础设施，且不承担出口义务；进口软件设备免税并加速折旧等
投资政策	凡园内软件产品全部出口的企业，外资控股可达75%～100%；建立一站式审批窗口，缩短软件园区的项目审批时间等

① 文富德.印度正在成为世界研发中心的原因、影响与启示[J].亚太经济，2008(3)：69-75

续表 6-2

政　策	具　体　内　容
贸易政策	园内软件企业可以将货物转口；园内软件企业在保税区可以销售相当于销售额25%的产品等
知识产权	1994 年，修订《版权法》对软件保护和侵权的处罚做出明确规定；2000 年，正式颁布《信息技术法》，为电子文书和电子合同提供了法律依据等
其他政策	园内软件企业享受出口加工特区的其他各项优惠政策等

资料来源：黎晓寅. 2009：35

另外，以印度全国软件和服务公司协会（NASSCOM）和电子与计算机软件出口促进会（ESC）等为代表的中介组织的成功运营，加强了政企之间、本土企业之间、本土企业和国外企业之间的互动联系，推动了班加罗尔企业网络与技术社区的形成，有效提升了班加罗尔研发与创新的整体能力。

印度全国软件和服务公司协会（NASSCOM）成立于 1988 年，总部位于新德里，在班加罗尔、孟买等设有分部，是印度信息技术及其相关服务行业的尖端组织，为其成员公司提供扩资服务，协助它们进行商业决策，提供政府政策变更、国内外市场机会、海外专家研讨会和展览会等方面的准确信息。截止 2009 年，协会已经有包括软件公司、国际互联网和电子商务公司、信息技术服务公司、软件研发公司等在内的 1 200 余家成员，其成员公司的营业收入约占印度整个软件业收入的 95%（王伟和章胜晖，2011a）。

电子与计算机软件出口促进会（ESC）则是在印度信息技术部的支持下建立的自主性非营利机构，通过组织开展各种促进性活动如邀请外国代表团来访、组织市场考察等，提供了一个政企充分互动的交流平台。此外，促进会还从事软件市场的信息收集、分析和研究工作，为政府和企业提供市场信息，帮助企业开拓国内外市场。

(3) 跨国公司全球研发战略的转变趋势

首先，从全球化到本土化再到反向创新，正在成为跨国公司全球研发战略的一种新思路（周祖怡，2010）。反向创新包含两个层次的内涵，首先是本地化创新，根据新兴市场研发出具有高性价比的产品；随后是将在新兴市场研发的产品推向全球市场。例如 2008 年，英特尔推出了第一款完全在班加罗尔研发的商用服务器芯片——至强（Xeon）7400 系列处理器，使其能够处理更加复杂的商务企业应用软件。反向创新的出现意味着班加罗尔的研发已经远远超出当地适应性研发的阶段，已经达到了与发达国家承担的工作处于平等地位的复杂研发阶段。相应的，位于班加罗尔的跨国公司研发机构规模日趋扩大，功能等级不断提升。仅通用电气的韦尔奇技术中心在班加罗尔就拥有 4 300 名员工，占通用全球研发技术专家的 1/6，是通用最大的海外研发中心。这些高等级跨国公司研发机构聘用大量的本地技术人才，与来自母国的工程师共同从事即使在全球范围内亦属尖端技术的研究开发工作，在以上互动过程中，极大加深了跨国公司对东道国技术转移的程度，使班加罗尔得以通过干中学（Arrow，1962）的方式获得更为广泛与深入的知识溢出，并随着人员的流动而持续扩散，进而为本地研发服务水平的培育与提高夯实了知识基础。

其次，开放式创新正成为跨国公司产品研发新的策略与模式。开放式创新强调创新源来自一切可能的方向（黄力韵等，2010），产品研发突破了纯粹的企业内部范畴，转向基于企业（供应商、顾客、竞争对手）、研究组织（大学、其他公共和私人研究机构）和公共机构（技术转移中心、开发机构）等经济体间网络化的交互学习和知识流动（Asheim 和 Gertler，2009；中译本），企业可以通过合同外包、研发联盟、技术转让等方式取得所要的知识和技术。显然，跨国公司开放式创新的产品研发模式为班加罗尔的研发服务商提供了极其广阔的市场空间。根据 NASSCOM 的数据，印度的软件研发服务出口从 2001 年的 12.1 亿美元迅速提高至 2010 年的 79 亿美元，占据 2010 年印度整个软件出口的 16%[①]。如果说跨国公司研发中心的进入为班加罗尔软件服务实现离岸外包提供了最初的市场机遇，那么跨国公司全球研发战略的转变则使其向研发服务升级奠定和提供了更为坚实的知识基础以及更为广阔的市场空间。

(4) 本土研发及管理能力的显著提升

千年虫危机的解决为班加罗尔的软件服务商累积了国际声誉，使其成功开拓了全球的研发服务市场。然而这一偶然事件的背后，折射出的却是班加罗尔本土技术研发及项目管理能力的显著提升。

班加罗尔研发与创新的崛起在很大程度上源自于人力资源的低成本优势，然而，随着城市发展的不断国际化，这种低成本优势也出现了难以为继的趋势（Rafiq Dossani，2009，中译本）。班加罗尔的研发服务具有突出的外向型经济特点，在国际劳动分工日益深化的今天，面临着马来西亚、中国等其他低成本区位的强势竞争。因此，要在未来避免跨国公司研发环节及外包合同转移的风险，提高本土的技术研发及项目管理能力是班加罗尔的唯一选择。

卡斯特尔曾经持有这样的观点：班加罗尔并非一个创新区域。理由是他认为班加罗尔缺少自身的专业技能，缺乏深入多样的技术社区以及公司间的频繁互动，导致班加罗尔陷入跨国公司技术的"边缘性轨迹锁定"（lock-in trajectories of marginality）的困境（Castells，2000）。然而，近年来班加罗尔在以上 3 个层面均已

① http://www.nasscom.in/indian-itbpo-industry [EB/OL]. 2012

得到改善，使得当地企业向研发服务转变成为可能(Balaji Parthasarathy 和 Yuko Aoyama，2006)。印度的本国企业亦表现出了对于核心技术开发与掌控的渴望，纷纷加大研发投资力度。在由英国 BIS 发布的 2010 年全球企业研发支出排行榜 1 000强中，有塔塔汽车等多达 12 家印度企业上榜(BIS，2011)；目前，全世界大约有 75 家资质评定为 CMM5 级①的软件研发企业，其中有 45 家在印度，而这其中又有约 30 家位于班加罗尔。根据全球著名创新研究机构：Zinnov. 发布的 2011 年度全球研发服务供应商排行榜，在排名前 10 的公司中，有多达 5 家公司的总部位于班加罗尔(见表 6-3)，已经充分说明了班加罗尔在全球研发服务格局中所占据的重要地位(Zinnov，2011b)。本土企业研发能力的提高以及创新项目管理的日趋规范化，使其逐步进入跨国公司全球研发网络中的核心位置，巩固其强大的外部联系以便更好地接轨国际研发服务市场。

表 6-3 2011 年全球排名前 10 的研发服务供应商名称及总部所在地

排序	公司	总部	排序	公司	总部
1	Wipro	班加罗尔	6	Aricent	美国新泽西州东布朗士维克
2	HCL	印度诺伊达	7	L & T IES	印度瓦尔道拉
3	Patni	班加罗尔	8	Mindtree	班加罗尔
4	Infosys	班加罗尔	9	TATA Elxsi	班加罗尔
5	Mahindra Satyam	海得拉巴	10	Symphony	美国加州帕兰奥多

资料来源：Zinnov. 2011b. 研究报告及各公司官方网站

(5) 海外人脉网络资源的充分利用

在上世纪 80 年代中期之前封闭的经济条件下，班加罗尔的软件服务商大多采用人体商店的服务模式，外派程序员到美国进行现场工作。在项目结束以后，很多外派程序员选择留在美国就业，造成严重的人才外流。然而，所谓失之东隅，收之桑榆，正是当初这批留在美国的印度工程师在日后成为班加罗尔与全球科技与产业创新中心及美国之间联系的桥梁与纽带。

1985 年，美国德州仪器在班加罗尔第一个跨国研发中心的设立，就源自于该公司印度裔高管的积极倡议。此后的惠普、IBM、通用电气以及甲骨文等跨国巨头

① CMM 是软件能力成熟度模型(Capability Maturity Model for Software)的首字母英文缩写，由美国卡内基・梅隆大学软件研究所(SEI)于 1987 年第一次发布作为评价国防合同承包方过程成熟度的方法论。CMM 自 1987 年开始应用于对软件业的评估认证，它将软件过程改进的进化步骤划分成 5 个成熟度等级，为软件过程的不断改进奠定了一个循序渐进的基础，其中 5 级为最高等级。

进入班加罗尔，也都离不开印度裔高管的努力推动，其中一些人还在班加罗尔担任着研发经理的职位。在班加罗尔的软件园中，有95%的国际公司由生活或者工作过的海外印度人所经营。以雅虎为例，其在班加罗尔分公司的经理中80%都是海归印度人①。据统计，在印度出生的技术移民占硅谷就业人数的25%以上，是硅谷最大的移民族群，他们的身影广泛活跃于软件、互联网以及生物医药等新兴技术领域。2000年，美国互联网泡沫的破灭以及印度经济环境的改善，成为促成印度海外技术人才回流的催化剂。海外印度人才回流，不仅带来了尖端的研发技术，更带来了国外，尤其是硅谷先进的国际项目管理方式与经验，从而极大提升了班加罗尔研发服务的水平。因此，从某种程度上来说，班加罗尔的成功并不在于复制与模仿硅谷，而是在于与硅谷建立人脉关系与网络(王德禄等，2012)。

另外，随着海外印度人不断涌入班加罗尔，也为境外风险投资的注入提供了机遇与通道。班加罗尔与美国硅谷风险投资公司聚集地——沙丘路，有着广泛而深入的联系。仅在2002年，班加罗尔就获得了197亿卢比的境外风险投资，2003年的第一季度，班加罗尔获得了30个境外公司67亿卢比的风险投资(王德禄，2006)。大量资本的涌入又为班加罗尔本土研发服务企业的发展壮大提供了强有力的金融环境支撑。

6.3 案例城市的研发特征对比与成长路径分异

经过数十年的发展，硅谷诞生了众多关键性技术研发成果，成为全球最具影响力的新兴产业策源地，而班加罗尔则通过向国际市场提供技术研发服务而完成了从“软件外包之都”向“研发服务之都”的华丽转身。尽管同为国际研发城市，但是两座城市的研发现状与特征却大相径庭，城市研发功能的兴起与演化路径也各具特色。接下来，作者将在之前案例剖析的基础上，来进一步深入分析硅谷与班加罗尔的研发特征与成长路径。

6.3.1 硅谷与班加罗尔的研发现状与特征对比

第一，在国际性研发资源集聚方面，根据作者在第3章中对跨国公司全球研发网络空间节点的考察结果显示(见表6-4)，硅谷共计集中了52家跨国公司高等级研发机构，其中，有多达11家的全球研发总部，均为来自硅谷本区域的如惠普、思科、苹果、谷歌等全球性公司，且都构建了遍布海内外的全球研发体系，极强的研发总部控制力使得硅谷在全球研发资源的空间配置格局中牢牢占据主导地位。从机

① [美]拉斐奇·多萨尼.印度来了:经济强国如何重新定义全球贸易[M].张美霞，薛露然，译.北京:东方出版社，2009:92

构来源观察，在52家机构中，有29家来自美国本土以外，占全部机构的1/2强，表明硅谷在研发全球化过程中也获得了较多的国际研发资源注入。反观班加罗尔，共计集中了44家跨国公司高等级研发机构，是近年来跨国公司海外研发布局的重点区域。尽管集聚机构数量众多，但是其中却没有1家跨国公司全球研发总部，并且所有研发机构皆来自印度境外，在研发资源的获取方面展现出极强的外源依赖性特征，因而与硅谷相比，班加罗尔在全球研发资源的配置过程中仍旧处于被动的支配性地位。

表6-4 硅谷与班加罗尔集聚的跨国公司高等级研发机构对比

城　市	全球研发总部	区域研发总部	外资机构	内资机构
硅　谷	11家	41家	29家	23家
班加罗尔	无	44家	44家	无

资料来源：作者根据考察结果整理

第二，我们可以从国际研发产出的视角来比较两座城市的研发运行特征。作者在第4章中对硅谷和班加罗尔2006—2010年PCT申请数据的分析结果清晰表明，以上两座城市在研发现状与运行特征方面存在较为显著的差异性（见表6-5）。硅谷与班加罗尔PCT申请的公共研发依存度和申请者集中度都较低，说明两座城市从事技术研发的行为主体均以企业为主导，在研究领域方面偏向于应用性研究部分，同时城市研发行为的主体相对分散，拥有较为充分的创新竞争环境。但是，两者在PCT申请的外资依存度指标方面差异悬殊，硅谷仅为1.1%，而班加罗尔则高达83.5%，说明硅谷的研发创新主要来源于本土企业，是典型的自主研发型城市，而班加罗尔的研发创新则主要依靠外资跨国公司，与其国际研发资源获取来源相一致，具有十分明显的外资依赖性特征。尽管从发展趋势来看，班加罗尔近年来处于高速增长态势，而硅谷由于受到2008年全球金融风暴的影响，近年来在研发创新发展的步伐上面有所迟滞，但从城市整体的研发实力来看，无论是PCT申请量还是PCT申请密度，班加罗尔与硅谷都存在着巨大差距，其中，PCT申请量两者相差11.4倍之多，PCT申请密度更是相差约53倍，显然，硅谷比班加罗尔具有更为强劲的研发实力和更加凸显的技术研发与服务功能。

表6-5 硅谷与班加罗尔的研发运行特征对比

城市	PCT申请量	PCT申请密度	PCT申请年均增长率	PCT申请外资依存度	PCT申请公共研发依存度	PCT申请者集中度
硅　谷	27557件	201.3件/万人	−1.9%	1.1%	3.5%	20.2%
班加罗尔	2411件	3.8件/万人	34.5%	83.5%	4.5%	18.4%

资料来源：作者根据统计结果整理

第三，可以进一步比较全球化背景下硅谷和班加罗尔基于研发合作的网络联系状况与特征。在第 5 章中，作者以城市间的 PCT 合作申请数据来表征城市间的研发合作联系，并在此基础上对 32 座国际研发城市网络联系特征与结构进行了实证分析，硅谷与班加罗尔在网络中也表现出不同的对外联系特征(见表 6-6、图 6-3 和图 6-4)。经过测算，在 2006—2010 年间，硅谷的点度中心度高达 28，意味着与网络内其他 31 座城市中除了筑波、新德里和深圳之外的 28 座城市发生过研发合作关系，而同期班加罗尔仅与网络内的 18 座城市发生过研发合作关系；在同一时段，硅谷的对外联系强度值高至 3 690 次，平均与每座合作城市发生研发合作 131.8 次，而班加罗尔的对外联系强度值为 507 次，平均与每座合作城市发生的研发合作次数仅为 28.2 次，表内数据和网络联系图表明硅谷不仅比班加罗尔拥有更多的研发合作伙伴，更为通畅的对外技术扩散与获取的渠道，同时也与网络内的城市保持着更为频密的研发合作联系关系。

表 6-6　硅谷与班加罗尔的研发合作网络联系特征对比

城　市	点度中心度	排名	对外联系强度	排名
硅　谷	28	1	3 690	1
班加罗尔	18	17	507	24

资料来源：作者根据计算结果整理

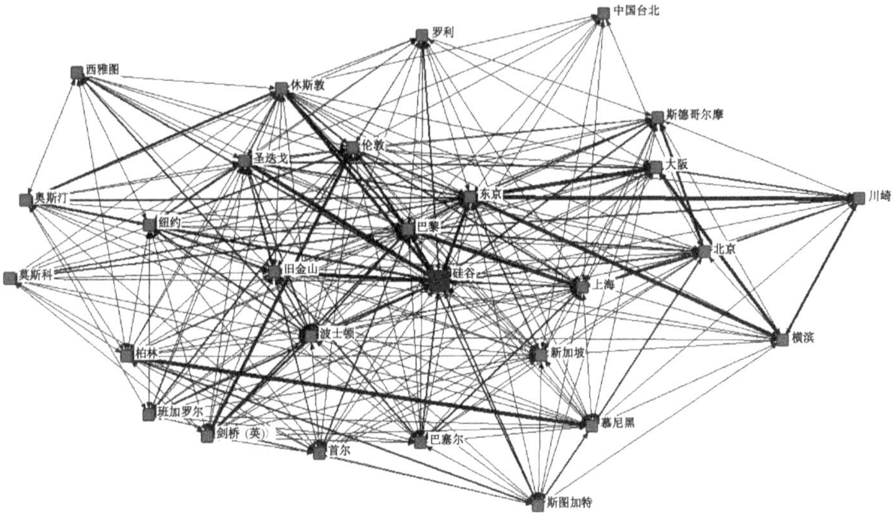

图 6-3　2006—2010 年间硅谷的研发合作网络联系

注：连线的粗细代表城市间发生的研发合作次数

资料来源：作者绘制

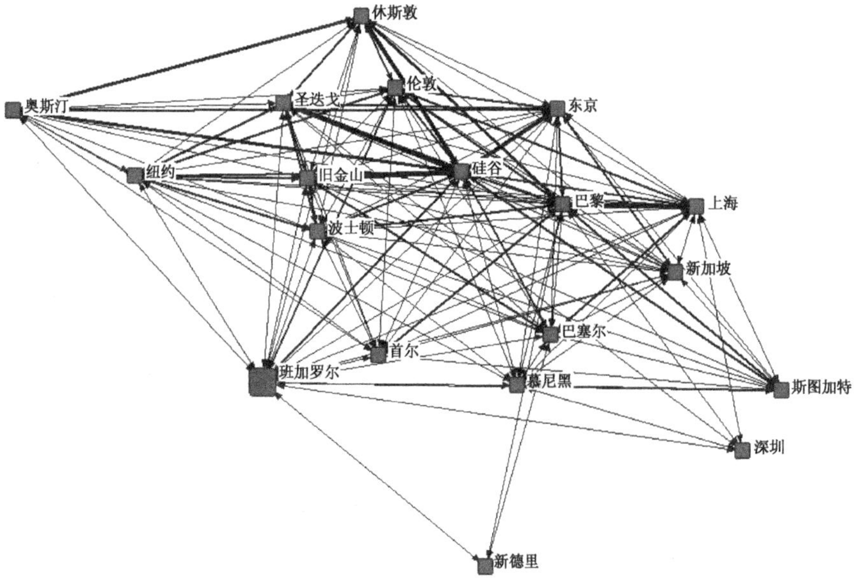

图 6-4　2006—2010 年间班加罗尔的研发合作网络联系

注:连线的粗细代表城市间发生的研发合作次数

资料来源:作者绘制

6.3.2　硅谷与班加罗尔的成长路径分异

之前的对比分析表明,硅谷和班加罗尔的研发运行现状与特征存在明显的不同,突出表现为硅谷的研发与创新发展大多受城市的内生性力量驱动,而班加罗尔的研发与创新发展则更多依托于全球化深入发展的背景之上,进而呈现出内生性与外生性这两种不同的国际研发城市成长路径。

在硅谷发展的早期阶段,知识经济开始崭露头角,以斯坦福大学为代表的研究型大学在硅谷国际研发城市崛起过程中扮演了主要角色,不仅是地区的知识生产中心,技术研发人才的培养与输送中心,更通过兴建斯坦福研究园为硅谷提供产业研发的空间环境与技术基础设施。1971 年,大学技术许可办公室的成立明确了研发成果的产权利益分配机制,激发了广大师生与科研人员的科技创业激情,使之成为硅谷创新企业家的摇篮,并衍生了大量的高科技企业,从而奠定了研发创新所需的坚实产业基础。与此同时,硅谷已发展起了自己的社会网络,支持性金融,包括律师、会计、猎头等在内的生产性服务业以及其他专业组织,孕育了勇于创业、不惧失败的企业家精神与地方文化,构筑了以自我支持为特点的研发与创新环境,使得硅谷成为全球新技术、新产品的创新源地和新兴产业的策源地。之后,随着经济全球化的不断深入，在新国际劳工分工作用下，硅谷跨国公司通过转移生产与制造环节，布局全球研发体系等方式来保持技术竞争优势，获取国际研发资源，并以此为载体在全球范围内进行技术扩散与知识输出，同时，硅谷还吸引了大量外资研发进驻，从而极大地提升了其全球研发中心的非凡地位。但是就总体而言，硅谷依然主要是依靠城市本身的内生力量发展起来的，全球化所带来的外部力量固然重要，但更多是对硅谷国际研发城市的进一步发展起到了强化与推动作用。因此，依托城市本身力量的内生性发展是硅谷国际研发城市成长路径的显著特点。

班加罗尔信息技术产业的起步源于印度国家与地方政府的大力支持，国家软件园的规划与建设弥补了班加罗尔在技术基础设施方面的不足，使本地软件商为国际市场提供离岸外包服务成为可能。1980年代中期开始，研发全球化浪潮开始涌动，班加罗尔大量的高素质与低成本技术研发人才吸引了跨国公司研发机构蜂拥而至，其中就包括雅虎、谷歌、惠普、AMD、英特尔等众多硅谷高科技公司。跨国公司研发机构深刻嵌入到班加罗尔本土的创新环境之中，通过与本土企业与研发服务商不断的互动融合，促进班加罗尔研发能力的大幅提升。同时，本土的研发服务商围绕在外资研发机构周围，以承接大量研发外包合同的方式实现了由低技术、低附加值的服务外包业向高技术、高附加值研发服务业的产业升级，实现了班加罗尔向"研发服务之都"的成功转型。由以上可见，班加罗尔在其国际研发城市的崛起过程中，由研发全球化所带来的外部力量占据了主导地位，使其成长路径呈现出与硅谷截然不同的外生性特点。

6.4 国际研发城市形成与发展机制的理论架构

通过对硅谷与班加罗尔两座城市发展历程与演变轨迹的回顾，能够清晰地发现国际研发城市是知识经济时代背景下，伴随研发全球化过程而产生的一种新型城市功能与空间形态；通过对于驱动案例城市研发与创新发展主要因素的分析与比较也表明国际研发城市实质上是全球化与内生性两股力量共同交织作用下的产物。

然而，回顾既有文献，作者发现在理论视角层面，国际研发城市的相关研究基本延续了区域创新系统的学术思想，多强调从城市自身所拥有的研发要素构成角度来探讨推动研发城市形成与发展的内生力量，更多关注了国际研发城市中的"研发"意涵而在一定程度上忽略了"国际"二字所蕴含的全球化语境。有鉴于此，这就要求我们在保持关注城市研发创新内涵的同时，还需要将其纳入到全球化框架之下，结合之前的案例分析成果，综合运用新经济增长，研发全球化、全球价值链、城市创新系统等理论工具，从内外两个层面出发来搭建国际研发城市形成与发展机制的理论架构。

6.4.1 知识经济崛起：国际研发城市形成的宏观背景

知识经济是有别于工业化经济的人类生产力发展新阶段。正如工业化对农业的历史性变革一样，知识经济对于工业化经济也是一场历史性的变革，而正是这种变革导致了经济运行中占主导地位要素的重大变化（张幼文，2002）。

在西方经济学中，生产要素一般被划分为劳动力、土地、资本和企业家才能4种类型（高鸿业，2007）。传统的经济增长理论认为驱动经济增长的主要因素是劳动力和土地等物质要素，而缺乏对于技术、人才资本等创新要素的关注（J. Fagerberg，2009；中译本）。直至上世纪50年代，经济学家逐渐意识到生产要素增加的比例与产出增加的比例并不相符，后者要明显高于前者，这就暗含着除去劳动力和物质资本之外，还存在着其他经济增长动力源泉的事实。这部分无法归功于传统要素投入增加的那部分产出增加被认为是技术进步的贡献（Solow，1957）。随后，罗默、卢卡斯等相继指出知识型生产要素并不具有边际报酬递减的特点，技术作为知识的一种形式，具有非竞争性和部分非排他性特质，从而有效地将技术进步内生于经济增长之中（蔡增正，2001），并在此基础上发展了新经济增长理论。

罗默将新经济时代的生产要素概括为4个方面：资本、非技术劳动、人力资本（以接受教育的年限来衡量）和新思想（以专利权数量来衡量）。其中，作为特殊知识的新思想最为重要，是驱动经济增长的主导因素，因此，知识积累是新经济增长的主要源泉（Romer，1990）。罗默将社会各部门划分为消费品生产部门和研究开发部门（知识积累部门），由于知识积累对经济的增长作用超过物质积累而处于支配地位，使得研究和开发成为经济增长的主要源泉。卢卡斯则将人力资本作为推动经济增长的决定性因素，认为特殊的专业化人力资本积累是经济增长的真正源泉，而人力资本的积累可以通过脱离生产的正规和非正规学校教育两种方式来进行，从而使经济活动中每个人的智力和技能得以提高，并极大促进劳动生产率的提升。Griliches 发展的知识生产函数正是上述思想的综合反映，函数表达为：

$$I_i = \alpha RD_i^{\beta} HK_i^{\gamma} \epsilon_i$$

其中，I 表示创新产出，RD 表示 R&D 投入，HK 表示人力资本投入，下标 i 表示函数模型的观察单位，可以是一个企业，国家或是产业。以上函数的逻辑是显然的，即创新是研发和人力资本投入的结果（梁琦，2009）。

伴随着人类社会从工业社会向知识社会迈进，全球经济的增长也正在从资本驱动阶段进入到创新驱动阶段，主导经济运行的生产要素发生了显著变化，从一般的劳动力、土地等物质要素，转向技术、专业化人力资本等创新要素；城市与区域的竞争也在很大程度上演化为，其各自在全球范围内技术与人才等创新要素获取与培育能力层面的竞争。在新经济增长理论框架下，专注于知识生产及其积累的研究与开发部门被视作推动区域经济持续增长的主要动力来源，研发资源与产业的空间集聚以及研究与开发体系的不断完善是知识经济时代下推动城市及其区域社会经济快速发展的关键因素。因此，通过各种途径来加强城市的研发投入与知识累积，招揽专业性技术人才，提升技术与文化创新能力成为新经济背景下城市获得长期可持续发展的必然选择。

硅谷、班加罗尔等城市之所以能够在日趋激烈的全球竞争中脱颖而出，正是由于其占有了知识与信息经济时代的"工厂"与"矿山"(Castells 和 Hall,1998;中译本)，即技术、人才资本等新型生产要素，通过培育与攫取大量国际性研发要素资源，建构起世界级的研发与创新能力，来应对当前日新月异的技术与知识变化形势。由此可见，国际研发城市的形成与发展正是深深根植于知识经济崛起的时代背景下。

6.4.2 全球研发网络:国际研发城市形成的外部条件

硅谷与班加罗尔的案例研究表明，在国际研发城市的形成与发展过程中，显然无法忽视全球化所带来的重大影响。硅谷全球研发中心地位的持续巩固在很大程度上得益于新国际劳动分工作用下的全球价值链研发环节在硅谷集聚程度的日益强化，而班加罗尔研发服务之都的崛起更是直接源于跨国公司研发投资的大量涌入而使其成功接轨于国际研发服务市场。

当前，经济全球化已由产业全球化进入到研发全球化的新阶段(杜德斌，2001)。跨国公司从其全球化经营战略出发，根据自身的技术实力与战略目标，在全球范围内配置研发资源，构建全球性的研发网络体系，最大限度地利用企业自身的技术优势和东道国的科技资源，并通过与其他企业与机构广泛的外部合作，以期获得长期、稳定的全球技术领先优势(李安方，2004)。跨国公司主导下的研发全球化推动了全球研发网络的最终形成，全球研发网络的全球扩张与地方镶嵌，不仅实现了对全球研发资源的空间转移与重新整合，增强其嵌入城市的研发资源储备；同时也为其嵌入城市融入全球创新网络，获得更多的知识溢出以提升研发与创新能力提供了现实的通道与载体，进而构成推动国际研发城市形成与发展的外部条件。

(1) 网络空间扩张:价值链研发环节的重新聚合

随着全球化进程的持续深入，国际劳工分工从不同产业、不同产品之间的分工，转向同一产品内不同增值环节的分工。透过有绝对经济权力的跨国公司投资，全球经济活动按照价值链的不同环节，被功能性地配置在具有不同优势的空间与地区之中。

从全球价值链的视角分析，我们可以将跨国公司研发全球化看做是全球价值链中的研发与设计环节在世界范围内的重新聚合。在跨国公司的全球搜寻过程中，一些城市因在科研基础设施、人力资本与市场环境等方面所具有的区位比较优势，成功吸引了大量的跨国公司研发环节落户。研发是企业价值链中的高端环节，跨国公司将附加值最高的研发活动环节布局在某城市，由简单地转移创新成果，变为转移创新过程本身(UNCATD，2005)，不仅促进了城市研发要素资源的累积，同时极大强化了全球价值链中的研发环节在某一城市空间范围内的集聚趋势，城市通过对价值链条中附加值较高的研发与设计环节地占据，成功融入到由跨国公司主导的全球研发网络中去，显著提升城市对于全球技术资本的控制力与支配权，进而跃升成为全球研发网络中的节点城市，即国际研发城市。

近年来，跨国公司的海外研发布局加速了由发达国家和地区向发展中国家和地区，其中主要是亚洲国家和地区转移和扩散的步伐(UNCTAD，2005)。Pearce(1999)指出在上世纪后期，跨国公司研发中心往往在非母国汇聚，使得一些发展中经济体城市成为世界性的研发中心。以半导体芯片产业的研发环节转移为例，东南亚和东亚地区从上世纪 90 年代中期实际上是一片空白开始，到 2002 年以上地区所占有的全球半导体芯片的研发与设计份额已达到 30%[①]。不过，从总体来看，欧美日等发达国家和地区依然是当前跨国公司研发全球化的最大受益者，在全球研发资源的空间配置格局中占据着绝对主导地位。有数据表明，2007 年，美国跨国公司的海外研发投资规模达到 801 亿美元之巨，但是同年来自其他国家的跨国公司在美研发投资也达到了 426 亿美元。硅谷、波士顿、东京等发达经济体城市始终是跨国公司研发环节布局的重点区域。因此，跨国公司研发网络的空间扩张不仅增强了发展中经济体城市的研发环节集聚趋势，同时，也是发达经济体城市获取外部国际性研发资源以提升其技术创新能力的重要来源。

硅谷与班加罗尔的案例表明，无论是何种经济体城市，都无法置身于研发全球化浪潮之外，来自海外研发机构所裹挟的技术创新资源嵌入到本地环境，改变了城市研发环节的集聚状态，使城市的研发力量得到不同程度的增强。不过，有所不同的是班加罗尔在其国际研发城市的崛起过程中，价值链研发环节的空间集聚更多来自外资跨国公司，呈现出极强的外源依赖性特征；对于硅谷而言，拥有研发机构的内外资结构比反映出其具有全球研发资源输出地与输入地的双重身份，有着更为通畅的双向国际交流渠道，可以借助内外两个层面来同时强化研发环节的集聚趋势。具体表现为：一方面，硅谷公司将制造、组装等低附加值环节转移至其他国家和地区，将高附加值的研发与设计环节保留在本地，维系自身的技术竞争优势；另一方面，硅谷凭借其丰富的科技资源与高技术产业优势，吸引其他国家和地区的以技术

① 引自联合国贸易与发展会议.世界投资报告 2005：跨国公司和研发国际化[M].北京：中国财政经济出版社，2005：156

获取为目的的跨国公司高等级研发环节入驻，在充实自身研发力量基础上，进一步巩固硅谷在全球范围的技术领先地位，进而成为全球技术资本的地理控制中心。

(2) 网络地方镶嵌:研发全球化的区域空间效应

跨国公司研发网络在空间扩张的同时，也会在其实施空间落位的城市进行不同程度的地方镶嵌。跨国研发资本的流动使所携带的先进技术、创新工艺以及相应的管理经验等在某一地域空间范围内进行沉淀，并通过多种途径使东道国城市受益。这种由跨国公司网络镶嵌带给东道国城市的积极空间效应与影响，将有力推动国际研发城市的形成与发展。

对于东道国城市而言，来自外国的技术转移与研发投资是构建城市创新能力的有机组成部分(石定寰，1999)。跨国公司既是全球研发的主要执行者，也是全球研发创新的主要来源。跨国公司海外研发机构在运作过程中将不可避免地与东道国城市的经济体系发生交互，促使东道国城市传统的科研组织结构和创新方式发生重大变化，进而为城市的技术创新收益开辟了新的增长源泉。国外高水平研究人员的直接流入，世界先进实验设备的引进，与本土企业、高校、科研院所等开展合作，包括联合开办实验室、研发合同外包等在内的多种形式的合作交流，提供彼此间近距离接触与交流的机会以获取更多的知识溢出。同时，跨国公司的海外研发机构还可以作为其嵌入城市的研发培训基地，为东道国城市的科学家和工程技术人员提供富有挑战性的高技能工作，有助于形成新的研究力量与团队，从而增强东道国城市研发创新的人力资源基础。跨国公司的海外研发机构进驻还有助于增强东道国的知识产权保护力度，发挥“鲶鱼效应”，加强东道国城市企业的创新竞争意识，促进形成新的研发文化。东道国城市日益增强的研发能力可以帮助其提升在国际劳动分工中的位置，进入具有动态比较优势的新领域，实现产业提升(UNCATD，2005)。

跨国公司的海外研发机构，其中尤其是具有全球创新功能的高等级研发机构是东道国城市链接世界创新知识尖峰(王德禄，2011)的重要门户，为东道国城市进一步接轨国际技术市场奠定了坚实基础。跨国公司海外研发机构作为跨国公司研发网络与城市创新体系建立联系的节点，深刻地打破了一个城市创新系统的封闭边界(楚天骄，2008)，大大提高了城市创新体系的对外开放与国际化程度，为城市充分融入到全球研发网络中，同步对接与共享世界最新的知识与研究技能，拓展创新来源以提升技术研发与创新能力提供了机遇窗口。

以上讨论集中在全球研发网络的地方镶嵌对于东道国城市层面所产生的空间效应，但是实际上，全球研发网络的地方镶嵌对于母国城市也有着同样重要的经济影响。跨国公司研发国际化的动机分为资产开发型 R&D 和资产扩张型 R&D，前者强调企业通过结合或适应特定的外国当地条件，来努力扩展企业技术资产的用途，而后者则认为外国特定区域能提供企业在本土基地不容易得到的补充性区域优势(Kuemmerle,1996)。无论是采用何种类型的海外研发投资,跨国公司所在的母国城市都能够通过设立与运作海外研发机构的方式将自身的技术实力与国外资产相结合。作为母国城市,首先,可以通过所属其跨国公司研发体系的全球布局,监听全球最新的技术情报与主要竞争者的发展动态,掌握市场信息与客户需求,提高母国城市与企业的技术创新效率与研发绩效。其次,可以充分利用东道国城市的研发要素资源,内化东道国及其嵌入区域的创新系统优势,大幅降低研发成本,占有更多的隐性知识与技术资本,并有机会以反向知识转移和溢出的方式来回哺与反馈给母国城市企业(周祖怡,2010),强化母国城市的技术竞争优势。再有,可以与其他城市之间形成密切的网络联系,加深母国城市的知识扩散与传播的程度,拓宽其知识与技术在国际层面的流动渠道与范围,提高其在国际上的影响力和控制力,确立与提升其在全球研发网络中的核心节点与枢纽地位。

综合以上分析,我们以硅谷和班加罗尔为例建构跨国公司研发网络空间扩张与地方镶嵌对于国际研发城市形成的作用机制(见图 6-5)。作为母国城市,一方

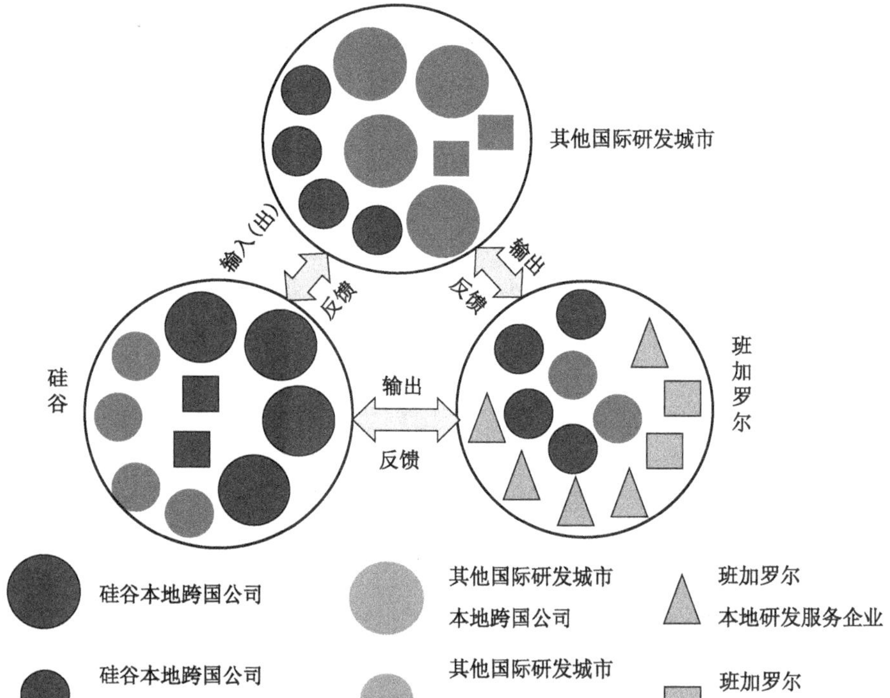

图 6-5 跨国公司研发网络对于硅谷与班加罗尔的作用机制比较

资料来源:作者绘制

面,硅谷通过所属其跨国公司研发网络在全球范围内的空间扩张,向班加罗尔和其他东道国城市输出国际研发资源,加强技术转移,同时也凭借自身优势吸引其他东道国城市跨国公司向其输入国际研发资源。另一方面,硅谷跨国公司研发网络充分嵌入班加罗尔和其他东道国城市的研发体系,内化其他城市的创新系统优势并通过反馈机制将其回哺至硅谷。班加罗尔作为东道国城市,则更多表现为承接方,接受大量来自硅谷和其他城市的研发资源输入,并在此基础上培育研发服务企业集群,以融入全球研发网络的方式来获得自身研发与创新能力的大幅提升。因此,硅谷在攫取研发资源建构国际研发城市的过程中,拥有输出、输入和反馈等多重机制,而相比之下班加罗尔则更多依靠单一的输入机制。

6.4.3 城市研发系统:国际研发城市形成的内生基础

跨国公司主导下的全球研发网络是推动国际研发城市崛起的外部动力条件,但是,跨国公司研发单元的全球分布总是呈现出明显的地理集中性。而之所以在特定地理区域形成空间集聚,与城市拥有的与研发相关的本地化优势差异有着莫大的关联(Gassmann 和 Zedtwitz,2002),这说明国际研发城市外部作用力的获得在很大程度上取决于城市本身。其次,UNCATD(2005)指出城市自身的技术与创新基础决定了一个区域在何种程度上能够与国际知识创造网络建立互动联系并由此获得更多的技术吸收与学习能力。可见,国际研发城市本身的研发系统不仅决定了城市能否获取外部作用力,还决定了城市对于外部作用力的利用程度与效益高低。

之前对于硅谷和班加罗尔国际研发城市崛起的驱动要素分析表明,来自本地的企业、大学、政府、专业性服务体系、社会网络等是推进其国际研发城市兴起的重要力量。有学者认为,即使在全球化背景下,区域创新的潜力仍取决于不易于在国际上流动的地域因素,如高技能的劳动力、研发机构与区域制度等(霍茨.海特,2005,中译本①)。因此,城市自身拥有的研发资源禀赋与知识基础不仅是跨国公司研发环节的区位吸引要素,更是一座国际研发城市研发系统的基础性组成部分,是支撑国际研发城市研发创新能力形成与发展的核心环节与前提条件。基于以上分析,作者认为凝结于城市中的地方研发竞争优势或者是说城市研发系统的完善程度是推动国际研发城市形成与发展的内生基础与力量源泉。

(1) 城市研发系统的要素构成与组织结构

国际研发城市的研发系统是由各类研发要素构成的系统综合体,厘清以及分

---

① [英]G. L. 克拉克,[美]M. P. 费尔德曼,[加]M. S. 格特勒. 牛津经济地理学手册[M]. 刘卫东,等,译. 北京:商务印书馆. 2005:450

析这些要素的构成状况以及彼此间的组织结构，将有助于我们准确把握国际研发城市形成与发展机制的理论解释框架。

根据定义，国际研发城市是一座以研发服务作为主要功能性特征的创新型城市。作为创新型城市的一个分支类型，国际研发城市的城市研发系统显然与城市创新系统之间具有很大程度的同质性。城市创新系统是指在特定的城市内和特定的社会经济文化环境下，各种与创新相关联的主体要素（实施创新的机构和组织）和非主体要素（创新所需要的物质条件）以及协调各要素之间关系的制度和政策所构成的网络组织（赵黎明等，2002）。与创新型城市有所不同的是，研发城市在其创新来源方面更加凸显了研发的核心与领导地位，强调研发活动及其相应产业对于城市经济发展与地位形成所具有的主导性推动作用。因此，我们可以适当借鉴赵黎明提出的城市创新系统构成，根据之前对于驱动硅谷和班加罗尔研发与创新发展成功因素的分析结果，将研发城市的研发系统构成分解为若干要素：①企业，是应用型研发活动的主要执行者，是城市实施技术创新的行为主体，包括企业的研发中心、专业从事技术创新的研发型公司以及基于企业集群而形成的相关产业基础；②大学，是与研发相关的知识生产中心和技术研发人才的培养与输送中心，是城市研发创新能力可持续发展的关键要素；③科研机构，包括政府科研机构与民间非营利性研究所，同样是重要的知识生产中心，但大多偏向于基础研究性质的共性技术研发领域；④服务性机构，系统中连接技术供应方与需求方的桥梁，是提高研发效率的润滑剂，由各类专业性服务机构与中介组织组成；⑤金融机构，主要指风险投资机构与银行，为技术研发提供资金保障，是降低企业研发风险，推进技术创新成功的重要因素；⑥政府，一方面是公共性研发资金以及城市技术基础设施的主要提供者，另一方面也是国家与地方层面公共性服务平台的搭建者与研发创新相关政策的制定者，可以通过制度、法规等对系统的输入与调节来弥补市场失灵与系统失灵；⑦社会网络与文化，指城市中与研发相关各行为主体间构成的正式与非正式联系网络的总和，以及基于此而形成的城市所特有的鼓励技术研发与科技创新创业，具有多元性和包容性的研发文化氛围。

城市研发系统是由研发的主体要素（包括企业、大学和科研机构，是科技研发与创新活动的行为主体）和非主体要素（包括政府、服务性机构、金融机构、社会网络与自然环境等，并不直接参与研发创新活动）所构成的彼此紧密联系、相互融合的复杂系统。其中，主体要素构成城市研发系统中的核心要素系统，也是一个城市研发资本存量和研发人力资本，即研发资源最为主要的物质载体。非主体要素则构成城市研发系统的支撑要素系统，虽然并不直接参与城市的技术研发与创新活动，但是对核心要素系统的功能发挥与效率提升具有重要的支持与保障作用。在各支撑要素中，专业服务性机构、金融机构、政府或大学兴建的技术基础设施、公共性服务平台、自然环境质量等属于硬支撑要素，是城市研发创新所需的物质条件；由政府或大学制定的政策、制度以及基于社会网络的城市研发文化等则属于软支撑要素，是协调与润滑系统中各研发相关主体间关系，并推动其发生协同作用，促进城市研发与创新环境形成的关键要素。城市研发系统具有动态开放性，在市场与政府机制的调控下，与城市外部环境进行物质、能量与信息等的流动与交换，继而有力推动国际研发城市的崛起与发展。城市研发系统的组织结构图如图 6-6。

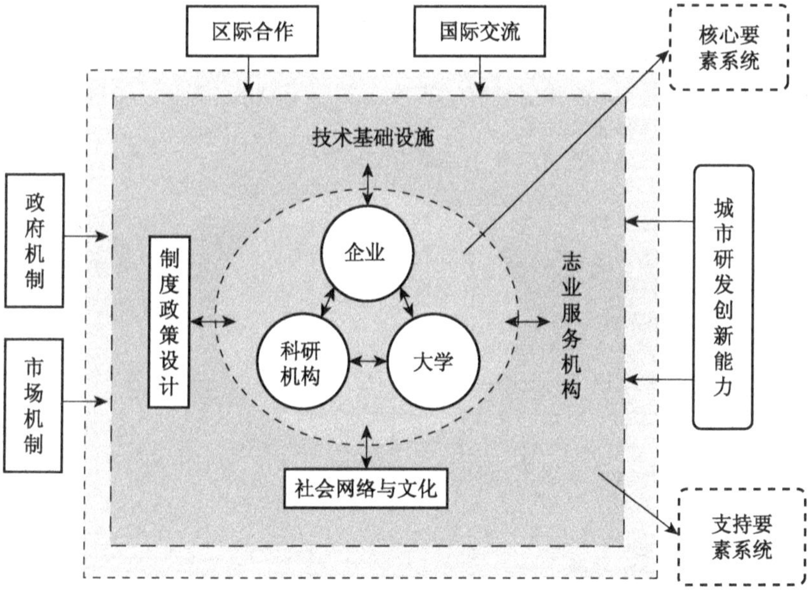

图 6-6 城市研发系统的要素构成与组织结构

资料来源：作者绘制

(2) 城市研发系统的要素功能与作用机理

在明确了城市研发系统的要素构成与组织结构之后，各要素所承担的具体功能及其作用机理是接下来需要讨论的重点。通过对于硅谷和班加罗尔两座案例城市的归纳与对比，将有助于我们更加清晰地了解系统中各构成要素是如何发挥作用来推动城市研发能力的大幅提升，具体见表 6-7。

通过以上对比可以看出，尽管研发系统中各构成要素在不同城市研发与创新发展过程中所发挥的具体功能具有一定的差异性，但是就整体而言，城市研发系统各要素的作用机理却大致相同，在很大程度上可以由埃茨科威兹(Etzkowitz, 2005)提出的“三螺旋”(Triple Helix)创新理论来解释。

表 6-7 硅谷与班加罗尔研发系统构成要素的功能对比

城市研发系统		硅 谷	班加罗尔
核心要素系统	企业	• 本土中小企业集群与全球性科技公司是城市研发与创新的主体力量,诞生众多革命性与关键性技术,使硅谷成为新兴产业的策源地; • 企业发生的衍生或并购活动是硅谷扩散与获取技术诀窍的重要机制,形成基于共性或相关技术的科技企业集群,奠定硅谷研发所需的坚实产业基础。	• 政府主导下信息技术产业的快速发展与集聚为班加罗尔研发奠定产业基础; • 围绕跨国公司研发机构,形成以承接研发外包合同作为主要业务的专业性研发服务企业集群,融入全球研发网络以获得研发与创新能力的提升。
	大学	• 城市重要的知识生产中心,贡献众多关键性科研成果; • 城市主要的技术研发人才培育与输送中心; • 首创技术转移模式,加快大学研究成果商业化的速度与效率,激发教师与学生的科技创业热情,使之成为培养硅谷高科技创业者的摇篮; • 自发兴建了作为产业研发空间环境与技术基础设施的斯坦福研究园。	• 城市主要的技术研发人才培育与输送中心。
	科研机构	• 基础研究领域内的知识生产中心; • 国内外研发要素资源进入重要的区位吸引要素; • 通过与企业、大学的联合研发来夯实城市的知识基础。	同左
支撑要素系统	政府	• 以国防订单和研究合同的方式为硅谷的产业研发提供资金支持,鼓励企业充分竞争,实行市场化、弱干预的政策策略; • 兴建联邦及地方政府实验室,拨付研发基金,加强基础研究工作; • 制定优惠政策鼓励企业从事技术研发活动,推动研发成果的产业化,引进国际研发人才; • 通过法案,允许大学和中小企业拥有政府资助所得研发成果的知识产权,实行严格的专利制度,促进技术交易市场建立。	• 政府更多以组织者的身份出现来主导城市的产业研发与创新发展;成立信息产业部将发展信息技术产业上升至国家战略高度; • 政府承担了国家绝大部分的研究经费,兴建政府实验室,同时是软件园、通讯网络等技术基础设施的规划者与建设主体; • 制定政策降低关税,减免软件产品出口所得税,加强知识产权保护,促进企业开展研发活动。

续表 6-7

城市研发系统		硅　谷	班加罗尔
支撑要素系统	服务性机构	• 由律师事务所、会计师事务所、商业咨询公司、专利代理机构、猎头公司等生产性服务业构成专业化的支持网络，降低了企业在研发过程中的交易成本，构建了硅谷利于研发与创新的环境基础。	• 以 NASSCOM 和 ESC 为代表的行业协会是联系城市政产学研最主要的中介组织，为成员企业收集与分析行业信息，开拓国际市场，推动技术创新给予帮助。
	金融机构	• 第一代创业成功者利用自身累积的财富投资下一代创业者，变身天使投资人，形成以自我支持为特点的风险投资机制，推动本土全球性技术公司的不断崛起； • 高技术的成功发展吸引大量风险投资机构跟进，使硅谷成为全球风险资本的集聚中心，为地区研发与创新发展提供金融保障。	• 由政府主导，外资与私人银行共同参与发起设立各类风险投资公司； • 政府将研发税的 40%用于对风险基金的补贴，规定风险投资收益全部免税，为城市研发活动提供强有力的金融保障； • 通过海外人脉网络与硅谷风险资本的集聚中心——沙丘路保持广泛而密切的联系。
	社会网络与文化	• 基于合作交流，人员流动的企业间网络，基于人脉互信的企业与科研机构、服务与风险投资人之间网络等，将硅谷各研发相关主体联系起来形成协同共生的地方社会网络关系； • 多元融合，包容失败的文化特质；崇尚卓越技术的价值观念以及勇于冒险与创新的企业家精神是硅谷研发与创新发展的独特竞争优势。	• 主要以中介组织为媒介来推动班加罗尔企业网络与技术社区的形成； • 诞生一大批全球知名研发服务商，如 Wipro，Tata，Infosys 等，初步培育了一定的企业家精神。

资料来源：作者根据相关资料与文献汇总整理

“三螺旋”理论认为在知识经济时代，企业、大学和政府三者之间的相互作用是改善区域创新环境的关键。企业是进行生产的场所，大学是新知识新技术的来源，政府则是契约关系的制定者。在区域创新过程中，以上三者所发挥的功能超越了原本各自的空间范畴，形成互相交融、紧密耦合的局面，以彼此间能量与信息的循环作用来推动城市创新水平的螺旋式上升(Etzkowitz，2005)。

在城市研发系统的运行过程中，同样有“三螺旋”的存在。其中，作为研发行为主体的高科技企业集群构成了城市研发创新所需的产业基础，并通过企业间的人员流动与衍生机制培养了大量技术人才与创业者；研究型大学正经历着从知识生产、传播到创业型机构的文化转变(埃茨科威兹和周春彦，2007)，在研发成果知识产权的归属得到明确后孵化出大量科技企业，成为培育创新企业家的摇篮，并参与到研发园区的建设之中；政府兴建公共科研机构与技术基础设施，并向市场拨付公共风险资本或提供研究项目合同，通过政策与制度设计鼓励企业积极开展技术研发活动。以上跨越各自功能边界的企业、大学和政府(科研机构)通过彼此间人员、技术与信息等的输出与循环构成支撑城市研发系统成功运行的3个螺旋。3个螺旋中的交汇区域为提供各种专业性服务的生产者服务业，中介组织与风险投资机构，是融合3个螺旋并使之提升相互作用效应的润滑剂；围绕在3个螺旋周围的则是城市长期以来形成的以规范、惯例、信任合作、企业家精神等形式而存在的社会网络与文化，构成支持企业、大学与政府3个螺旋研发与创新能力的独特地方优势。城市研发系统各要素间的作用机理示意见下图：

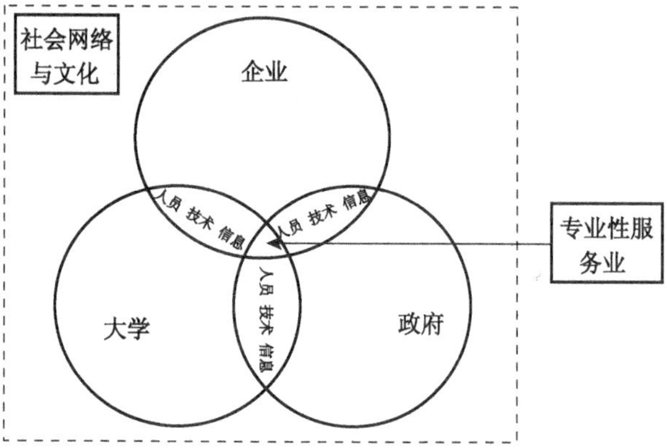

图6-7 城市研发系统的“三螺旋”作用机理示意图

资料来源：作者在Etzkowitz. 2005的基础上绘制

6.4.4 国际研发城市形成与发展机制的理论解释框架

基于以上的理论分析与案例总结，我们可以构建出一个国际研发城市形成与发展机制的理论解释框架(见图6-8)。按照该框架，若要分析一个国际研发城市的形成与发展，可以从以下几个方面着手。

① 在新经济下，主导社会经济运行的生产要素发生重大转变，由土地、一般劳动力、资本等传统要素转向技术、人才等创新要素。研发资源作为新经济下高级生产要素的重要组成部分，其中尤其是国际性研发要素资源的获取与培育是一个城市在全球经济舞台上建立创新比较与竞争优势的重要环节。基于此，作者认为正是知识经济时代的到来构成了国际研发城市形成与发展的宏观背景。

② 在全球化日益深入发展的背景下，全球研发网络是国际研发城市形成与发展的外部条件，只有当城市的研发与创新活动融入由跨国公司主导的全球研发网络时，才可能占据全球价值链中高端的研发与设计环节，成为全球技术资本的地理

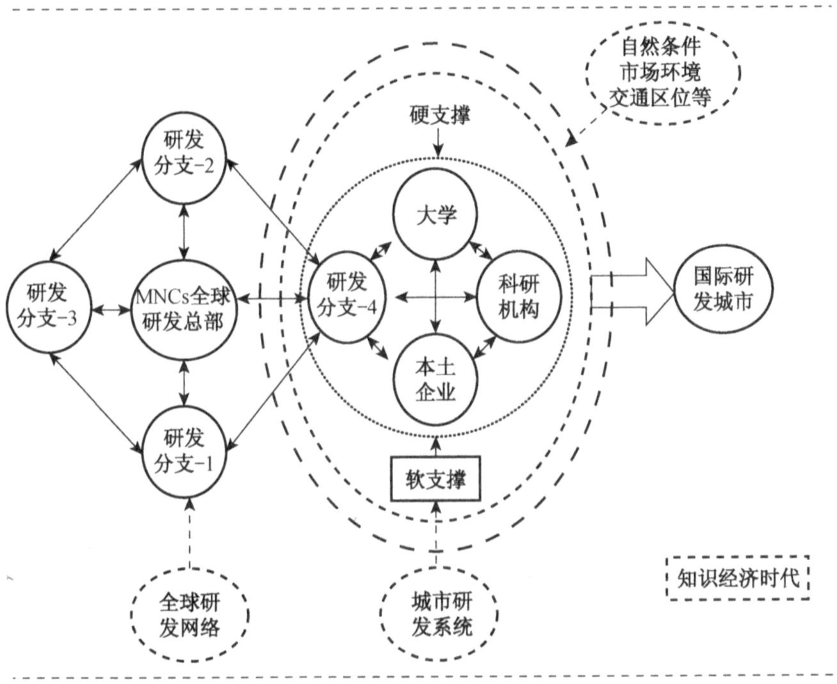

图 6-8　国际研发城市的形成机制示意图

资料来源:作者绘制

控制中心以及世界城市网络体系中具有研发创新节点功能的国际城市。但需要注意的是,以上并不意味着所有城市都有能力抓住研发全球化机遇并发展成为国际研发城市。事实上,研发全球化是一把双刃剑(孙福全等,2006),城市只有在自身具备完善高效研发系统的基础上,才能克服研发全球化带来的负面影响,抓住机遇,乘势而为,实现向国际研发城市的功能提升与发展模式转变。

③ 城市拥有的研发资源禀赋质量和城市研发系统的完善程度不仅决定了城市能否从外部获取国际研发资源,同时也决定了对于国际研发资源的利用程度与效益。城市研发系统是国际研发城市形成的内生基础与前提条件,如果缺少该要素条件的支撑,国际研发城市的创建只能是无源之水,无本之木。其中,企业、大学和科研机构是系统的核心要素构成,政府、服务性机构、基于社会网络的城市研发文化、自然环境条件等是系统的支撑要素构成,而在支撑要素中又分为硬支撑要素和软支撑要素。在软支撑要素的有效连接下,城市研发系统中与研发相关各行为主体之间发生协同作用,成为推动国际研发城市形成与发展的基础条件与力量源泉。

④ 不可忽略的是，在全球研发网络嵌入到城市研发系统的过程中，还需要经过一个中间层次，即城市所在的区域与国家，其中的某些环境条件对于国际研发城市的形成与发展也起到了间接的促进作用。譬如城市所在区域良好的生态，宜人的气候，洁净的空气不但可以满足高精密性研发实验室对于自然环境的严苛要求，也是吸引技术研发与创新人才进入与长期驻留的重要因素；城市所在国家的市场规模与挑剔的客户群体，能够有效保证研发成果的市场前景及质量，也是吸引外部研发要素资源进入的重要影响因子；城市所在区域优越的地理位置与交通条件，能够为系统内外各研发要素资源的自由流动带来便利等。以上亦构成国际研发城市崛起的影响因素与条件。

一般来说，以上 4 个条件是国际研发城市形成与发展的关键与基础因素，若缺少其中一个都将有可能对国际研发城市的形成产生阻碍作用。在当今世界日益步入知识经济时代的背景下，国际研发城市的形成与发展实质上是跨国公司主导下的全球研发网络与本地研发系统共同作用的结果。硅谷与班加罗尔的案例研究表明，硅谷的发展更多依靠城市自身的研发系统基础，成长路径具有显著的内生性特点，但是在其成长与壮大过程中也充分利用了研发全球化所给予的外部力量；班加罗尔的崛起则更多依靠跨国公司研发网络所带来的国际研发资源注入，成长路径具有强烈的外生性特征，但是如果没有自身极具优势的研发系统，同样也无法达成对于外部力量的有效利用。因此，在未来，累积地方研发竞争优势的内生式发展和在此基础上导引其嵌入全球研发网络的内和外两方面的融合发展才是构建国际研发城市的正确路径选择。

6.5 本章小结

本章主要采用了典型案例剖析的研究方法，从众多国际研发城市中选取硅谷和班加罗尔这两座分属发达经济体和发展中经济体的城市进行全面解析与比较，以历史的眼光分别回顾这两座国际研发城市的发展历程与演变轨迹，细致分析与解读驱动案例城市研发与创新成功发展的主要因素，借以深层次洞察推动国际研发城市崛起的各种力量源泉。随后，在以上工作的基础上，结合案例分析成果，综合运用新经济增长、研发全球化、全球价值链以及城市创新系统等理论工具来搭建国际研发城市形成与发展机制的理论解释框架。

经过案例研究与比较分析，作者认为国际研发城市是根植于知识经济背景下，由内外两股力量交织作用而形成的一种新型城市功能与空间形态。其中，跨国公司主导的全球研发网络的空间扩张与地方镶嵌，深刻地改变了全球研发资源的空间配置格局和全球价值链中研发与设计环节的集聚程度与趋势，从而构成国际研发城市崛起的外部动力条件;同时,国际研发城市自身拥有的研发资源禀赋与知识基础,不仅决定了城市对国际研发要素资源的获取能力与利用效率,更是国际研发城市研发系统的基础性组成部分,是支撑城市研发创新能力形成与提升的核心环节与前提条件,因此,作者认为凝结于城市中的基于自身研发资源禀赋的地方竞争优势或研发系统的完善程度,是推动国际研发城市形成与发展的内生基础与力量源泉。依据全球研发网络和城市研发系统在国际研发城市崛起过程中所承担的功能地位不同,可以将其成长路径方面则分为内生性和外生性两种。在未来,应通过融入全球研发网络与优化城市研发系统内外两方面相协调的路径来整合全球力量与本地资源,继而推动国际研发城市的形成与持续发展。

第7章

我国城市创建国际研发城市的适宜性分析

全球化时代,国家与区域的竞争力取决于其在国际分工中的地位(杜德斌等,2009b)。区域的产业竞争优势不再体现在某个特定产业或某个特定产品上,而是体现在产业链条中所占据的环节或工序上(赵志耘等,2009)。在知识经济下,硅谷、波士顿、东京、巴黎等国际研发城市由于占据了全球价值链体系中附加值较高的研发环节,因而在全球愈演愈烈的技术竞争中处于优势与主导地位,并持续引领上世纪90年代以来世界高科技产业经济的增长。

当前,我国已经成为世界第二大经济体与全球制造业产出最高的国家,发展成就举世瞩目。但就国际劳动分工的格局来看,我国仍处于低端的加工组装环节,产品技术含量和附加值均偏低,国际竞争力依然薄弱(马德秀,2013)。近年来,在研发全球化驱动下,全球研发资源的空间配置格局发生深刻变化,我国业已成为跨国公司全球研发布局的重点区域,从而为我国对接与融入全球研发网络并借此提升技术创新实力带来历史性机遇。在上述背景下,我国应当积极研究国际研发城市的建设与发展战略,充分发挥我国在研发人才、市场规模、人力成本等方面的比较优势,牢牢掌控产品价值创造过程中的研发环节,使我国城市不断沿着全球价值链的高端部分攀升,实现从"世界工厂"向"研发城市"的成功转变,切实提升我国城市的国际竞争力。

7.1 我国建设国际研发城市的现实背景

7.1.1 我国成为跨国公司研发投资的热点区域

在研发全球化深入发展的背景之下,作为一个正在崛起的经济大国,中国由于市场庞大、人力资源丰富而成为跨国公司海外研发布局的热点区域,并日益呈现出研发投资规模不断扩大、功能等级不断提升的显著特点与趋势(杜德斌等,2009a)。

跨国公司来华设立研发机构始于上世纪90年代初,并于2000年之后形成高潮,目前机构总量仍在持续增加。商务部统计资料显示,短短十余年间,跨国公司在华研发机构由 1993 年的不足 20 家迅速飙升至 2009 年底的 1 200 多家，一举超越印度。其中，约有三分之一为极具国际影响力的全球 500 强企业，如微软、IBM、飞利浦等，并且在机构规模上居于主导地位。另外，除大型跨国公司外，一些专业型的研发服务公司在华投资势头亦相当迅猛，此类公司通常由科学家主导，以技术研发为营运重点，以销售知识产权为经营手段，具有强大的研发实力，其数量约占跨国公司在华研发机构总量的 25%左右(杜德斌等，2009a)。

与密集的研发活动相适应，跨国公司在华研发投资规模也在不断扩大。商务部统计资料显示，截至 2006 年年底，跨国公司在华研发累计投资已达 190.79 亿美元，平均每个机构的投资规模达到 1 709.5 万美元(杜德斌等，2009a)。根据德国投资策略咨询公司 Arthur D L 于 2012 年的调查，跨国公司在华的投资重心已由生产消费渠道转向产品与服务创新领域，并且在华研发投资估计将增加 70%①。众多极具实力的知名跨国企业正在积极谋划扩充其在华研发力量，如丹麦制药巨头诺和诺德于 2010 年宣布投资 1 亿美元扩建其在北京的研发中心，并计划于 2015 年将该中心的规模再扩大 1 倍，高级研发人员将增加至 200 名，意欲以中国为基地打造全球糖尿病研发的航空母舰。同年，法国化妆品巨擘欧莱雅在上海的研发中心二期工程于浦东落成，这项始于 2008 年的扩张行动将研发中心的占地面积扩大为 20 000 m^2，其中 3 200 m^2 为属于基础研究范畴的生命科学与化学分析实验室，比 2005 年初成立时的规模扩张了 1 倍②。

更值得一提的是，经过多年发展，跨国公司在华研发机构的使命从“为中国创新”进一步转变到“创新在中国”，相当数量的跨国公司在华研发机构正在经历由“为本地生产提供技术支持”向产品技术本地化、开发本地新技术再到面向全球市场研发的功能提升过程(杜德斌等，2009a)。商务部的资料显示，当前，约有 50%的外资研发中心在我国从事先导技术研究，60%以上将全球市场作为其主要服务目标③。越来越多的跨国公司将其在华研发中心，升级为在全球创新体系中具有重大战略意义的区域研发总部，有效提升了中国在全球研发创新网络中的地位与层级。例如，荷兰飞利浦公司在中国开设有 12 个研发中心，拥有 2 000 多名研发人员，每年在华研发支出过 1 亿欧元，布局于上海的亚洲研究院成立于 2000 年，已跃升为飞利浦全球第二大研究院，不仅致力于开发适合中国本土需求的产品，并且还有多项研发面向全球市场应用，在飞利浦拥有 53 000 项专利发明中，就有约 1 600

---

① http://www.mofcom.gov.cn/article/i/jyjl/m/201301/20130100004589.shtml[EB/OL].2013

② http://finance.sina.com.cn/g/20100921/19138695270.shtml[EB/OL].2010

③ http://www.mofcom.gov.cn/article/difang/jiangxi/201212/20121208502265.shtml[EB/OL].2012

项诞生于中国①。

由上可见，随着研发全球化的持续深入，中国已经成为跨国公司全球研发资源配置的重点区域，并且其区位重要性仍在持续增加。跨国公司所裹挟的技术创新资源不仅成为我国产业创新的重要组成部分，同时与本土创新要素互相融合，为我国城市充分利用国际创新资源，融入全球研发网络并进一步成长为网络节点城市带来空前的历史性机遇。

7.1.2 我国建设自主创新型国家发展战略的提出

在新一轮的全球竞争中，科技进步和创新被视作经济社会发展的首要推动力量。其中，自主创新能力的提高是调整经济结构，转变增长方式，提高区域竞争力的中心环节。因此，2005 年中共中央明确提出了建设创新型国家的重大战略构想，并在党的十七大报告中将"提高自主创新能力，建设创新型国家"确立为国家发展的核心与提高综合国力的关键，强调构建以企业为主体，产学研相结合的区域创新体系，加强核心技术的研发与自主知识产权的拥有，加速由"中国制造"向"中国创造"迈进的步伐。

在经济全球化日益深刻发展的今天，仅靠闭门造车无法提高国家的自主创新能力，充分与有效利用国际创新与产业资源也是衡量一个国家自主创新能力的重要方面，因此，不能狭隘地理解自主创新。科技部部长万钢曾经指出，自主创新强调的是创新者对技术创新和产品开发的主导权，而非技术本身的来源（万钢，2007）。在跨国技术联盟日趋增多，合作创新成为主要创新方式的现实基础下，只有掌握了合作时的主导权，才有可能有机会获得更多的技术创新收益与溢出，但上述目标的实现同样要建立在我们本身拥有较强的自主产品开发能力和搭建完善的自主创新平台基础之上。作为在技术上处于落后地位的发展中国家，中国如何更好地适应跨国公司的海外研发创新活动，或者说在跨国公司研发资源的全球空间配置过程中，东道国区位应该如何推动本地化创新网络运营，以便与跨国公司研发创新活动实行有效的对接，进而增加国际价值链中的国内增值比重，掌握研发资源在全球范围内配置的主动权，使之在国际贸易的分配中获取平等地位是值得思考的重要问题（郑飞虎，2009）。

城市是实施创新型国家发展战略的基本单元与空间载体，建设创新型国家实质上就是建设创新型城市。创新型城市的内涵丰富多元，既包括技术层面的创新，也包括非技术层面的创新。研发自始至终是创新不可或缺的重要来源，不仅是实现技术创新的主要途径，即使是非技术层面的创新，也同样离不开由研发所提供的

---

① http://news.xinhuanet.com/fortune/2012－10/16/c_113390325.htm[EB/OL].2012

技术支持，并且随着研发活动与相应产业的蓬勃发展，研发创新与服务将进一步演化成为现代城市的主要功能之一。因此，建设研发城市，尤其是集聚了众多国际性研发与创新资源，具有全球技术资本控制能力的国际研发城市是我国建设自主创新型国家，实现国际赶超的重要组成部分与主要抓手。

7.1.3 我国城市产业升级与发展模式转型的需要

在跨国公司主导的经济全球化日益深入发展的进程中，我国城市依靠劳动力和土地使用成本等传统生产要素的比较优势承接国际产业梯度转移，成为世界众多产品的主要加工生产与组装区。客观而言，积极参与全球化分工有效促进了我国区域经济的快速发展，但是在全球化竞争中，如果发展中国家城市单纯依靠比较优势进行国际贸易，就只能处在"生产要素导向"的初级发展阶段(Porter，2004；中译本)。

与发达国家相比，发展中国家企业长期处于全球价值链附加值较低的加工与组装环节，在国际贸易中基本依靠价格条件进行竞争，这种竞争方式不仅对生产力提升的帮助不大，而且易受到全球经济循环、汇率变化、贸易条件等诸多因素的影响。与之相反，发达国家的跨国公司掌握了先进的技术与市场网络，占据了价值链中附加值较高的两端，从而获得了较大的经济利益(倪鹏飞，2010①)。

表 7-1　2005 年富士康与华为经济数据对比

公司	占地面积	员工数量	产值	创税	价值链环节
富士康	1.5 km^2	14 万产业工人	—	16 亿元	加工、装配
华　为	1.3 km^2	4 万高技术人员	460 亿元	49 亿元	高技术制造、研发

注："—"表示缺少该项数据，作者补充价值链环节

资料来源：邱慧慧和徐志强.2007.经过作者整理

表 7-1 列出了同样位于深圳宝安区龙华镇的富士康与华为两家公司 2005 年的经济数据。从中可明显看出，作为全球第一"代工王"的富士康公司比华为科技占用了深圳更多日趋稀缺的土地资源，并享有外资加工出口优惠，但是由于其处于价值链低端的加工装配环节，附加值较低，而华为占据了位于价值链高端的高技术制造与研发环节，使得华为对政府的财税贡献远远高于富士康。此外，尽管每年富士康雇佣的劳工高达 14 万人，但是高技术型人才比例低，给深圳带来的技术提升

① 引自罗红波.城市：全球化网络的节点[M]//倪鹏飞.全球视野下的中国城市发展战略.北京：社会科学文献出版社，2010：70

与内需拉动极为有限(邱慧慧和徐志强,2007)。可见,这种"只长骨头不长肉"的经济增长方式已经成为当前制约我国城市发展的主要瓶颈,如果我国城市继续以"世界工厂"的姿态参与国际竞争,则极易陷入"比较优势陷阱",出现贸易的贫困性增长(陈华,2005),在获得利润不多的同时,还将付出资源快速消耗与环境质量下降的代价,因此,加速城市产业结构升级与发展模式转型已迫在眉睫。

当前,人类正逐步从工业社会向知识社会迈进,在涉及知识经济的诸多要素中,科学和技术研究开发始终被视作最为重要的基础性环节(Ernst 和 Young,1999)而得到广泛关注。不仅城市经济的发展与创新需要密集的研发活动来推动,城市生态与资源环境的改善同样离不开技术创新与研发活动的有力支撑。在此背景下,打造以占据全球价值链高端研发环节为特征的国际研发城市将成为我国在人力资本,科研基础设施等方面具有比较优势的城市在进行产业升级与模式转型时的重要突破方向。

7.2 我国城市创建国际研发城市的适宜性评价

以跨国公司研发机构为代表的国际性研发资源在某一地域范围内的空间集聚是国际研发城市的基本特征。在研发全球化的推动下,某些城市的研发力量得以大幅增强,在提高外向性的同时,通过与内部地域研发创新系统的相互协调进而跃升为国际研发城市。因此,跨国公司研发机构在某一城市空间范围内的高度集中,将使得该城市具备接轨与嵌入全球研发网络的基本条件,并为进一步成长为网络中的重要节点夯实基础。

图 7-1 显示的是截止到 2009 年底跨国公司在华研发机构基于城市尺度的空间布局状况①,从中可明显看出,除了上海、北京、深圳②之外,天津、大连、杭州、苏州、广州、西安、成都、厦门的外资研发集聚程度较高,拥有的跨国公司研发机构数量都在 15 个及以上。应该说,以上 11 座城市已经初步或正在成为跨国公司全球研发网络的重要节点区域,因而在一定程度上具备了成为国际研发城市的必要与

① 跨国公司研发机构的功能等级通常分为 3 个级别。其中,最高级别为全球性研发总部(Global R&D headquarter),是跨国公司制定与实施全球研发战略,协调研发资源空间配置的中枢职能部门;其次为区域性研发总部(regional R&D headquarter)或卓越研发中心(R&D center of excellence),是在跨国公司研发体系内占据重要战略地位的技术创新部门;最低级别为普通的研发或设计中心(R&D center or design center),通常只是为了满足当地市场与生产需求而进行调适性开发的技术机构。图 7-1 中所指的跨国公司研发机构包括了最低级别的普通研发或设计中心。

② 北京、上海和深圳 3 座城市已经进入到本文之前所界定的国际研发城市之列,之所以仍将以上 3 座城市纳入到我国创建国际研发城市适宜性评价分析的范围,是因为可以将以上 3 座城市作为参照,来反映出我国其他城市与国际研发城市之间的具体差距。

基础条件。接下来,本节将重点对上述城市建设国际研发城市的适宜性进行综合评估与分析。

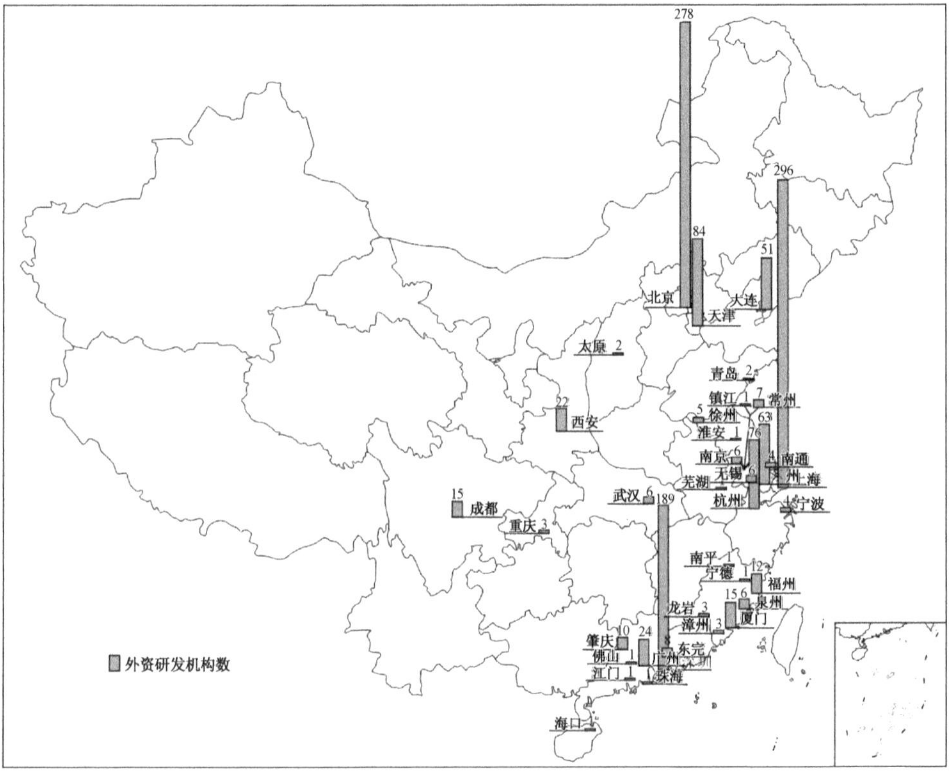

图 7-1 基于城市尺度的跨国公司在华研发机构空间分布

资料来源:转引自盛垒 2012:53

7.2.1 评价指标体系设计

(1) 指标体系设计思路

就本质而言,国际研发城市是一座以研发创新和服务作为主导功能的国际城市,并表现出以下主要特征:①研发资源,尤其是高质量、高等级与国际性研发资源的空间集聚性;②具备强大的国际研发产出能力,是全球新知识、新技术与新产品的创新源头;③在技术研发领域具有较强的国际影响力,城市的国际化特征明显;④因占据了跨国公司价值链中高端的研发环节而形成对于全球技术资本的控制性特征;⑤在跨区域的知识流动与交互过程中居于枢纽地位。从国际研发城市的形成机制层面观察,国际研发城市是知识经济时代背景下多重力量交互作用的结果。其中,由跨国公司主导的全球研发网络深刻改变了全球研发资源的空间配置格局,构成国际研发城市崛起的外部条件,而建立在自身资源禀赋之上的城市地方优势或研发创新系统是推动国际研发城市形成与发展的内生基础。

国际研发城市创建的适宜性评价实质上就是要考察与评估样本城市在何种程度上拥有未来发展成为国际研发城市的潜质与条件。因此,在评价指标选取方面,在保证数据可得性与准确性的前提下,一方面既要选择那些能够充分体现国际研发城市主要特征的要素指标;另一方面还要选择那些能够恰当表征推动国际研发城市形成与发展内外部基础条件的要素指标。在无法搜集到与国际研发城市直接相关的统计指标时,可考虑使用一些替代性高,可获取性强的数据指标。在相应的指标体系结构设计层面,以上述思想为导引,以系统性和层次性为原则,适当借鉴过往相关研究成果对各项指标进行分解与综合,最终确定分研发基本特征、国际资源利用、研发系统基础 3 个层次,22 个具体指标来构造我国创建国际研发城市的适宜性评价指标体系(见表 7-2)。

表 7-2 我国国际研发城市建设的适宜性评价指标体系

一级指标	二级指标	具体指标(统计单位)
1. 研发基本特征	1.1 研发投入	1.1.1 研发强度(%) 1.1.2 研发人员占城市人口比重(%)
	1.2 研发产出	1.2.1 PCT 申请(件/万人) 1.2.2 国内授权发明专利(件/万人)
2. 国际资源利用	2.1 外资利用	2.1.1 外资研发中心(个) 2.1.2 实际利用外资(亿美元)
	2.2 国际联系	2.2.1 高新技术产业出口额(亿美元) 2.2.2 赴美股纳斯达克上市企业(家)
3. 研发系统基础	3.1 研发设施	3.1.1 国家级企业技术中心(家) 3.1.2 国家级重点实验室(家) 3.1.3 国家级大学科技园(所)
	3.2 产业基础	3.2.1 人均 GDP(元/人) 3.2.2 高新技术产业增加值占 GDP 比重(%)
	3.3 人力资本	3.3.1 大专以上教育程度人口(人/10 万人)
	3.4 信息基础设施	3.4.1 每万人国际互联网用户(户/万人) 3.4.2 平均网速(Mbps)

续表 7-2

一级指标	二级指标	具体指标(统计单位)
3. 研发系统基础	3.5 金融支撑	3.5.1 占年度风险资本投资额比例(%) 3.5.2 注册风险投资机构数(个)
	3.6 自然环境	3.6.1 空气质量达标天数(天)
	3.7 政策支持	3.7.1 国家级高新技术产业区与经济技术开发区(个) 3.7.2 国家级科技企业孵化器(个)
	3.8 企业家精神	3.8.1 深圳创业板上市企业(家)

资料来源:作者整理①

(2) 指标解释与说明

① 研发基本特征

研发资源的空间集聚性和与之相匹配的创新性是国际研发城市的基本特征,也是城市整体研发实力与水平最为直观的反映,主要通过研发投入和研发产出这2个二级指标来衡量样本城市在何种程度上符合国际研发城市的基本特征。

研发投入包括2个具体指标,首先为研发强度,是城市研发支出占GDP的比重,反映了城市在研发资本上的投入状况以及研发部门在城市产业经济中所占据的重要程度,其次为研发人员占城市总人口比重,同样反映了城市在研发人力资本方面的投入状况。

研发产出包含2个具体指标:每万人PCT申请量;每万人国内授权发明专利数量。由于国际研发城市是全球新产品与新技术的创新源头,因此,作者特别选取了代表城市国际性研发产出的PCT申请量来匹配国际研发城市的本质内涵。此外,选择每万人国内授权发明专利数量指标,用于进一步表征城市在技术研发与创新方面的整体实力。

② 国际资源利用

国际资源利用指标衡量的是样本城市在研发全球化背景下对于以跨国公司研发中心为代表的外生力量的利用程度以及与对外进行沟通交流的密切程度。主要通过外资利用和国际联系2个二级指标来对样本城市进行综合评估。

外资利用指标具体包括2个具体指标,分别为城市吸引的外资研发中心数量和实际利用外资金额。跨国公司研发中心对于国际研发城市具有多重意义:首先其是重要的国际性研发资源,通过融入东道国经济体系而成为城市研发资源的重要组成部分;其次,外资研发中心的空间集聚表征了城市对于跨国公司主导下的全

① 11座城市创建国际研发城市适宜性评价的具体指标数据见文后附录5。

球价值链中高端研发与设计环节的掌控程度，进而体现出国际研发城市对于全球技术资本的控制性特征；同时，外资研发中心作为国家间技术交流的通道与载体还能够在很大程度上反映出样本城市所具有的国际知识交互的枢纽性特征。实际利用外资金额则主要从“引进来”的角度说明样本城市对于国际创新资本的利用程度，尤其在当前跨国公司在华投资重心已从生产消费领域转向服务与创新领域的大趋势之下①。

国际联系反映了城市跨越国家边界进行对外经济、技术联系与交流能力的高低，是测度样本城市国际影响力以及国际化程度的重要指标，涵盖了 2 个具体指标，分别为高新技术产业出口额以及赴美国纳斯达克上市的企业数量。高新技术产业是一个区域高技术研发产出成果实现商业化与应用的重要领域（初钊鹏等，2009），因此可以用高新技术产业出口额的高低来反映城市研发创新在国际层面的流通状况，市场接受程度及其对外的技术扩散效应。美股纳斯达克的上市公司构成大多为包括软件、电信、生物技术在内的高科技企业如微软、英特尔、雅虎、思科等，中国科技企业赴美股纳斯达克上市，能够最大程度地建立起与国外的经济与资本联系，拓展技术研发合作的渠道，因此，城市中赴美纳斯达克上市公司数量可以从“走出去”的角度在相当程度上表征城市在国际层面所建立起的经济、资本与科技联系。

③ 研发系统基础

研发系统基础指标评价的是推动与保障城市发展成为国际研发城市的基础条件与环境支撑，主要包含研发设施、产业基础、人力资本、信息基础设施、金融支撑、自然环境、政策支持和企业家精神 8 个二级指标。

研发设施主要包含 3 个具体指标，分别为城市拥有的国家级企业技术中心、国家级重点实验室以及依托研究型大学而建立的国家级大学科技园数量。以上国家级的研发机构是城市自身最为主要的研发行为主体和知识生产中心，同时也反映出一个城市自身所拥有的研发资源质量高低。

城市自身的产业基础越雄厚，与外国企业之间的经济与技术差距越小，城市对于外来引进技术的学习与吸收能力就越强（R. Narula 和 A. Zanfei，2009；中译本），因此，城市的产业基础是决定其获取研发活动知识溢出效应的水平高低的重要保障。产业基础包含 2 个具体指标，依次为城市人均 GDP 和城市高新技术产业增加值占 GDP 的比重，分别代表了城市的经济基础和城市对于技术研发成果的商业化开发能力及其研发部门在城市经济增长中所处的重要地位。

---

① 国家商务部网站 http://www.mofcom.gov.cn/article/i/jyjl/m/201301/20130100004589.shtml [EB/OL]

人力资本方面主要选取了城市每10万人中大专以上受教育程度人口这个具体指标,居住在城市中具有较高文化素质的人口数量构成城市研发人力资本的蓄水池。

信息基础设施方面,王铮等(2007)指出,在研发枢纽城市的形成过程中,信息化条件是重要的设施基础,较高的信息化设施水平,可以保障研发人员获得最新的知识资源与保持畅通的交流渠道,进而提高研发活动的效率。在这里,分别用每万人的国际互联网用户量和平均网速两个具体指标来对城市的信息基础设施的规模与效率加以表征。

研发活动具有高度的风险性与不确定性,尤其对于具有高强度研发特征的科技型企业而言,高额的研发投入是企业获得技术竞争优势的必要条件,企业的发展迫切需要获得资金上的有力支持。因此,发达的风险投资市场是国际研发城市崛起与发展重要的环境基础条件之一,在这里,选择城市在2010年募集的风险资本占年度资本总量的比重及注册风险投资机构数量两个具体指标来衡量城市投融资环境的成熟程度。

自然环境方面,良好的自然与生态环境能够吸引更多的研发与创新人才驻留,而某些研发型企业也往往对气候、空气质量等自然环境条件有着较为严格的要求,因此,自然环境同样是衡量国际研发城市建设适宜性的重要标准。在这里,选取空气质量达标天数这个具体指标对其进行测度和评价。

政策环境方面,主要选取了城市拥有的国家级高新技术产业开发区和经济技术开发区数量以及国家级科技企业孵化器数量两个具体指标来进行替代。国家级高新区和经开区不仅是城市研发活动与高科技产业发展最为重要的空间载体与基础设施,同时其本身也凝结着国家与地方政府层面对于研发与科技创新活动的各种政策优惠与扶持,是体现研发城市所需政策环境有效的替代性指标;国家级科技企业孵化器则代表了国家与地方政府对于科技型企业提供研发成果转化服务的积极程度和对科技型企业初创期的扶持力度,是推动研发城市小微科技型企业在短时期内迅速做强与做大的有力保障。

硅谷的案例研究表明,勇于创新的企业家精神是国际研发城市得以崛起最为重要的软支撑要素之一。深圳创业板中的上市公司大多为增长潜力巨大的中小型研发密集型或创新型企业,因此,城市创业板上市公司数量可以反映出其在高技术产业领域内的创新活力与发展潜力并突出体现一座城市所具备的企业家精神。

7.2.2 数据来源与方法

(1) 主要数据来源(以下数据除特别注明外,均为2010年数据)

主要数据来源有:11座城市的2010年国民经济与社会发展统计公报,2011年中国城市统计年鉴，2011 年中国城市年鉴，2011 年中国科技统计年鉴，2011 年中国风险投资年鉴，11 座城市的科技发展“十二五”规划纲要或专项规划，11 座城市 2010 年第六次全国人口普查主要数据公报，11 座城市的科技局官方网站发布的相关统计数据，Google 财经美国纳斯达克上市公司信息查询系统，深圳证券交易所创业板上市公司信息查询系统①，世界知识产权组织 PCT 申请检索系统，国家科技部官方网站发布的相关统计数据，奇虎 360 公司发布的 2013 年第一季度中国城市平均网速排名②，国家教育部官方网站统计数据等。

(2) 数据处理与分析方法

首先，为了权衡各子系统与各指标在国际研发城市适宜性评价指标体系中的重要程度，需要确定各子系统及其内部指标的权重。在本章，借鉴刘家学(1998)提出的确定指标权重的优化模型，综合运用层次分析法(AHP)结合熵值法(EVM)对评价体系各子系统进行综合权重分析，实现各子系统内部具体指标赋权的主客观统一，最大限度地消除指标权重的不确定性，同时确保各子系统内部权重之和为 1。

由层次分析法确定的指标主观权重向量为：

$$\alpha = (\alpha_1, \alpha_2, \cdots, \alpha_m)^{\mathrm{T}}$$

由熵值法所确定的指标客观权重向量为：

$$\beta = (\beta_1, \beta_2, \cdots, \beta_m)^{\mathrm{T}}$$

设各项指标的综合权重为 $\gamma = (\gamma_1, \gamma_2, \cdots, \gamma_m)^{\mathrm{T}}$，标准化后的决策矩阵为 $Z = (z_{ij})_{n\times m}$ 建立最小二乘法优化决策模型使其决策结果偏差达到最小，构造拉格朗日函数可求得综合权重：

$$W_{m1} = B_{mm}^{-1}\left[C_{m1} + \frac{1 - e_{m1}^{\mathrm{T}} B_{mm}^{-1} C_{m1}}{e_{m1}^{\mathrm{T}} B_{mm}^{-1} C_{m1}}\right] \qquad \text{公式(7-1)}$$

公式中：$B_{mm} = \mathrm{diag}\left[\sum_{i=1}^{n} z_{i1}^2, \sum_{i=1}^{n} z_{i2}^2, \cdots, \sum_{i=1}^{n} z_{im}^2\right]$；

$W_{m1} = (\gamma_1, \gamma_2, \cdots, \gamma_m)^{\mathrm{T}}$；

$e_{m1} = (1, 1, \cdots, 1)^{\mathrm{T}}$；

$$C_{m1} = \left[\sum_{i=1}^{n} \frac{1}{2}(\alpha_1 + \beta_1) z_{i1}^2, \sum_{i=1}^{n} \frac{1}{2}(\alpha_2 + \beta_2) z_{i2}^2, \cdots, \sum_{i=1}^{n} \frac{1}{2}(\alpha_m + \beta_m) z_{im}^2\right]^{\mathrm{T}}。$$

① 该项数据的统计时间为 2012 年末。

② 该项数据的统计时间为 2013 年第一季度末。

具体推导过程可参见刘家学(1998)，经过计算后各子系统的权重见表 7-3。

表 7-3 国际研发城市建设适宜性评价指标体系的各子系统权重

一级指标	一级指标权重	二级指标	具体指标(统计单位)	主观权重	客观权重	综合权重
研发基本特征	0.345 5	研发投入	研发强度(%)	0.333 3	0.047 8	0.181 1
			研发人员占城市人口比重(%)	0.166 7	0.071 9	0.138 8
		研发产出	PCT 申请(件/万人)	0.333 3	0.700 4	0.497 3
			国内授权发明专利(件/万人)	0.166 7	0.180 0	0.182 8
国际资源利用	0.248 0	外资利用	外资研发中心(个)	0.333 3	0.207 4	0.241 4
			实际利用外资(亿美元)	0.166 7	0.069 9	0.119 0
		国际联系	高新技术产业出口额(亿美元)	0.333 3	0.279 9	0.264 0
			赴美股纳斯达克上市企业(家)	0.166 7	0.442 8	0.375 6
研发系统基础	0.406 5	研发设施	国家级企业技术中心(家)	0.114 3	0.040 2	0.065 9
			国家级重点实验室(家)	0.031 5	0.180 4	0.132 4
			国家级大学科技园(所)	0.021 4	0.096 7	0.081 5
		产业基础	人均 GDP(元/人)	0.017 4	0.011 0	0.023 6
			高新技术产业增加值占 GDP 比重(%)	0.127 1	0.026 1	0.060 6
		人力资本	大专以上教育程度人口(人/10 万人)	0.071 4	0.006 9	0.040 8
		信息基础设施	每万人国际互联网用户(户/万人)	0.043 6	0.015 5	0.032 4
			平均网速(Mbps)	0.141 4	0.003 6	0.052 6
		金融支撑	占年度风险资本投资额比例(%)	0.117 3	0.160 6	0.109 0
			注册风险投资机构数(个)	0.084 3	0.250 7	0.168 5
		自然环境	空气质量达标天数(天)	0.034 3	0.000 8	0.019 1
		政策支持	国家级高新区与经开区(个)	0.053 3	0.046 5	0.054 7
			国家级科技企业孵化器(个)	0.061 4	0.050 5	0.066 7
		企业家精神	深圳创业板上市企业(家)	0.081 2	0.110 6	0.092 2

资料来源：作者根据计算结果整理

随后，利用之前求得的各子系统的权重，构造国际研发城市建设适宜性评价的得分矩阵，计算公式如下：

$$IRDC = \frac{\omega_h H + \omega_f F + \omega_i I}{\omega_h + \omega_f + \omega_i} \qquad (公式\ 7\text{-}2)$$

公式中，*IRDC*(international R&D city)代表国际研发城市建设适宜性评价的综合得分矩阵；ω_h、ω_f、ω_i 分别为：研发基本特征、国际资源利用、研发系统基础 3

个子系统的指标权重。

由于评价指标体系中各指标单位不相同，需要将所有指标数据进行归一化处理。同时考虑到评价指标性质，即数值越大代表建设国际研发城市的适宜性越高，对数据进行正向指标处理。根据层次分析法和熵值法确定出各指标的综合权重，再与各子系统指标标准化处理后的数值进行加权求和，得到每座城市各子系统得分，将子系统得分与子系统权重加权求和即得到各城市的综合得分。

7.2.3 评价结果与分析

经过计算，11 座城市综合评价与子系统评价结果见表 7-4 和表 7-5。

(1) 综合评价结果与分析

表 7-4 11 座城市创建国际研发城市适宜性综合评价结果

层次	排序	城市	综合值	层次	排序	城市	综合值
优秀 >0.5	1	北京	0.748	一般 <0.25	7	广州	0.210
	2	深圳	0.609		8	厦门	0.208
	3	上海	0.547		9	大连	0.198
良好 0.25～0.5	4	苏州	0.299		10	西安	0.189
	5	杭州	0.263		11	成都	0.166
	6	天津	0.251				

资料来源：作者根据计算结果整理

以上是 11 座城市创建国际研发城市适宜性评价的综合得分，依照分值区间可以大致将 11 座城市划分为优秀、良好和一般 3 个层次(见表 7-4)。位于第一层次有北京、深圳与上海，评价综合值在 0.5 以上，是目前我国最适合发展成为国际研发城市的 3 座城市，同时也是第 3 章所认定的 3 座国际研发城市；第二层次同样有 3 座城市，依次为苏州、杭州和天津，评价综合值在 0.25～0.5 之间，尽管位于良好层次，但是与第一层次的 3 座城市相比存在着较大的差距，表明上述城市建设成为国际研发城市的适宜性程度仍然有待大幅提高；位于第三层次的共有 5 座城市，分别为广州、厦门、西安、大连和成都，评价综合值在 0.25 以下，说明以上城市的综合条件与环境基础较为薄弱，建设成为国际研发城市的适宜性程度仍然处在较为一般的层次水平。

在 11 座城市中，排名前 9 的城市全部为北京、深圳、上海等东部城市，仅有的 2 座西部城市——西安与成都分列最后两位。可见，我国城市在建设国际研发城市的适宜性方面存在显著的空间差异，东部地区城市要比西部地区城市拥有更为优越的发展成为国际研发城市的条件与潜质。此外，评价综合值排名位于优秀和良好层次的城市无一例外集中于我国经济最为发达的京津唐地区（北京、天津）、长三角地区（上海、苏州、杭州）和珠三角地区（深圳），在很大程度上表明城市所在区域雄厚的经济基础与广阔的市场腹地对于城市研发服务能力的培育以及在此基础上建设成为国际研发城市所具有的重要支撑作用。

（2）一级指标评价结果与分析

表 7-5　11 座城市一级指标的评价结果及相应排序

排序	层次	城市	研发基本特征	层次	城市	国际资源利用	层次	城市	研发系统基础
1	优秀 >0.5	深圳	0.893	优秀 >0.5	北京	0.717	优秀 >0.5	北京	0.883
2		北京	0.611		上海	0.690		上海	0.650
3	良好 0.25～0.5	上海	0.322		深圳	0.522	良好 0.25～0.5	深圳	0.423
4		杭州	0.305	良好 0.25～0.5	苏州	0.376		苏州	0.333
5	一般 <0.25	厦门	0.241	一般 <0.25	天津	0.235		天津	0.311
6		苏州	0.203		大连	0.180		杭州	0.302
7		天津	0.191		杭州	0.142		广州	0.294
8		广州	0.190		西安	0.118		厦门	0.251
9		西安	0.173		广州	0.101	一般 <0.25	西安	0.246
10		大连	0.160		厦门	0.089		大连	0.241
11		成都	0.140		成都	0.089		成都	0.236

资料来源：作者根据计算结果整理

评价指标体系中共有 3 个一级指标，分别为研发基本特征、国际资源利用和研发系统基础，同样可根据评价值的分值区间将 11 座城市划分为优秀、良好、一般 3 个层次（见表 7-5）。北京、深圳和上海 3 座城市在各项一级指标的评价值都位列前 3，均进入到优秀层次或良好层次区间，优势极为明显。其中，北京在城市的国际资源利用和研发系统基础两个指标高居榜首；深圳的表现同样抢眼，在城市研发基本特征指标的评价中更是一举超越北京，高居第 1，而在其他两项一级指标评价上也仅次于北京与上海，均排名第 3，具备了创建国际研发城市的坚实基础；上海在国际资源利用和研发系统基础两项指标上表现突出，位列第 2，不过在研发基本特征方面的评价值仅为 0.322，与北京与深圳相比之下有着较大的差距。

在之前的综合评价中，苏州、杭州和天津进入到了排名较高的良好层次区间，但是从一级指标的评价结果观察，以上3座城市的各项指标数据表现却有失均衡，在某些环节存在明显的短板，亟须重点加强。例如，苏州在国际资源利用和研发系统基础的评价中排名较高，均位居第4，进入到良好层次区间，但是在研发基本特征方面的表现差强人意，评价值仅为0.203，位于一般层次区间；杭州在研发基本特征指标方面排名第4，但在国际资源利用和研发系统基础两个环节的得分仅分列第7和第6位，在较大程度上拉低了杭州的综合评价结果；而天津虽然拥有较为坚实的研发系统基础，不过在研发基本特征和国际资源利用两项指标方面却都只是位于一般层次区间。

剩余的5座城市分别为广州、厦门、大连、西安和成都，除广州和厦门两座城市在研发系统基础指标的得分进入到良好层次区间外，其余城市在各项一级指标评价中皆处于一般层次，可见，以上5座城市与北京、深圳、上海等城市相比，在各个方面都存在着较大的差距，应该说距离达成创建国际研发城市的目标依然任重而道远。

(3) 二级指标评价结果与分析

接下来，将继续分析11座城市的二级指标评价结果。将具体指标的标准化值与相应的综合权重相乘后，按上级指标加总后即可得到各城市二级指标的具体分值及排名。通过以下分析，能够使我们进一步洞悉城市在何项具体环节存在明显的优势或者劣势，继而有助于在此基础上对国际研发城市的发展与建设提出具有针对性的对策与建议。

表7-6 11座城市的二级指标评价结果及排序

排序	城市	研发投入	城市	研发产出	城市	外资利用	城市	国际联系
1	北京	0.320	深圳	0.680	上海	0.360	北京	0.423
2	深圳	0.213	北京	0.292	北京	0.295	上海	0.329
3	杭州	0.185	上海	0.165	深圳	0.200	深圳	0.322
4	上海	0.157	杭州	0.120	天津	0.185	苏州	0.233
5	天津	0.141	厦门	0.106	大连	0.149	西安	0.083
6	苏州	0.141	广州	0.074	苏州	0.143	厦门	0.059
7	厦门	0.135	苏州	0.062	杭州	0.109	天津	0.051
8	大连	0.123	西安	0.051	成都	0.081	广州	0.038
9	西安	0.121	天津	0.050	广州	0.062	杭州	0.034
10	广州	0.116	大连	0.038	西安	0.034	大连	0.031
11	成都	0.103	成都	0.036	厦门	0.030	成都	0.008

续表 7-6

排序	城市	研发设施	城市	产业基础	城市	人力资本	城市	信息设施
1	北京	0.255	深圳	0.084	北京	0.041	上海	0.080
2	上海	0.193	厦门	0.072	上海	0.031	北京	0.073
3	天津	0.080	大连	0.067	西安	0.029	厦门	0.068
4	广州	0.068	苏州	0.056	广州	0.025	苏州	0.067
5	杭州	0.062	北京	0.054	杭州	0.024	广州	0.063
6	成都	0.058	广州	0.044	厦门	0.023	杭州	0.059
7	西安	0.057	天津	0.043	天津	0.023	深圳	0.054
8	深圳	0.048	成都	0.042	大连	0.022	天津	0.052
9	大连	0.030	杭州	0.038	深圳	0.022	成都	0.047
10	厦门	0.028	上海	0.032	成都	0.021	大连	0.046
11	苏州	0.027	西安	0.030	苏州	0.018	西安	0.045
排序	城市	金融支撑	城市	自然环境	城市	政策支持	城市	企业家精神
1	北京	0.273	大连	0.019	上海	0.092	北京	0.092
2	上海	0.157	广州	0.019	苏州	0.089	深圳	0.071
3	深圳	0.087	深圳	0.019	北京	0.080	上海	0.049
4	杭州	0.033	厦门	0.019	天津	0.063	杭州	0.030
5	苏州	0.031	上海	0.018	大连	0.045	苏州	0.028
6	天津	0.025	苏州	0.017	西安	0.045	广州	0.017
7	广州	0.021	成都	0.017	杭州	0.040	成都	0.010
8	西安	0.015	杭州	0.017	广州	0.037	厦门	0.010
9	成都	0.012	天津	0.016	深圳	0.036	天津	0.009
10	厦门	0.011	西安	0.016	成都	0.028	西安	0.009
11	大连	0.008	北京	0.015	厦门	0.019	大连	0.003

资料来源:作者根据计算结果整理

11座城市的二级指标评价结果与排序见表7-6。在这里,作者将重点比较与分析在之前综合评价中排名位于第一层次和第二层次,创建国际研发城市适宜性程度较高的6座城市在二级指标上的数据表现。这6座城市分别为北京、深圳、上海、苏州、杭州和天津。

在 11 座城市中，表现最为突出的城市依然为北京，在绝大多数指标上均名列前茅，其中，研发投入、国际联系、研发设施、人力资本、金融支撑和企业家精神 6 个方面更是领跑全国，显示出强劲的综合实力。北京历来是我国的政治、经济、文化与科技中心，研发创新与科技资源的高度集中是推动北京发展成为国际研发城市的坚实基础与关键支撑。2010 年，北京的研发强度高达 5.5%，研发人员占城市比重为 2.07%，两项具体指标都排名 11 座城市首位。北京拥有全国最多的高质量公共性研究设施，包括 26 所 211 工程大学，91 个国家级重点实验室和 42 个国家级企业技术研究中心，高质量的大学与研究机构培养了大量的技术研发人才，丰富了北京的研发人力资本储备。在金融环境方面，2010 年，北京募集到的风险资本占全国风险资本总量的 29.01%，远超上海的 8.19%和深圳的 3.45%，注册风险投资机构 112 家，仅次于上海的 117 家，是风险资本最为青睐的投资地区之一。在风险资本的有力支持下，以中关村为代表的高科技产业园区培育了一大批本土创新型公司，截止到 2010 年，北京赴美纳斯达克上市公司和在深圳创业板上市公司分别为 52 家和 53 家，皆名列全国首位，企业创新活力充沛。在本土高科技产业与创新企业高度发展的基础上，北京也吸引了跨国高科技公司区域总部或研发中心蜂拥而至，使得北京得以充分融入到全球创新竞争的过程之中，建立起广泛的国际联系，成为全球研发网络中重要的节点城市。不过，值得重视的是，北京在自然环境指标方面处于非常明显的劣势，年空气质量达标天数 2010 年为 286 天，在 11 座城市中排名末尾。近年来，北京由于空气中 PM2.5 含量超标而频频引发的雾霾天气，已经成为国际与高层次研发人才进入与长期驻留北京的严重障碍，在很大程度上降低了北京作为国际研发城市的吸引力与竞争力，亟须重点改善。

深圳在研发产出和产业基础两项指标方面表现十分抢眼，均排名第一，同时在研发投入、外资利用、国际联系、金融支撑、自然环境和企业家精神等方面亦有着不错的数据表现。深圳是当前我国高新技术产业发展最为活跃的城市，以华为、中兴、腾讯、比亚迪、华大基因等为龙头的本土科技型企业或专业研发型公司构成了深圳自主研发与创新发展的基石。统计资料显示，2010 年，深圳的高新技术产品出口额高达 1 087.27 亿美元，远高于北京的 193.7 亿美元和上海的 791.6 亿美元，高新技术产业增加值占 GDP 比重为 32.2%，同样远高于北京的 19.56%和上海的 8.2%，在这两项具体指标的比较中皆独占鳌头。在高新技术产业高速发展的有力促进下，2010 年，深圳每万人的 PCT 申请量为 16.08 件，每万人的国内发明专利授权为 9.28 件，无论在国际研发产出层面还是在国内研发产出层面都处于全国领先，创业板上市公司 41 家，仅次于北京，都显示出深圳在技术研发与创新创业领域内的充足活力与雄厚产业基础，并因此而吸引了较多的跨国公司研发中心进驻，极大增强了深圳的研发实力以及与全球研发网络的融入程度。但是与其他城市相比，深圳的公共性研发力量较为薄弱。在研发设施指标方面，深圳在11座城市中仅排名第8，拥有的国家级企业技术中心、重点实验室和大学科技园区分别为17、9和1个，缺少研究型大学与高质量研究机构直接导致了深圳研发人力资本的匮乏与基础研究的不足，这些构成制约深圳研发与创新能力进一步提升的主要桎梏。

上海作为我国改革开放的前沿阵地，具有较高的对外开放程度与市场经济发育程度，在发展过程中获得较多的优惠政策扶持，并且具备较为完善的基础设施，因而在外资利用、信息设施和政策支持这3项指标排名中拔得头筹。另外，在国际联系、研发设施、人力资本和金融支撑等方面的优势也较为明显。上海是跨国公司海外投资与研发布局的重点区域，截止到2009年底，共计吸引跨国公司研发中心数量296家；2010年，实际利用外资111.21亿美元，以上两项具体指标在11座城市中独占鳌头；而高新技术产品出口额和赴美纳斯达克上市公司两项具体指标分别为791.6亿美元和19家，在11座城市中排名第3，以上数据说明充分利用国际研发与创新资源，并与全球市场保持同步联系是上海创建国际研发城市的主要优势所在。与此同时，上海拥有的国家级高新技术开发区、经济技术开发区和科技企业孵化器数量均名列前茅，互联网网速和拥有注册风险投资机构数量更是高居第一，表明上海在国际研发城市的发展过程中获得了较多的地方政府所提供的政策扶植，同时具备较为完善的信息基础设施与较为成熟的风险资本市场。不过，上海在某些环节亦存在着明显的短板，尤其在研发所需的产业基础方面表现不尽如人意，2010年，上海的高新技术产业增加值占GDP比重为8.2%，在11座城市中排名倒数第一。虽然在研发投入和研发产出指标方面的排名较高，但是与北京和深圳相比，依然有着较大的差距。2010年，上海的研发强度为2.83%，远远落后于北京的5.5%，略低于深圳的3.5%和西安的3.02%，而研发人员占城市人口比重方面仅为0.95%，以上表明作为国际大都市的上海更多承载着金融中心、贸易中心、航运中心等多项经济功能，相较于其他的城市功能而言，上海的研发服务与创新功能仍未得到充分凸显。

透过表7-6，可以看出苏州在国际联系、产业基础、信息设施和政策支持4项二级指标的排名较为靠前，尤其在政策支持层面具有十分显著的优势。截止到2010年，苏州共计拥有8个国家级高新技术开发区与经济技术开发区，在11座城市中排名最高，同时还拥有14家国家级科技企业孵化器，仅次于北京和上海，城市的研发与创新发展获得较多的优惠政策与各级政府支持。另外，2010年苏州的高新技术产品出口额高达961.51亿美元，仅低于深圳，高新技术产业增加值占GDP比重也达到26.7%，位列深圳与厦门之后，排名第三，技术研发所需的产业基础较为雄厚，并吸引了较多但是层次相对较低的，以适应性研发为主的跨国公司研发机构集聚(郑江淮和张晓云,2012①)。与以上形成鲜明对比的是,苏州的研发设施和人力资本两项指标在所有城市中位列榜尾,到 2010 年,仅有 3 个国家级重点实验室、9 个国家级企业技术中心和 1 所 211 工程大学,每 10 万人中的大专以上文化程度人口仅为 13 972 人,在 11 座城市中排名末尾。可见,公共性研发力量的孱弱而导致的苏州研发人力资本严重不足,将成为制约苏州发展成为国际研发城市的主要因素。

从总体来看,杭州在各项二级指标的数据表现比较均衡,绝大部分指标在第 3 至第 7 的中上游区间徘徊,表明杭州拥有发展成为国际研发城市的良好基础。其中,在研发投入指标的排名上杭州更是超越上海,位列北京与深圳之后而高居第三。2010 年,杭州的研发强度为 2.7%,与上海的 2.83%相差无几;拥有的研发人员占城市人口比重为 1.43%,仅低于北京(2.07%)和深圳(1.46%),而高于上海(0.95%)。但是杭州在国际联系和产业基础两项二级指标方面的数据表现相对黯淡,都只是位列第 9。统计资料显示,2010 年,杭州的高新技术产品出口额仅为 49.74亿美元,排名第 8,高新技术产品增加值占 GDP 比重也仅为 12%,说明杭州不仅技术研发创新所需的产业基础较为薄弱,同时高新技术产品的国际竞争力也比较有限。

天津作为直辖市,在发展过程中得到了较多的政府支持,城市中不仅集聚了众多高质量研发设施,包括 28 个国家级企业技术中心和 3 个国家级大学科技园,同时还拥有 6 个国家级高新技术开发区和经济技术开发区,在 11 座城市中均名列前茅,具有较为明显的研发资源禀赋优势。在外资利用方面,天津同样表现不俗,截止 2009 年底,天津共计吸引了多达 84 家跨国公司研发中心进驻,仅次于上海、北京和深圳;2010 年,天津实际利用外资 108.49 亿美元,在 11 座城市中仅次于上海,对于国际资源的利用较为充分。不过与北京一样,天津的自然环境与其他城市相比处于劣势。另外,在研发产出方面的表现也比较疲软,2010 年,天津每万人的 PCT 申请量为 0.37 件,仅高于西安和成都两座西部城市,每万人的国内发明专利授权为 1.96 件,也只是高于大连和成都。尽管拥有较为丰富的研发资源,但是研发产出情况却不理想,在一定程度上反映出天津研发创新效率的相对低下。

继续考察剩余 5 座城市在二级指标上的数据表现,依次为广州、厦门、大连、西安以及成都。尽管这些城市在之前综合评价中的排名仅处于一般层次,创建国际研发城市的适宜性程度相对较低,但是仍有某些城市在个别指标环节具有一定的优势地位,值得在此基础上进行重点发掘与培育,作为其创建国际研发城市的切入

① 引自卫兴华,等.社会主义经济理论研究集萃(2011):从经济大国走向经济强国的战略思维[M]//郑江淮,张晓云.从国际代工到国际研发:价值链攀升的动态演化.北京:经济科学出版社,2012:250-276

点与突破口。

表7-7是上述5座城市在全部11座城市中排名进入前5的二级指标。作为我国传统的高校聚集区,西安拥有西安交通大学、西北工业大学等6所211工程大学,在11座城市中仅次于北京与上海,在校大学生与研究生数量众多,人口文化素质较高,城市的研发人力资本优势较为显著;同时西安的赴美股纳斯达克上市多达10家,与国际市场保持着着较为密切的经济、资本与技术联系。2010年,厦门和大连的高新技术产业增加值占GDP比重分别为31.6%和26.7%,仅次于深圳,城市技术研发所需的产业基础比较雄厚;同时厦门还具有较为完善的信息基础设施支撑,而大连2010年的实际利用外资达到100.3亿美元,仅仅位列上海与天津之后,在研发与创新发展过程中较好地利用了国际资源。广州集中了23个国家级企业技术中心和11个国家级重点实验室,研发资源禀赋较高。自然环境方面,广州、大连和厦门3座城市表现突出,洁净的空气与优美的环境不仅适合高科技企业设立研发实验室,同时也能够对高端的研发与科技人才长期定居产生较强的吸引力。

表7-7 广州等5座城市排名前5的二级指标一览

二级指标	城市与指标排名	二级指标	城市与指标排名
研发投入	—	人力资本	西安(3) 广州(4)
研发产出	厦门(5)	信息设施	厦门(3)
外资利用	大连(5)	金融支撑	—
国际联系	西安(5)	自然环境	广州(1) 厦门(1) 大连(1)
研发设施	广州(4)	政策支持	大连(5)
产业基础	厦门(2) 大连(3)	企业家精神	—

注:"—"表示5座城市中未有在该项指标排名中进入前5位
资料来源:作者根据计算结果整理

7.3 我国建设国际研发城市的对策建议

建设国际研发城市,沿着全球价值链高端的研发环节攀升,实现从"世界工厂"到"研发中心"的成功转变是我国城市应对日益激烈全球创新竞争的必然选择。根据之前对国际研发城市形成与发展机制的理论分析,国际研发城市是知识经济时代背景下多重力量交互作用的结果。其中,研发全球化所构建的全球研发网络深刻改变了全球研发资源的空间配置格局，构成国际研发城市崛起的外部动力条件，而建立在自身资源禀赋之上的城市研发系统则是推动国际研发城市形成的内生基础。因此，我国要推进国际研发城市的建设，就必须从融入全球研发网络和优化城市研发系统两个层面共同出发，结合城市的实际情况来提出相应的对策与建议。

7.3.1 外部层面：融入全球研发网络

全球研发网络的空间扩张与地方镶嵌加深了跨国公司技术转移的程度，极大地影响着知识与人力资源在地区之间的配置，并创建了东道国城市与跨国公司之间的联系。显然，以跨国公司研发机构为代表的国际研发资源已经成为我国创新资源不可或缺的重要组成部分。作为一个在技术创新层面仍然比较落后的发展中国家，能否积极融入到全球研发网络中去，有效利用这部分国际研发资源，是我国未来能否成功创建国际研发城市的重要环节。

(1) 继续吸引以跨国公司为主体的国际研发资源

跨国公司主导下的研发全球化对东道国的技术进步带来广泛的外溢效应，地方企业的技术效率也随着跨国竞争的加剧而得到提高。因此，在国际研发城市的构建过程中，我国城市应当牢牢把握以上机遇，发挥区域优势，吸引以跨国公司为主体的国际研发资源进入以充实城市的研发实力。需要指出的是，城市在吸引跨国公司研发投资时，要根据自身的实际情况区别对待，制订具有差异性的外资研发吸引策略。

根据对11座城市的考察，当前除上海、北京、深圳等少数城市之外，大部分城市吸引的外资研发机构数量仍然较少，国际价值链中研发与设计环节的空间集聚程度仍然较低，未能实现对于全球价值链中高端研发环节的有效占据与掌控，因而在国际劳动分工中居于不利位置。因此，对于以上城市而言，应当对跨国公司研发投资报以更加开放的态度，充分利用城市的自身优势，例如西安等城市可以其雄厚的公共性研发资源和人力资本优势为依托，通过税收减免、项目补贴、园区规划、知识产权保护、设备进出口等方面打造适宜跨国公司研发投资的硬环境和软环境，吸引更多的跨国公司研发机构入驻，发挥集聚效应，实现城市与全球研发网络之间的有效对接。

对于上海、北京等外资研发机构空间集聚程度较高的城市而言，应适时将吸引外资研发的策略重点由数量吸引向质量提高转变（杜德斌等，2009a），要引导上述城市重点吸引跨国公司区域性乃至全球性的研发中心入驻或功能整合升级，提升以上城市在跨国公司全球研发网络体系中的地位层级。顺应当前跨国公司全球研发战略从“全球化到本土化再到反向创新”的转变特征与趋势，出台专门的“外资研发提升计划”，鼓励跨国公司在中国从事更多高技术与知识含量的研发活动，从目前针对中国市场的调适性和生产支撑型研发活动为主，转向更多针对全球市场应用的全球技术型研发活动以及基础研究工作为主，对跨国公司研发机构从事的行业内尖端技术研究和基础性研发项目给予更多的项目补贴（杜德斌等，2009a），促进其所在城市构建起与世界顶尖水平同步的技术研发能力。

（2）加强跨国公司的技术转移程度，提高知识溢出效应

地方政府在加大吸引跨国公司研发投资力度的同时，还应该清醒的认识到跨国公司在华研发投资并不会主动服务于我国城市的科技发展战略。因此，需要地方政府对跨国公司研发投资加强管理，合理引导，促进中外双方研发人员之间的互动与交流，提高跨国公司的技术转移水平，争取获得更多的知识溢出以提升城市的技术创新实力。

首先，鼓励本土企业与跨国公司设立合资研发机构进行合作研发。跨国公司为了保持在研发全球化过程中的垄断优势，防止技术扩散，大多倾向于在我国设立独资研发机构，使得外资研发机构知识溢出的可能性极小甚至为零（薛澜等，2002）。而本土企业通过与跨国公司合办研发机构，可以与之形成利益共同体，建立起长期、稳定的合作关系，利于获取更多的技术溢出。上海于1997年设立，由上汽集团与美国通用汽车各出资50%的“泛亚汽车技术中心”是我国企业与跨国公司合资兴办研发机构的成功案例，已经成为我国企业引进跨国公司先进技术，促进中外双方人员交流，利用全球科技资源实现自主创新的典范（杜德斌等，2009a）。因此，地方政府应出台专门政策给予合资研发机构在税收、金融、用地等方面比独资外资研发机构更大的优惠力度，增强跨国公司与本土企业合作设立研发机构的意愿。当然，在合作的同时，也要注重本土研发人才的培养以及对于双方共同研发成果知识产权的共享。

其次，要促进高校与科研院所与跨国公司研发机构的合作互动。当前，与国内高校与科研院所进行研发合作是跨国公司最为青睐的合作研发模式（杜德斌等，2009a）。跨国公司与高校和科研院所的合作项目一般处于技术前沿，具有一定的前瞻性，对于开拓我方视野，提升我国科研人员与学生的研发水平极为有利。因此，要继续鼓励跨国公司与本土高校和科研院所组建联合实验室以及科研实训基地等，同时，通过设立专项基金与合作津贴等方式，鼓励跨国公司研发机构的高级管理与技术人员与高校和院所建立合作合作培养机制，选聘高级研发人员兼任高校的研究生导师甚至学科带头人，直接参与到我国的公共性科技创新体系，培养能够与国际接轨的高水平研发人才。

再有，逐步与有限度的吸收跨国公司研发机构参与城市的地方科研计划，给予其部分国民待遇，鼓励跨国公司研发机构申请各类地方科研项目，利用国际先进的研发资源来开展基础研究工作,促使跨国公司研发机构成为城市创新体系的有机组成部分,进而提升城市的整体研发实力。

(3) 鼓励本土企业实施研发"走出去"战略

创建国际研发城市,不仅要注重国际研发资源的"引进来",还要鼓励和引导有实力的本土企业实施研发"走出去"战略(李安方,2004;肖文和林高榜,2011),在更为广阔的空间范围内去寻求国际研发要素资源的主动获取。积极拓展海外研发投资,利用全球的研发资源来完善自身的全球技术创新体系,主导国际研发合作,着力强化本土企业驾驭与控制价值链研发环节的能力,来提升所属城市在全球研发网络中的战略地位。

企业研发"走出去"战略的实施可以经由多种途径获得实现。①联合国内高水平的研究机构,积极参加国际标准组织的各项活动,了解最新的技术动态,缩短技术研发周期,同时还可将企业在某方面的技术优势输出至国际标准组织,确立企业在该领域内的技术权威地位,进而取得国际市场产品定位的话语权与主导权。②通过绿地投资直接设立海外研发机构,掌握国际市场和用户需求,监察与跟踪竞争对手的最新研发动态,并可接近知识与创新中心,利用东道国研发资源与研究环境获得更多的知识溢出反哺至国内,同时,在海外的研发成果可直接申请所在国专利,为成功占领国际市场赢得先机。③采用技术获取型跨国并购的方式来取得海外研发资源。依据并购目的的不同可以将跨国并购划分为市场获取型、资源获取型和技术获取型3类。目前,我国开展的海外并购大多为资源获取型,技术获取型所占比重较低。与技术引进相比,跨国并购不仅能够直接获取先进与成熟技术,快速提升企业的技术研发实力,更为重要的是还能够获取技术赖以成长的环境与土壤,如海外的研发团队、人力资本、研发管理模式、研发组织能力等等,进而有助于实现海外研发活动的本地化。

企业实施研发"走出去"战略,面临较大的不确定性与市场风险。因此,地方政府应制订税收、金融、科技等一系列优惠政策,组织由律师、经济学家、技术专家组成的专家团,为对口企业提供咨询服务,鼓励和帮助企业进行技术获取型FDI;建立海外投资信息中心,协助企业开展海外研发投资的前期可行性分析和中后期的跟踪指导,解决信息失灵问题,并代表政府协助企业与设置投资壁垒的东道国政府进行磋商,跨越投资障碍,创造投资机会(杜群阳,2008)。

当前,深圳在国际研发资源的主动获取方面已取得显著成效,以华为和中兴为代表的一批企业通过多种方式打造了自身全球研发体系(见表7-8),在提高企业技术创新能力的同时,也在一定程度上拓展了深圳的国际研发合作渠道,有利于提升深圳在全球技术研发领域内的国际影响力。

表 7-8 华为和中兴的全球研发体系

公 司	总 部	全球研发总部	卓越研发中心
华为	深圳	深圳	上海 北京 南京 西安 成都 天津 韩国首尔 印度班加罗尔 巴基斯坦伊斯兰堡 德州达拉斯 加州圣迭戈 加州圣克拉拉 新泽西州爱迪生 瑞典斯德哥尔摩 德国杜塞尔多夫 俄罗斯莫斯科
中兴	深圳	深圳	上海 北京 南京 西安 成都 武汉 印度班加罗尔 德州达拉斯 加州圣克拉拉 加拿大渥太华 瑞典斯德哥尔摩 俄罗斯莫斯科

资料来源:作者根据考察结果整理

(4) 利用海外人脉网络,链接全球创新尖峰

在相当长一个时期内,欧美日等发达国家与地区仍是世界科学技术革命的主导者,硅谷、波士顿、东京、伦敦、巴黎、巴塞尔等依然是世界科技创新的尖峰城市。在全球化浪潮下,发展中国家的城市与区域创新主要取决于与全球创新尖峰链接的程度,城市主要通过技术、资本、产业链3个核心链接机制达成对全球创新资源的有效利用,其中实现成功链接的关键桥梁在于海外人脉网络(王德禄,2011)。班加罗尔、特拉维夫之所以能够成功,在很大程度上就是因为充分利用了其在硅谷拥有的庞大印度裔和犹太裔移民社群,从而完成了与全球创新尖峰:硅谷的有效链接,进而推动了国际研发城市的崛起。

海外华人是我国与世界各国经济、社会、科技、文化相互融合的天然载体与动力。我国在国际研发城市的构建过程中,迫切需要跨区域、跨国界的科技研发资源配置整合,也比以往任何时候更加需要兼具东西方两种文化背景,具有国际视野,掌握高端技术与先进管理经验的海外华人高端人才的有力支持。当今,海外华人已经在世界科技领域内迅速崛起,有超过100万华人华侨专业人员分布在全球各地与不同科技领域。据估计,全美12万一流的科技人才中,华人占据1/4,华裔博士占全美博士的7%(梁桂全和游霭琼,2012)。因此,能否充分与有效利用丰富的海外人脉网络资源来链接全球创新尖峰,是我国能否成功创建国际研发城市的重要环节。

首先,城市可在地方与国家侨联的协助与推动下,利用海外华人发达的民间团体与社团来搭建与拓展人脉网络资源,如硅谷的华源社团,宣传城市以及所属企业的科研创新与发展计划,公布各项优惠政策与措施,激发海外技术人才报效祖国与家乡的热情,吸引其回国开展科技创业或担任科研院所与企业的高级技术研发与管理岗位,提高城市研发人才结构的国际化程度,推动城市自主研发与创新能力的提升。其次,对于海外技术人才要采取“不求所有,但求所用”的态度,即不再追求拥有型的人才流动，而是更多推动其进行“哑铃式”的流动（王辉耀，2012[①]），借助互联网技术支持下的网络社区平台进行快捷方便的实时沟通、交流与联合研发，实现我国城市与全球创新尖峰之间的频繁互动与融合。再有，要积极探索在延揽海外技术人才方面的政策创新。当前，我国对于海外高级人才的招揽大多采用资金奖励的方式，而印度吸引海归则主要采取政策性措施。如 1990 年代印度实行双重国家政策之前，回流的海外软件人才仅有 7 000 人，而在以上政策实施若干年后，回流的海外技术人才就达到了 70 多万（王辉耀，2012[①]），为链接全球创新尖峰奠定了深厚的人脉网络资源基础。以上政策值得我国在创建国际研发城市的过程中进行借鉴。

7.3.2 内部层面：优化城市研发系统

融入全球研发网络，有效利用国际研发资源是我国创建国际研发城市的外部措施。然而，单纯依靠国际研发资源的外部引进来实现城市技术创新能力，尤其是自主与原创性研发能力大幅提升的想法是不切实际的。基于城市研发资源禀赋与环境优势的内生力量才是创建国际研发城市的基础条件与关键因素。因此，不断优化城市地方研发系统，提高城市区位优势的质量，加强技术基础设施建设，在引导更多国际创新资源为我所用的同时，提高城市的自主研发与创新能力更是我国成功创建国际研发城市的极为重要方面。

(1) 提升本土企业的研发与技术创新能力

城市的技术基础决定了其获取研发成果知识溢出效应的水平高低，城市自身的产业基础越雄厚，与外国企业之间的技术差距越低，城市对于外来引进技术的学习与吸收能力就越强（R. Narula 和 A. Zanfei，2009，中译本）。因此，国际研发城市的建设需要立足于本土，尤其是中小企业研发与创新能力的提升。

目前，我国大部分城市本土企业研发力量薄弱，创新能力不足的客观事实已经成为制约国际研发城市建设的瓶颈（杜德斌等，2009a）。以国际专利申请为例，2010 年，绝大部分城市每万人的 PCT 申请均不足 1 件，与深圳的 16.08 件、北京的 3.87 件和上海的 2.23 件均有着巨大的差距，表明我国大部分城市在应用于国际市场的技术研发能力亟待大幅增强。作为地方政府，可从以下若干方面来培育和提升本土企业的研发与创新能力。

首先，在鼓励企业开设研发中心，引导本地企业向价值链中高端的研发与设计环节上行的同时，还要积极吸引周边地区企业到本地建立研发中心，促进研发机构

---

① 王辉耀. 硅谷中关村人脉网络：创新区域发展的关键节点[EB/OL]. http://blog.sina.com.cn/s/blog_46ebb5ba0102edlj.html. 2012

与产业的空间集聚。在吸引国内企业研发中心的过程中，应给予其在人才引进、土地批租、税收等方面与跨国公司研发中心同等的优惠条件，鼓励外地企业与本地企业及高校、研究机构合作共建研发中心或形成研究联盟。

其次，要推进科技与金融的紧密结合，创新科技金融产品和服务。鼓励发展天使投资、风险投资、创业投资等，形成多元化、多层次、多渠道的科技创新投融资体系，为企业，尤其是小型科技型初创企业开展研发活动提供必要金融支持。硅谷的成功经验表明，建立和完善风险投资机制是解决企业研发创新资金短缺，降低研发风险的有效途径。政府可以制订一系列政策，如降低风险投资税率、减免投资盈利所得税、引进国内外投资机构合作设立种子基金等。在民间资本比较充裕的城市如杭州、苏州、上海等，要允许和引导民间资本自由组建小企业投资公司投向科技创新与创业，为金融资本介入与推动技术创新营造良好环境。

再有，政府可以从财政中拨出专项研发基金，向企业提供低息贷款，鼓励企业在消化引进外来技术的基础上，从事具有自主知识产权的技术和产品研发。政府也可以制订研发贷款的额度、利率和期限。研发贷款的利率应低于商业银行贷款利率。贷款的产业范围可限定在本市鼓励发展的高新技术领域，且研发贷款只能投入新产品和新工艺的研究开发。对于符合城市高新技术产业发展导向的研发贷款应予以优先发放等。

（2）合理规划研发园区，推动技术社区形成

地理的临近性是获得技术与知识溢出的必要条件，尤其是对于那些不易清晰化和编码化，难以实现远距离交换的隐性知识而言，它较多附着于人的认知和技能中，需要借助人的言传身教和互动咨询来取得。隐性知识是某个地理空间创新活动的关键决定因素，出于对隐性知识的追求，研发行为主体迫切需要在地理空间上形成集聚以获得更多面对面交流或者是干中学的机会。因此，合理规划研发园区，促进研发要素空间集聚是我国建设国际研发城市的重要方面。

硅谷等城市的发展经验亦表明，具有研发创新功能的研究园区或科学园区是国际研发城市形成的物质空间基础，无论这种研发园区是民间自发兴建抑或是由地方政府主导。例如，正是斯坦福研究园的建立为硅谷的产业研发提供了强有力的空间支持。当前，高新区是我国城市从事技术研发的主要空间载体，但是普遍存在着多数为加工组装环节，研发强度低，用地不经济等问题（张艳和赵民，2011）。因此未来一则要腾笼换鸟，转移低技术含量的加工组装环节，提高园区的技术产出效率；另一则要提高园区的准入门槛，切实引进研发强度高的先进制造业企业及其研发设计环节，实现技术与产业的一体化发展。在园区产业规划方面，要构建以研发创新为核心的企业生态结构，形成由科技研发、技术服务、投融资服务、技术创新企业所组成的产业集群，引进高水平的研发机构、专业研发公司、综合型科技孵化器，鼓励企业参与国家与国际重大科技项目，衍生新产业，发展自主创新，带动产业技术创新能力提升。同时也可借鉴班加罗尔研发服务业的发展经验，逐渐向价值链上游的研发环节攀升，鼓励有能力的企业基于模块分工，以承接外包、研发合作等形式与跨国公司结成创新联盟或研发分工，打造具有世界水平的研发产业集群。

另外，在研发园区建设方面应改变以往高新区开发规划的传统模式，要特别重视园区生活设施水平的改善(杜德斌，2009a)，提升环境质量，着力构建适宜知识流动与传播，并利于激发科研人员创造力与想象力的技术社区空间。在进行研发园区规划或提升时，要将自然景观巧妙融合于工作环境之中，提高技术研发人员的舒适度与自由感，设计适合弹性工作制的 SOHO 办公场所，同时要配备大量供技术研发人员进行面对面探讨的公共交流空间，强化园区中物质空间环境与参与者之间的互动联系，形式上以酒吧、咖啡厅、音乐厅、特色餐厅、小型会议室、户外休闲茶座等为主，效仿硅谷于 1970 年代成立的“自制计算机俱乐部”，成立不同技术主题的非正式会员组织，定期组织与举办高水平的技术主题沙龙或新技术推介会，使创新的思想得以不断发生碰撞，擦出火花，推动新产品的不断诞生。园区内要配套各种中介服务机构、专业服务公司和风险投资机构的联络处或办事处，大力促进本地社会网络的构建，营造本地所独有的研发与创新氛围，推动技术社区空间的形成与发展。同时，也要注重提高园区的管理与服务水平，利用各种机会在海外进行推介，增加园区与国外园区之间的交流，提升园区的国际化水平。

(3) 加强知识产权保护，培育创新创业文化

在深入研究影响研发创新的要素，知识产权保护的需求特征以及国际上研发成果知识产权保护的发展趋势和研究成果的基础上，完善已有知识产权制度，构建多层次、多渠道的知识产权保护机制(张战仁和杜德斌，2010)。以激励创造、有效运用、依法保护、科学管理为方针，提高企业知识产权创造和运用能力，增强高科技研发型企业的知识产权保护意识，大幅提高对于国际专利申请的重视程度。完善知识产权法规规章，健全知识产权保护工作体系，营造良好的知识产权法制和社会环境，提高知识产权保护法制化水平，积极发挥司法保护知识产权作用，加强知识产权维权援助体系建设。切实强化重点地区、重点行业和特定领域的知识产权保护，依法惩治和遏制知识产权违法犯罪及侵权行为，使知识产权得到有效保护和合理利用。

在尊重知识产权基础上，进一步培育与弘扬勇于探索、团结协作、乐于奉献的创新精神，在全社会努力营造尊重科技人才、尊重创造、鼓励创新、宽容失败的浓厚文化氛围。制订高效便捷，权益明晰的技术研发成果转移制度与商业化机制，鼓励科研人员投入到科技创业的浪潮中去，并充分运用各类媒体，拓宽传播渠道，加强对重大科技成果、典型创新人物和企业的宣传，加大对创新创造者的表彰奖励力度，引导社会舆论，营造良好氛围，培育地方企业家精神。地方政府要从研发项目选择、研发策略规划、研发成果应用以及研发资源共享等方面，加强研发公共服务平台建设，帮助产业主体提高效率，降低风险。同时要大力发展研发中介服务业，重点扶持以研发信息服务为主的成果交易机构、以转移代理为主的中介服务机构、促进研发成果转化的中介组织、提供融资服务的相关组织；鼓励开展市场分析研究、技术预测、风险评估、技术发展规划、知识产权检索、知识产权发展趋势分析、研发成果产出的策略规划等，构建专业性的研发服务支撑体系，提高城市的研发服务水平。

(4) 完善城市创新体系，推进政产学深度融合

完善以企业、大学、科研院所、政府为核心的城市研发创新体系，在分工明确的基础上，各司其职，通力合作，建设政产学深度融合的研发创新网络。

鼓励引导企业成为城市技术创新的真正主体，以“企业自主、市场运作、政策扶持”为原则，大力发展企业研发中心、专家工作站和博士后工作站，对获得国家和省级认定的企业研发和技术中心，分别给予奖励。全面落实对研发费用加计扣除、高新技术企业所得税、固定资产加速折旧等税收优惠政策。鼓励企业申报承担国家、省级科技计划项目。

积极推进企业与高校、科研院所以产权为纽带、以项目为依托，形成各方优势互补、共同发展、利益共享、风险共担的协同创新机制。支持高校、科研院所将非经营性国有资产转为经营性国有资产，用于科技成果研发和产业化。鼓励高等院校和科研院所采用市场化方式，向企业开放各类科技资源，为企业提供检测、测试、标准等服务。支持科技型中小企业与科研院所、高等院校、大企业联合组建技术研发机构和产业技术创新战略联盟，合力开展产业核心关键技术研发、推广应用，共享科技创新成果。引导高校科学定位、特色发展，建设一批不同层次、不同类型的高水平大学，积极争取国内外著名高等院校和科研院所设立分校或研究生院，提高城市的基础研究能力，大力培养创新型人才，为创新发展提供强大支撑。

综合运用政府采购、市场培育、需求创造、风险补助等多种措施，以市场引领创新，以应用促进发展。搭建信息平台，在政府采购和公共资源交易中，不断提高自主创新产品应用比重。择优支持一批具有自主知识产权、市场潜力大的科技成果在企业实现产业化，对购买高校、科研院所技术成果并在本地实施转化的企业，按其年技术成果交易额的一定比例给予补助。对符合条件的技术转让所得给予企业所得税优惠，并支持企业赴境内外参展开拓市场。

7.4 本章小结

改革开放以来，我国依靠劳动力和土地成本等比较优势积极参与国际劳动分工，取得了举世瞩目的经济发展成就。但是从国际劳动分工的格局来看，我国依然处在附加值较低的生产与组装环节，产品技术含量与附加值均较低，在国际竞争中依然处于弱势地位。在此背景下，作为国家经济发展的空间载体与基本单元，我国某些城市在条件允许的前提下，迫切需要向全球价值链高端的研发环节攀升，实现从"世界工厂"到"研发城市"的华丽转变，大幅提高自主创新能力，进而提升我国在国际舞台上的竞争力。

基于此，本章以国际研发城市的核心特征、功能内涵和形成机制为依据，以研发基本特征、国际资源利用、研发系统基础 3 个层次，22 个具体指标构造了我国创建国际研发城市的适宜性评价体系，就北京、上海等 11 座外资研发空间集聚程度最高的城市进行了定量分析与评价。评价结果显示，北京、上海、深圳是我国目前创建国际研发城市适宜性程度最高的 3 座城市，但尽管如此，上述 3 座城市依然在某些指标环节存在较为明显的短板，亟须重点改善；而其余的苏州、杭州、天津等 8 座城市与北京、上海、深圳相比，在各个方面都存在着较大的差距，距离达成创建国际研发城市的目标依然任重而道远。在适宜性分析与评价之后，本章以国际研发城市的形成与发展机制为依据，结合重点城市自身的具体情况和国际上研发城市的发展经验，主要分融入全球研发网络和优化城市研发系统内外两个层面，就我国城市创建国际研发城市提出若干对策与建议。具体包括：继续吸引以跨国公司为主体的国际研发资源；加强跨国公司技术转移深度，提高知识溢出效应；重点提升本土企业的研发与技术创新能力；合理规划研发园区、推动技术社区形成等措施，期望为我国国际研发城市的建设实践提供有益的借鉴与指导作用。

第8章

结语与展望

8.1 研究结论与创新

8.1.1 主要结论

国际研发城市是一个颇具开创性的研究命题，不仅国内学术界涉足者寥寥，即使在国外也鲜有学者涉及。综观过往的理论文献，可以发现当前学术界对于国际研发城市的研究仍处于起步阶段，对于其概念、特征、内涵、形成机制等问题缺乏统一的认识与深入探索，概念与内涵的多样性解释也折射出当前对于国际研发城市的相关研究还远未形成一套严密的学术理论体系。正是以上种种构成了本文研究工作的主要动因与现实背景。

"描述一种现象，刻画若干特征，寻求一份解释"是本文研究所遵循的逻辑线索与思路框架。国际研发城市是在知识经济时代背景下，伴随研发全球化进程而出现的一种新型城市功能与空间形态。对于这样一种新兴的城市类型，本文一方面借助跨国公司高等级研发机构的空间集聚、城市的国际研发产出、城市间的国际专利合作等大量数据信息来对国际研发城市进行概念与内涵诠释、研发运行特征刻画、发展类型划分与网络层级分析等；另一方面，运用典型案例剖析的研究方法，力争透过现象看本质，来深层次洞察推动国际研发城市崛起的各种力量源泉，并在此基础上尝试搭建国际城市形成与发展机制的理论解释框架。经过系统研究，形成若干结论如下：

第一，国际研发城市是一座以研发服务与创新作为主导功能的国际城市，因集聚大量的国际性研发资源和占据全球价值链中高端的研发环节，而成为全球知识的生产中心、技术资本的控制中心与技术扩散的交互中心，是技术创新领域内的世界城市。因此，国际研发城市在很大程度上是创新型城市与世界城市的融合。集聚性、创新性、国际性、控制性与枢纽性是国际研发城市的核心特征，研发服务与创新功能是国际研发城市的本质内涵。

第二，对于全球 171 家主要跨国公司高等级研发机构空间分布与集聚程度的考察，更为深入地展现了跨国公司研发活动单元基于城市空间尺度的全球分布图景。考察结果表明，发达经济体城市在全球研发资源的空间配置格局中占据主导地位。其中，东京、伦敦、巴黎等老牌世界城市继续保持其全球研发创新网络重要节点的战略位置。与此同时，亚洲的上海、北京与班加罗尔等发展中经济体城市在研发全球化驱动下，正日益崛起成为全球研发创新的一支重要力量，但是与发达经济体城市相比，发展中经济体城市对于全球研发总部的控制力十分薄弱，在机构来源方面也存在较强的外资依赖性特征，因而目前在全球研发资源的空间配置与转移过程中仍然处于支配性地位。

第三，以 WIPO 的 PCT 数据库资源为依托，搭建了具有统一性和可比性的 32 座国际研发城市的比较分析框架，深入挖掘城市的 PCT 申请数据信息，构造基本特征指标和主体特征指标两大类 6 个具体指标来综合反映 32 座国际研发城市的研发运行特征。

基本特征指标的分析结果大致勾勒出全球研发创新格局的基本轮廓：发达经济体大城市，包括伦敦、纽约等老牌世界城市在全球研发格局中依然占据着主导地位。但对于欧美大城市而言，制造业的去中心化趋势在一定程度上削弱了城市的研发服务功能，使其研发效率多于低位区间徘徊。发达经济体中小城市的研发服务功能大多较为凸显，成为专业从事技术研发的科技型城市。亚洲发展中和新兴发达经济体城市表现出较强的研发增长潜力，这与近年来跨国公司全球研发布局的空间指向高度吻合。当前，欧美地区的研发创新正处于一个相对稳定或停滞状态，但与欧美城市相比，日本城市保持着较高的研发增长势头，展现出强于欧美城市的研发与创新活力。

主体特征指标方面，对城市 PCT 申请外资依存度和公共研发依存度的分析能使我们对 32 座城市的研发创新来源有着较为清晰的认识，而城市 PCT 申请者集中度指标则能反映出城市研发创新环境是趋向于垄断还是竞争。随后，作者在上述工作基础上，将城市 PCT 申请外资依存度和公共研发依存度两个视角综合起来，结合相关数据将 32 座城市划分为自主商业型研发城市、科教驱动型研发城市、混合驱动型研发城市和外资驱动型研发城市 4 个类型，并对各自类型中的典型城市的 PCT 申请者结构进行对比来进一步说明不同类型城市在研发主导力量方面所具有的不同特点。与此同时，作者又以城市 PCT 的申请者集中度为依据，将 32 座国际研发城市划分为寡头垄断型、垄断型和竞争型 3 种类型，并指出创新是一项系统工程，创新只有在充分竞争的市场环境中才可能持续，在国际研发城市的不同发展阶段，保持创新环境垄断与竞争的适度平衡将十分重要。

第四，以 32 座国际研发城市间的 PCT 合作申请数据来表征彼此间的研发合作关系，运用 SNA 方法分 3 个时段对国际研发城市网络的宏观特征、联系结构与演变轨迹进行了刻画与分析。

网络宏观特征方面，32 座国际研发城市间的网络密度、网络通达性均呈现随时间推移而不断增强的态势。各项指标数据从第 1 时段到第 2 时段的增长幅度较为明显，而第 2 时段到第 3 时段的增长趋于平缓，表明以城市为节点的全球研发合作网络结构在 2001—2005 年间已基本成型。

网络节点的中心性分析表明，发达经济体城市的网络权力与地位要普遍高于发展中和新兴发达经济体城市，硅谷、东京、巴黎等全球研发总部控制力较强的发达经济体城市，始终在全球研发合作网络中占据核心与枢纽位置。以上海、班加罗尔、新加坡为代表的某些发展中和新兴发达经济体城市的网络权力与地位在第 2 和第 3 时段也都呈现出不同程度的上升趋势，这与近些年来跨国公司研发全球化的空间布局指向高度吻合，表明随着研发全球化的日益深入，以上城市可以借助跨国公司研发机构作为通道与载体来积极扩展其国际研发合作渠道，进而不断提升城市在网络中的权力与声望。同时，网络中心势的分析也说明网络内各城市节点之间的权力与地位差异正随着时间的推移渐趋缩小，国际研发城市网络结构的中心集聚趋势日趋弱化，并逐渐呈现出向多中心均衡化发展的整体态势。

在网络子结构特征方面，硅谷、东京以及巴黎等发达经济体城市以所属其跨国公司为流通载体，通过全球研发组织体系的空间扩张和地方镶嵌与其他城市开展频繁的研发合作，增强了技术与知识扩散的广度与深度，进而保持其在全球研发合作格局中的领导地位。在前 2 个时段中，发达经济体城市之间有着更为紧密的研发合作联系，全球研发合作呈现出欧美日主导下的“大三角”格局。在第 3 时段，上海和北京首次进入 C2 层次派系，上海更是进入到网络的核心层级，反映出在研发全球化背景下，发展中经济体城市有机会通过参与国际创新合作的方式融入至全球研发网络，提高对于国际研发城市网络的影响力。但是，对于上海与巴黎等城市 PCT 合作申请数据的分析结果表明，由于缺乏极具创新能力的本土全球性公司，上海仍然在全球技术与知识的交互过程中属于被动的承接方而处于支配性地位，全球研发合作的“大三角”格局并未得到实质性撼动。

第五，本研究在持续关注城市研发创新内涵的同时，还将国际研发城市纳入到全球化视野之下，综合运用新经济增长、研发全球化、全球价值链、城市创新系统等理论与分析工具从“内和外”两个层面出发，搭建了国际研发城市形成与发展机制的理论解释框架。国际研发城市是知识经济时代背景下全球化与内生性两股力量交互作用下的产物。其中，跨国公司主导下的全球研发网络的空间扩张与地方镶嵌深刻改变了全球研发资源的空间配置格局，成为推动国际研发城市崛起的外部动力条件；而凝结于城市中的基于自身资源禀赋的地方优势或研发系统的完善程度则是推动国际研发城市形成与发展的内生基础与力量源泉，两者缺一不可。在未来，我国在创建国际研发城市过程中，应当通过融入全球研发网络与优化城市研发系统内外两方面相协调的路径来整合全球力量与本地资源，继而推动国际研发城市的形成与持续发展。

8.1.2 研究创新

(1) 研究视角的拓展

研发是近年来学术界研究的热点。跨国公司研发单元的区位选择、空间组织模式等是经济地理学界关注的重点领域。然而，过往的研究内容主要是基于公司地理学角度，以跨国公司作为研究对象，多注重微观层面企业研发活动的空间特征刻画与机理阐释，而将研发与城市及区域发展相结合起来的中宏观层面研究相对薄弱。

基于此，本研究将关注的重点转向研发活动最为基本的空间载体——城市。首先，从创新型城市和世界城市及其体系相结合的理论视角出发，对国际研发城市的核心特征、功能内涵、基本概念及其形成与发展机制从理论层面进行诠释与演绎。借鉴世界城市的相关理论与研究方法，从跨国公司研发组织与地理空间相结合的观察视角切入，通过对全球 171 家主要跨国公司所编织的全球研发网络节点的空间区位考察来对国际研发城市进行识别与判定。在上述工作基础上，检索由 WIPO 建立的 PCT 数据库，深入挖掘 32 座城市的 PCT 申请数据，进一步分析国际研发城市的研发运行特征、发展类型以及城市间的网络联系结构与演变趋势等一系列问题。随后，采用案例剖析的研究方法对典型国际研发城市发展历程与演变轨迹进行回顾，对其驱动因素进行归纳对比。通过上述工作，实现了对研发活动的研究视角从微观的企业层面向中宏观的城市与区域层面的转化与拓展，在很大程度上弥补了国内该领域内研究的薄弱之处。同时，对于跨国公司全球研发网络节点的空间区位考察结果，也更为深入地展现了跨国公司研发活动单元基于城市空间尺度的全球分布格局，也在一定程度上深化了跨国公司的研发投资区位理论。

(2) 研究方法的创新

回顾之前的相关文献，作者发现对于国际研发城市的认定与选取并无一个明确的标准，如何在灿若星辰的众多城市中对其进行识别与判定是本文研究的第一要务。在此方面，作者以国际研发城市是技术领域内的世界城市这一基本立论为依据，借鉴世界城市研究中通过主要跨国公司总部区位指向来识别世界城市的研究方法，首次创造性地提出了将全球主要跨国公司高等级研发机构在某一城市范围内的空间集聚程度作为国际研发城市核心识别指标的研究方法。通过对171家主要跨国公司全球与区域性研发总部基于城市尺度的空间区位考察，在全球范围内遴选出32座全球研发网络的空间节点城市，将其判定为国际研发城市。随后，在此基础上就上述城市进行相应的特征分析与类型判断。该研究方法建立在收集和采用大量第一手资料与数据信息的基础之上，一改以往经验式的主观判断方法，不仅为国际研发城市的识别与判定提供了较为可靠的指标依据，同时也极大地保证了后续研究的科学性以及逻辑上的合理性与严密性。

其次，在过往国际研发城市的相关研究中，大多局限于一般的个案研究与模式探讨，缺乏定量化指标的应用与分析，更欠缺对国际研发城市在全球层面的统一性把握。为弥补以上不足，本研究特别选择了由WIPO建立的PCT数据库，一方面，通过对全球性数据平台的应用，方便我们站在全球视野的高度对32座城市进行统一的横向比较与分析；另一方面，由于PCT本身所具有的创新性与国际性特性，又能够使我们从国际研发产出的视角来审视每一座城市的研发运行特征。基于此，作者根据32座城市在PCT数据库中的检索结果与数据信息，构造了两大类6个具体指标来综合反映32座国际研发城市的研发特征，分别为：城市PCT申请量、申请密度、申请年均增长率、申请外资依存度、申请公共研发依存度和申请者集中度。通过对32座城市在以上6个指标的数据对比与分析，来深入了解每座国际研发城市的研发产出规模、研发产出效率、研发增长潜力、城市研发对于不同性质行为主体的依赖程度以及城市研发基于行为主体的集中程度等研发运行特征，并以此为基础对国际研发城市的不同发展类型实施划分，务求使分析结果能够客观全面和更具针对性地反映出当前国际研发城市的真实发展状况，从而在定量分析层面有所突破。

再有，本文突破了以往基于国际研发城市属性特征数据的静态研究方法，借鉴社会学中社会网络分析(SNA)的研究方法，首次从社会网络的观察视角来探讨国际研发城市之间基于研发合作的相互作用关系与网络联系结构和特征。在世界城市体系与网络的相关理论支撑下，具体以32座国际研发城市间的PCT合作申请次数作为联系数据来表征国际研发城市之间的研发合作关系，并以此为依据运用SNA中的Ucinet软件分1996—2000年、2000—2005年、2006—2010年3个时段对国际研发城市之间的网络联系结构和特征实施动态刻画，直观反映其演变趋势。同时，利用软件中集成的网络密度、网络通达性、中心性分析、网络中心势分析、凝聚子群分析以及NetDraw可视化软件等功能，来揭示32座国际研发城市间网络的宏观结构特征与子结构特征，并尝试分析其微观变化机理。应该说，社会网络分析方法在国际研发城市网络研究中的应用，将该领域内的相关研究进一步引向深入。

8.2 研究局限与展望

"描述一种现象，刻画若干特征，寻求一份解释"是本文研究所遵循的逻辑线索与思路框架。然而，回顾整个研究过程，应该说本文在前两项，即国际研发城市的现象描述与特征刻画方面都做了较为扎实的基础研究与分析工作，但是在寻求解释层面仍然显得较为薄弱。尽管本文在典型案例研究基础上搭建了国际研发城市形成与发展机制的理论解释框架，但是由于目前国际上诸如研发投入、研发强度、研发人员全时当量等有关研发的数据信息大都局限于国家或省(州)域层面，基于城市空间尺度的研发统计数据极其缺乏，并且也缺乏具有系统性和完备性的涉及32座国际研发城市社会与经济发展等的统计数据信息，因此也就难以运用数理模型对国际研发城市的形成机制以及相应的影响因素进行定量化的深度探讨。以上类似的局限还体现在国际研发城市间的网络研究方面，本文从研发合作的视角切入，揭示了32座国际研发城市间网络联系的动态演化轨迹，以及不同时段的空间结构特征，但是同样受制于各城市具体数据的缺乏，致使无法对国际研发城市间的网络联系机制做更为深入的细致探求，进而限制了本文的研究深度。因此，在日后研究中，随着世界范围内城市数据库系统的日臻完善，可以重点从定量模型运用层面就国际研发城市的形成与发展机制，城市间的网络联系与互动机制等问题做进一步的深入探究。

其次，国际研发城市是一座以研发服务与创新作为主导功能的国际城市，因占据全球价值链中高端的研发环节，而成为全球知识的生产中心、技术资本的控制中心与技术扩散的交互中心。但是，就全球价值链中具体的研发环节而言，同样也存在由具有不同附加值的价值区段所构成的"微笑曲线"。例如，知名创新研究机构——Zinnov.在2011年就曾运用全球价值链的分析方法，根据附加值的高低将半导体的研发活动细化为概念原型开发、芯片设计、应用发展和产品试验4个价值区段，并在此基础上对全球半导体的研发创新中心进行层级划分。因此，在未来的研究中，可以充分借鉴上述方法，通过对某一个具体产业全球研发价值链环节的细分，以及各价值区段的空间分布来对国际研发城市的功能层级实施更为细致的研究与探讨，继而进一步充实国际研发城市与世界城市的理论与实证研究内容。

其三，本研究将32座城市纳入至全球化语境中，对国际研发城市的运行特征、发展类型以及城市间的研发合作网络联系等方面进行了全球层面的统一性把握，但就本质而言，依然是一个偏向于中宏观层次的研究。然而，事实上，以大学科技园区、高新技术产业区以及研究开发特区等为代表的研发创新空间，才是推动城市研发服务功能兴起与国际研发城市崛起最为基本的空间载体与物质基础。因此，在未来的研究中，需要我们将研究的视野进一步拓展到城市的内部空间，着重从微观层面来探讨城市研发创新空间的结构特征以及促使其生成的内外部条件，重点关注城市研发创新空间与城市其他功能空间的融合发展，城市研发创新空间的合理规划以促进技术社区形成等实际问题，进而为我国国际研发城市的成功创建提供更加具有可操作性的理论指导。

参 考 文 献

[1] ZJ Acs, L Anselin, A Varga. Patent and innovation counts as measures of regional production of new knowledge[J]. Research Policy, 2002(31):1069-1085

[2] AS Alderson, J Beckfield. Power and position in the world city system [J]. American Journal of Sociology, 2004,109(4):811-851

[3] KJ Arrow. The Economic implications of learning by doing[J]. Review of Economic Studies, 1962,Vol 29:155-173

[4] BT Asheim. Territorialtiy and Economics: On the Substantial Contribution of Economic Geography, in O. Jonsson and L. O. Olander, Economic Geography in Transition,The Swdeish Geographical Yearbook, vol. 74, Lund(1998):98-109

[5] DBA Silk, JPW Webb, AE Lane, ML Clark, AM Dawson. R&D spillovers and the geography of innovation and production[J]. American Economic Review, 1996(86): 630-640

[6] B Parthasarathy, Y Aoyama. From Software Services to R&D Services: Local Entrepreneurship in the Software Industry in Bangalore, India [J]. Environment and Planning, 2006, volume 38:1269-1285

[7] R Baldwin, H Braconier, R Forslid. Multinationals Endogenous and Technological Spillovers: Theory and Evidence. Review of Internationa Economics, 2005, 13(05):945-963

[8] JA Barnes. Class and committees in a Norwegian Island parish[J]. Human Relations, 1954,7(1):39-58

[9] B Jaruzelski, K Dehoff. Beyond Borders: The Global Innovation 1000. strategy+business issue 53, winter 2008.

[10] BCI. http://www. siteselection. com/features/2008/jul/euro-RD-Hubs/[EB/OL]. 2008

[11] Jonathan V. Beaverstock, Richard G. Smith, Peter J. Taylor. World City network: a new mega geography? [A]. Annals of the Association of American Geographers, 2000,90(1):123-234

[12] BIS. UK. 2010 R&D Scoreboard: The Top 1000 UK and 1000 Global Companies by R&D Investment. [R]. BIS. UK. 2011

[13] B Jaruzelski, K Dehoff. Profits Down, Spending Steady: The Global Innovation 1000[R]. Strategy+Business,2009

[14] T Goldbrunner, Y Doz, AK Wilson. The Well-Designed Global R&D Network[R].

Strategy+Business, 2006

[15] Börje Johansson, Charlie Karlsson. Transportation Infrastructure for the Malar Region [J]. Regional Studies, 1994(2): 169-185

[16] John Cantwell. Technological Innovation and Multinational Corporations. Oxford, Basil Blackwell, 1989

[17] WK Carroll. Global cities in the global corporate network[J]. Environment and Planning, 2007, 39(10): 2297-2323

[18] M Castells. The Rise of the NetworkSociety[M]. Blackwell, Oxford, 2000

[19] M Castells. The Information City[M]. London, Blackwell, 1989

[20] C Miller. The Creative City: A Toolkit for Urban Innovators[M]. Earthscan Publication Ltd, 2000

[21] RB Cohen(1981). The New International Division of Labor, Multinational Corporations, and Urban Hierarchy in Urbanization and Urban Planning in Capitalist Society, edited by Michael Dear and Allen Scott. New York: Methuen: 287-315

[22] P Cooke. Regional Innovation Systems: Competitive Regulation in the New Europe [J]. Geoforum, 1992(23): 365-382

[23] DS Yim, KK Kim, Ki Kook Kim. Foreign R&D Centers in Korea and GovernmentPolicy [J]. PICMET 2006 Proceedings, Istanbul, Turkey

[24] JH Dunning, R Narula, R. The R&D Activities of Foreign Firms in the United States. [J]. International Studies of Management and Organization, 1995(1-2): 39-73

[25] C Edquist. Systems of Innovation: Technologies, Institutions and Organizations, London: Printer. 1997

[26] E & Young. What is the Knowledge Economy[R]. World Development Report, 1999

[27] R Florida, M Kenney. The Globalization of Japanese R&D: the Economic Geography of Japanese R&D Investment in the United States [J]. Economic Geograpgy, 1994, 70(4): 344-369

[28] R Florida. The Rise of the Creative Class[M]. Boston: Basic books, 2002

[29] R Florida. The globalization of R&D: Result of a survey of foreign affiliated R&D laboratories in the USA[J]. Research Policy, 1997(26): 85-103

[30] M Trevor. Technology Policy and Economic Performance: Lessons from Japan. 1987. London: Printer

[31] J Friedmann. Where we stand: a decade of world city research, In Knox P L. & Taylor P L. World cities in a world system[M]. Cambridge university press, 1995

[32] J Friedmann. World cities revisited: A comment[J]. Urban Studies, 2001, 38(13): 2535-2536

[33] Furman. Jeffrey L., Porter. Michael E., Stern. Scott. The determinants of national innovative capacity[J]. Research Policy, 2002(31): 899-933

[34] GaWC. http://www.lboro.ac.uk/gawc/world2008c.html[EB/OL]. 2008

[35] GaWC. http://www.lboro.ac.uk/gawc/world2012t.html[EB/OL]. 2012

[36] GJ Tellis, AB Eisingerich, RK Chandy, JC Prabhu. Competing for the Future: Patterns in the Global Location of R&D Centers by the World's Largest Firms[R]. Institute for the Study of Business Markets, The Pennsylvania State University, 2008(06)

[37] GJ Hospers. Creative cities: Breeding places in the knowledge economy [J]. Knowledge, Technology & Policy, 2003(3):143-162

[38] Z Griliches. The Research for R&D Spillovers [R]. NBER Working Paper, No. 3768, 1991

[39] Z Griliches. Patent statistics as economic indicators: a survey[J]. Journal of Economic Literature, 1990(28):1661-1707

[40] MC. Patents, innovation and growth[J]. Economic Record, 2000(76):255-262

[41] D Guellec. From R&D to productivity growth: Do the sources of funds and institutional settings matter? [J]. Oxford Bulletin of Economics and Statistics, 2004(6):353-376

[42] PG Hall. The World Cities[M]. London: Heinemann, 1966

[43] Heidi Hanssens, Ben Derudder, Peter J. Taylor, Michael Hoyler, Pengfei Ni. The changing geography of globalized service provision, "2000—2008". The Service Industries Journal, 2010:1-15

[44] H Etzkowitz, L Leydesdorff. The Triple Helix: University-industry-government Innovation in Action. NewYork : Routledge Press, 2005

[45] S Hymer. The Multinational Corporation and the Law of Uneven Development. 1972. In BHagwati, J. Economics and World Order from the 1970s to the 1990s. Collier: MacMillan. :113-140

[46] IR Gordon, P Mccann. Industrial Clusters: Complexes, Agglomeration and/or Social Networks [J]. Urban Studies, 2000,37(3):513-538

[47] Innovation: Is Global the Way Forward? Instead and Booz Allen Hamilton [R]. 2005

[48] AB Jaffe. The Real Effects of Academic Research[J]. American Economic Review, 1989 (79):957-970

[49] J Simmie. InnovativeCities[M]. London & New York: Spon Press, 2001

[50] J Invmesatrchja. Research for Attracting R&D Centers in Japan[R]. Japan External Trade Organization, 2004

[51] Jin-ok Lee. Development Strategies of Daedeok Valley To build it as the R&D Hub of Northeast Asia[J]. WTA Magazine, 2003(6):14-19

[52] JF. The World City Hypothesis. Source: Development and Change, 1986(17):69-83

[53] Joint Venture. 2010 Index of Slicon Valley[R]. 2010

[54] A Kleinknecht, P Mohnen, Innovation and firm performance. Econometric explorations of survey data, Hampshire and New York: Palgrave

[55] RV Knight. Knowledge-based Development: Policy and Planning Implications for Cities [J]. Urban Studies, 1995(02): 225-260

[56] (KOTRA). Issues for the Establishment of Northeast R&D Hub [R]. Korea Trade-Investment Promotion Corporation, 2003

[57] W Kuemmerle. Home Base and Foreign Direct Investment in R&D. Unpublished PHD. Dissertation, Boston: Harvard Business School

[58] Lundvall, Bengt-Åke. National System of Innovation: Towards a Theory of Innovation and Interactive Learning[M]. London: Printer, 1992

[59] EJ Malecki. Location Trends in R&D by Large US. Corportions(1965—1977). Economic Geography, 1979, 55: 309-323

[60] Matt Mahoney. http://www. technologyreview. com/graphiti/417658/inventing-across-borders/[EB/OL]. 2010

[61] WP Library. Ministry of Trade and Industry Singapore. Research, Innovation, Enterprise. 2015 Singapore future[R]. 2011

[62] M Moss. Telecommunications, World Cities and Urban Policy[J]. Urban Studies, 1987, 24(6): 534-546

[63] RR Nelson, RR Nelson. National System of Innovation: A Compatative Study [M]. Oxford University Press, 1993

[64] RR Nelson, N Rosenberg, Rosenberg, N. "Technical Innovation and National System" in Nelson 1993: 3-21

[65] OECD. Main Definitions and Conventions for the Measurement of Research and Experimental Development: A Summary of the Frascati Manual 1994. Paris

[66] Oliver Gassmann, Maximilian von Zedtwitz. New concept and trend in international R&D organization[J]. Research Policy, 1999(28): 231-250

[67] RD Pearce. Decentralised R&D and strategic competitiveness: Globalised approaches to generation and use of technology in multinational enterprises (MNEs) [J]. Research Policy, 1999, 28 (2-3): 157-178

[68] A Briggs. Cities in Civilization [M]. New York: Harper Collins Press, 1998

[69] PK Wong, YP Ho, A Singh. Singapore as an innovative city in East Asia: An explorative study of the perspectives of innovative Industries. World Bank Policy Research Working Paper [R]. 2005

[70] P Reddy. R&D-related FDI in Developing Countries: implications for host countries. From UNCATD 2005: Globalization of R&D and Developing countries. Proceeding of an Expert Meeting[C]. New York and Geneva: 89-105

[71] RM Mitra. India's Emergence as a Global R&D Center[R]. Swedish Institute for Growth Policy Studies, 2007

[72] HC Reed. Financial center hegemony, interest rate, and the global political economy. In:

Park Y S & Eassayyad M. International banking and financial centers[M]. Boston: Kluwer Academic Publishers, 1989

[73] RIEC. Research innovation and enterprise secretarist: 2015 Singpore's future[R]. 2011

[74] R Triendl, R Yoon. Singapore: from microprocessors to microrays? [J]. Nature Biotechnology, 2001(19):521-522

[75] PM Romer. Endogenous technological change [J]. Journal of Political Economy, 1990(98):71-S102

[76] JD Sachs, JW Mcarthur. McArthur. The Millennium Project: a Plan for Meeting the Millennium Development Goals. Lancet:347-353

[77] AE Safarian. Foreign Ownership of Canadian Industry. Toronto: McGraw Hill, 1966

[78] S Shimizutani, Yasuyuki Todo. What determines overseas R&D activities? The case of Japanese multinational firms[J]. Research Policy, 2008(37):530-544

[79] Annalee Saxenian. Regional Advantage: Culture and Competition in Silicon Valley and Route 128[M]. Cambridge MA: Harvard University Press, 1994

[80] J Schumpeter. The Theory of Economic Development[M]. Oxford University Press, 1911

[81] DA Smith, MF Timberlake. World city networks and hierarchies, 1977-1997[J]. The American Behavioral Scientist, 2001(10):1656-1678

[82] RM Solow. Technical Change and the Aggregate Production Function[J]. Review of Economics and Statistics, 1957(39) :312-330

[83] B Warf. The Regional World: Territorial Development in a Global Economy [M]. New York: The Guilford Press, 1997

[84] Su-Ann Mae Phillips, Henry Wai-chung Yeung. A Place for R&D? The Singapore Science Park[J]. Urban Studies, 2003(4): 707-732

[85] PJ Taylor, B Derudder. World City Network: A Global Urban Analysis[M]. London: Routledge, 2004

[86] R Aranya. Aranya, R. A. A global"Urban Roller Coaster"? Connectivity changes in the world city network, 2000-04[J]. Regional Studies, 2008(42):1-16

[87] PJ Taylor, DRF Walker. World Cities: A First Multivariate Analysis of their Service Complexes[J]. Urban Studies, 2001(1):45

[88] United Nations Development Programme(UNDP). Human Development Report 2010 [R]. 2010

[89] United Nations Development Programme. Human Development Report2001[R]. New York, Oxford University Press, 2001

[90] B Wellman. Structure Analysis: From Method and Metaphor to Theory and Substance In Social Structure [M]. Cambridge University Press, 1988

[91] WIPO. 2012 PCT Yearly Review. The International Patent System[R]. 2013

[92] WIPO. WIPO economics & statistics Series. 2011 PCT yearly reviews[R]. 2011

[93] WIPO. World Intellectual Property Indicators[R]. 2009. P28
[94] Young Soo You. Korea, R&D Hub of North East Asia[R]. Korea Foundation for International Cooperation of Science and Technology, 2006
[95] A Zanfei. Transnational Firms and the Changing Organization of Innovation Activities. [J]. Cambridge Journal of Economics(24):515-542
[96] MV Zedtwitz, O Gassmann. Market versus Technology Drive in R&D Internationalization: Four Differente Patterns of Managing Research and Development[J]. Research Policy, 2002(31):569-588
[97] Zinnov. Global R&D Service Provider Rating 2011[R]. Zinnov. 2011
[98] Zinnov. Semiconductor Hubs for Research and Innovation (overview) [R]. Zinnov. 2011
[99] Friedmann, J. 规划全球城市:内生式发展模式[J]. 李泳,译. 城市规划汇刊,2004(4):3-8
[100] [英]G. L. 克拉克,[美]M. P. 费尔德曼,[加]M. S. 格特勒. 牛津经济地理学手册[M]. 刘卫东,等,译. 北京:商务印书馆,2005
[101] G. M. Grossman 和 E. Helpmen 著. 全球经济中的创新与增长[M]. 何帆,等,译. 北京:中国人民大学出版社,2003
[102] [美]M. 卡斯特尔, P. 霍尔. 世界的高技术园区:21 世纪产业综合体的形成[M]. 李鹏飞,等,译. 北京:北京理工大学出版社,1998
[103] OECD. OECD 科学技术与工业展望[M]. 北京:科学技术文献出版社,2006
[104] Saugata Sengupta 著. 世界服务外包之都——班加罗尔的故事[J]. 郭周明,译. 中国外资,2010(3):22-33
[105] [美]安娜李·萨克森宁. 班加罗尔:亚洲的硅谷? [J]. 经济社会体制比较,2001(2):78-88
[106] 北京方迪经济发展研究院 http://www.zgzbjj.com/templates/T_Second/index.aspx?nodeid = 19&page = Article&periodicalid = 17&catalogid = 62&articleid = 151 [EB/OL]. 2009
[107] 彼得·迪肯. 全球性转变——重塑 21 世纪的全球经济地图[M]. 刘卫东,等,译. 北京:商务印书馆,2009
[108] 蔡增正. 对新经济增长理论的思考[J]. 经济问题,2001(07):12-16
[109] 曹磊. 北京研发服务业集群式发展模式研究[D]. 吉林大学博士学位论文,2010
[110] 曾鹏,曾坚,蔡良娃. 城市创新空间理论与空间形态结构研究[J]. 建筑学报,2008(8):34-38
[111] 陈华. 从"世界工厂"到"研发中心"的战略选择[J]. 学术交流,2005(9):63-67
[112] 陈柳钦. 基于产业视角的城市功能及其优化协调[J]. 上海城市管理职业技术学院学报,2009(1):3-7
[113] 陈柳钦. "知识城市"的理论构建与发展[J]. 城市观察,2010(01):48-58
[114] 陈平. 印度班加罗尔信息产业集群研究[J]. 商业研究,2007(11):125-128
[115] 陈强,左国存,李建昌. 新加坡发展科技与创新能力的经验与启示[J]. 中国科技论坛,2012(8):139-145

[116] 陈秋玲，等. 服务城市——现代城市功能的回归[M]. 上海：格致出版社，2010
[117] 陈伟. 什么是创新[EB/OL]. 财富500强中文网 http://www.fortunechina.com/magazine/c/2007-04/01/content_2137.htm
[118] 陈玉英. 城市功能及其服务转型趋势分析[J]. 学理论，2009(5)：134-135
[119] 陈振光，姚士谋. 全球经济一体化与城市体系发展趋势[J]. 城市规划汇刊，2001(1)：14-19
[120] 仇保兴. 小企业集群研究[M]. 上海：复旦大学出版社，1999
[121] 初钊鹏等. 我国R&D枢纽形成区域选择及发展模式研究[J]. 科学学研究，2009(06)：869-875
[122] 楚天骄，杜德斌. 跨国公司R&D机构与本土互动机制研究[J]. 中国软科学，2006(2)：127-132
[123] 楚天骄，杜德斌. 世界主要国家(地区)R&D投资环境评价[J]. 软科学，2005(3)：17-22
[124] 楚天骄，杜德斌. 中国R&D投资环境的竞争力评价[J]. 研究与发展管理，2006(2)：85-91
[125] 楚天骄. 跨国公司研发全球化与我国区域创新体系建设[J]. 软科学，2008(5)：111-114
[126] 崔新健. 外资研发中心的现状与政策建议——基于国家创新体系框架的研究[M]. 北京：人民出版社，2011
[127] 崔雅晖. 专利信息分析系统[J]. 中国发明与专利，2007(5)：61-62
[128] 代明，王颖贤. 创新型城市研究综述[J]. 城市问题，2009(1)：94-98
[129] 邓声菊，等. 国际专利申请的产生与发展[J]. 中国发明与专利，2006(7)：77-79
[130] 董锡健. 上海应率先构建"国际研发港"[J]. 沪港经济，2007(3)：14
[131] 杜德斌. 跨国公司R&D全球化的区位模式研究[M]. 上海：复旦大学出版社，2001
[132] 杜德斌. 跨国公司R&D全球化：地理学的视角[J]. 世界地理研究，2007(4)：106-114
[133] 杜德斌. 跨国公司的研发全球化及其应对策略研究[R]. 上海市科委，2003
[134] 杜德斌. 跨国公司海外R&D的投资动机及其区位选择[J]. 科学学研究，2005(1)：71-75
[135] 杜德斌，等. 上海创建国际产业研发中心的战略研究[J]. 科学学与科学技术管理，2005(04)：22-29
[136] 杜德斌，等. 世界R&D产业的发展现状与趋势[J]. 世界地理研究，2007(1)：1-7
[137] 杜德斌，等. 跨国公司在华研发——发展、影响及对策研究[M]. 北京：科学出版社，2009
[138] 杜德斌. 世界经济地理[M]. 北京：高等教育出版社，2009
[139] 杜群阳. 跨国公司R&D资源转移与中国对接[M]. 北京：中国社会科学出版社，2008
[140] 段霞，文魁. 基于全景观察的世界城市指标体系研究[J]. 中国人民大学学报，2011(2)：61-71
[141] 樊杰等. (高)科技型城市的指标体系内涵及其创新战略重点[J]. 地理科学，2002(12)：641-648
[142] 范军勇. 技术极区理论与中国的实践[D]. 上海：同济大学博士学位论文，2006
[143] 范黎波，吴易明. PCT国际专利申请、技术缺口及对策研究[J]. 国际经贸探索. 2009(5)：75-80

[144] 冯之浚. 国家创新系统研究纲要[M]. 济南：山东教育出版社. 2000
[145] 傅家骥. 技术创新学[M]. 北京：清华大学出版社，1998
[146] 高鸿业. 西方经济学[M]. 北京：中国人民大学出版社，2007
[147] 古利平，等. 专利与 R&D 资源：中国创新的投入产出分析[J]. 管理工程学报，2006(1)：147-151
[148] 顾新. 区域创新系统论[M]. 成都：四川大学出版社. 2005
[149] 官建成，王刚波. 国际专利视角的创新型国家特征比较[J]. 中国科技论坛，2008(4)：134-139
[150] 韩宇. 美国高技术城市研究[M]. 北京：清华大学出版社，2009
[151] 韩瑾. 国外创新城市建设策略研究[J]. 北方经济，2007(6)：58-59
[152] 韩小非，李享，高飞，李莉. PCT 制度的最新发展及带给我们的思考[J]. 中国发明与专利，2011(6)：49-54
[153] 郝莹莹，杜德斌. 从"硅谷"到"网谷"：硅谷创新产业集群的演进及其启示[J]. 世界经济与政治论坛，2005(3)：22-26
[154] 何顺果. 比较开发史[M]. 北京：世界图书出版公司，2002
[155] 亨利·埃茨科威兹，周春彦. 区域创新发动者——不同三螺旋模式下的创业型大学[C]. 第六届三螺旋大会主题论文. 新加坡，2007.05
[156] 侯百镇. 城市转型：周期、战略与模式[J]. 城市规划学刊，2005(5)：1-12
[157] 胡健，董春诗. 产业集聚测度方法适用条件考辩[J]. 统计与信息论坛，2013(1)：27-31
[158] 胡明铭. 区域创新系统理论与建设研究综述[J]. 外国经济与管理，2004(9)：45-49
[159] 胡晓辉，杜德斌. 长三角城市间科学合作的社会网络动态分析[J]. 科技与经济 2012(1)：13-17
[160] 胡志坚，苏靖. 区域创新系统理论的提出与发展[J]. 中国科技论坛，1999(6)：20-23
[161] 黄传荣，刘德光，陆继峰. 苏锡常都市圈 FDI 研发投资环境剖析[J]. 生产力研究，(16)：68-70
[162] 黄璜. 全球化视角下的世界城市网络理论[J]. 人文地理 2010(4)：18-24
[163] 黄力韵，杜德斌，张战仁. 精益研发与开放创新——世界技术研发新模式与启示[J]. 科学管理研究，2010(6)：28-33
[164] 黄亮，杜德斌，王宝平. 全球产业研发的主要特征与发展趋势——基于全球研发 1000 强的分析[J]. 科技进步与对策，2012(9)：54-57
[165] 黄鲁成，李阳. 国际 R&D 中心与北京的现状分析[J]. 科学学与科学技术管理，2004(7)：12-16
[166] 黄鲁成，李阳. 针对国际 R&D 中心的中国城市定位研究[J]. 市场经济研究，2004(6)：40-42
[167] 黄鲁成. R&D 产业内涵、成因及意义[J]. 科研管理，2005(5)：35-39
[168] 黄苏萍，朱咏. 全球城市 2030 产业规划导向、发展举措及对上海的战略启示[J]. 城市规划学刊，2011(5)：11-18

[169] 黄攸立,熊宇. 基于社会网络分析法的区域创新环境关键要素识别[J]. 北京邮电大学学报(社会科学版),2010(2):84-90

[170] 黄中伟. 基于网络结构的产业集群创新机制和绩效分析[J] . 宁波大学学报(人文科学版),2005 (3):94-97

[171] [英]库克著. 区域创新系统:全球化背景下区域政府管理作用[M]. 伦敦:UCC 出版社,1996

[172] 匡娴. 北京建立研发中心城市的可能性分析[J]. 经济师,2009(8):27-28

[173] [美]拉斐奇·多萨尼. 印度来了:经济强国如何重新定义全球贸易[M]. 张美霞,薛露然,译. 北京:东方出版社,2009

[174] 兰德公司. 创建知识城的创新体系技术报告[R]. 兰德公司,2012

[175] 黎晓寅. 上海服务外包业的结构与政策环境分析——与班加罗尔比较的视角[D]. 上海:上海社会科学院硕士学位论文,2009

[176] 李安方. 跨国公司 R&D 全球化——理论、效应与中国的实证研究[M]. 北京:人民出版社,2004

[177] 李兵,王铮,初钊鹏. 我国建立研发枢纽的条件及发展战略[J]. 科技进步与对策,2012(1):1-6

[178] 李才,马庆喜,董振荣. 设立研发中心城市的研发环境评价[J]. 大庆石油学院学报,2008(8):97-102

[179] 李二玲,李小建. 基于社会网络分析方法的产业集群研究——以河南省虞城县南庄村钢卷尺产业集群为例[J]. 人文地理,2007(6):10-16

[180] 李健. 从全球生产网络到大都市区生产空间组织[D]. 上海:华东师范大学博士学位论文,2008

[181] 李健. 世界城市研究的转型、反思与上海建设世界城市的探讨[J]. 城市规划学刊,2011(3):20-26

[182] 李丽萍. 国际城市的理论与实践:国际城市的形成机制、发展模式与形成路径[M]. 北京:新华出版社,2005

[183] 李亮,朱庆华. 社会网络分析方法在合著分析中的实证研究[J]. 情报科学,2008(4):549-555

[184] 李玺. 国际产业研发中心发展模式研究[D]. 上海:华东师范大学博士学位论文,2006

[185] 李仙德. 基于企业网络的城市网络研究[D]. 上海:华东师范大学博士学位论文,2012

[186] 李小建等. 经济地理学[M]. 北京:高等教育出版社,1999

[187] 联合国经济与社会事务部统计司. 所有经济活动的国际标准产业分类(修订本第 3.1 版). 纽约:2004

[188] 联合国贸发会议. 2005 世界投资报告:跨国公司和研发国际化[M]. 北京:中国财政经济出版社,2005

[189] 联合国人居署. 世界城市状况报告 2008/2009. [M]. 吴志强译制组,译. 北京:中国建筑工业出版社,2008

[190] 梁桂全，游霭琼. 海外侨务资源在中国崛起和广东转型发展中的战略意义[EB/OL]. http://www.gdoverseaschn.com.cn/dzkw2010/hqyhr/201102/201205/t20120514_271699.htm. 2012
[191] 梁孟荣. 基于社会网络视角的产业集群技术创新研究[D]. 南京：南京航空航天大学博士学位论文，2007
[192] 梁琦. 分工，集聚与增长[M]. 北京：商务印书馆，2009
[193] 刘畅. 我国主要城市跨国 R&D 投资环境评价[D]. 长沙：湖南大学硕士学位论文，2007
[194] 刘存福，侯光明，李存金. 中小民营企业集群的社会网络分析及发展趋势探讨[J]. 科学学与科学技术管理，2005(7)：144-148
[195] 刘凤朝，马荣康，姜楠. 基于"985 高校"的产学研专利合作网络演化路径研究[J]. 中国软科学，2011(7)：178-192
[196] 刘好，王新玲. 创新型城市理论的历史渊源[J]. 管理观察，2008(7)：16-17
[197] 刘家学. 对指标属性有编号信息的一种决策方法[J]. 系统工程理论与实践，1998(2)：54-57
[198] 刘军. 一般化互惠：测量、动力及方法论意含[J]. 社会学研究，2007(1)：1-10
[199] 刘军. 整体网分析讲义——UCINET 软件实用指南[M]. 上海：格致出版社，2009
[200] 刘玲利，李建华. 基于随机前沿分析的我国区域研发资源配置效率实证研究[J]. 科学学与科学技术管理，2007(1)：39-44
[201] 刘荣增. 跨国公司与世界城市等级判定[J]. 城市问题，2002(2)：5-8
[202] 刘筱. 论研发枢纽城市[J]. 中国软科学，2013(1)：93-102
[203] 刘玉敏，张群. 从专利申请看城市的技术创新与新技术发展——以江苏省无锡市为例[J]. 科技管理研究，2010(7)：62-64
[204] 刘云. 跨国公司技术创新：研发国际化的组织模式及影响[M]. 北京：科学出版社，2007
[205] 罗红波. 城市：全球化网络的节点[M]. 北京：社会科学文献出版社，2010
[206] 罗家德. 社会网分析讲义[M]. 北京：社会科学文献出版社，2005
[207] 罗守贵，高汝熹，陈枫，荀婧. 上海创建国际技术创新中心的战略研究[J]. 中国软科学，2003(11)：123-127
[208] 罗守贵. 2010 亚太知识竞争力指数报告摘要.[J]华东科技，2010(11)：34-60
[209] 吕拉昌，李永洁，刘毅华. 城市创新职能与创新城市空间体系[J]. 经济地理，2009(5)：710-713
[210] 吕拉昌，李勇. 基于城市创新职能的中国创新城市空间体系[J]. 地理学报，2010(2)：177-190
[211] 吕拉昌. 全球城市理论与中国的国际城市建设[J]. 地理科学，2007(4)：449-456
[212] 吕拉昌. 世界城市体系的形成与中国国际城市化[J]. 世界地理研究，2000(1)：57-61，转 33
[213] 马春，宋鸿. 国外研发服务业发展现状及对我国的启示[J]. 科技管理研究，2008(12)：69-71
[214] 马德秀. 加快发展高技术服务业[N]. 文汇报，2013.3.11
[215] 马勇，等. 地方创新环境对外资研发活动的影响分析——深厦甬青连五市的比较[J]. 科学

学与科学技术管理,2009(5):61-67
[216] 毛荐其,俞国方. 点-链-群:三层创新网络勾画创新城市[J]. 中国软科学,2006(11):137-140
[217] [中]倪鹏飞,[美]彼得·卡尔·克拉索. 创新:城市竞争力不竭之源. 全球城市竞争力报告(2009—2010)[M]. 北京:社会科学文献出版社,2010
[218] 倪鹏飞,白晶,杨旭. 城市创新系统的关键因素及其影响机制[J]. 中国工业经济,2011(2):16-25
[219] 宁越敏. 关于城市体系系统特征的探讨[J]. 城市问题,1985(3):7-11
[220] 宁越敏. 世界城市崛起的规律及上海发展的若干问题探讨[J]. 城市问题,1994(6):21-26
[221] 宁越敏. 新的国际劳动分工、世界城市和我国中心城市的发展[J]. 城市问题,1991 (3):2-7
[222] 逄淑媛,陈德智. 专利与研发经费的相关性研究——基于全球研发顶尖公司 10 年面板数据的研究[J]. 科学学研究,2009(10):1500-1505
[223] 濮东丹. 创新迷途:中国的专利政策与实践如何阻碍了创新的脚步(概要)[R],2012
[224] [美]普可仁. 创新经济地理[M]. 童昕,王缉慈,等,译. 北京:高等教育出版社,2009
[225] [美]H. 钱纳里,S. 鲁滨逊,M. 塞尔昆. 工业化和经济增长的比较研究[M]. 上海:上海三联书店,1995
[226] 邱慧慧,徐志强. 深圳第三次"瘦身":富士康不能只有规模[N]. 21 世纪经济报导,2007
[227] 上海市经济和信息化委员会和上海科学技术情报研究所. 2009 世界服务业重点行业发展动态[M]. 上海:上海市科学技术文献出版社,2009
[228] 沈金箴. 东京世界城市的形成发展及其对北京的启示[J]. 经济地理,2003(4):571-576
[229] 盛垒. 外资在华研发空间集聚与知识溢出研究[M]. 上海:华东师范大学出版社,2012
[230] 施振荣著,林文玲采访整理. 再造宏碁:开创、成长与挑战[M]. 中国台北:天下文化,1992
[231] 石定寰. 国家创新系统:现状与未来[M]. 北京:经济管理出版社,1999
[232] 石忆邵,卜海燕. 创新型城市评价指标体系及其比较分析[J]. 中国科技论坛,2008(1):22-26.
[233] 石忆邵. 创意城市、创新型城市与创新型区域[J]. 同济大学学报(人文社科版),2008(2):20-25
[234] [美]丝奇雅·沙森著. 全球城市:纽约 伦敦 东京[M]. 周振华,等,译. 上海:上海社会科学出版社,2009
[235] 苏雪串. 全球城市体系形成的经济机理分析[J]. 山东经济,2010(6):25-30
[236] 孙福全,陈宝明,罗晖. 跨国公司研发是一把双刃剑——《外国直接投资对发展的影响问题专家会议的报告》评述[J]. 中国软科学,2006(5):156-160
[237] 谭纵波. 城市规划[M]. 北京:清华大学出版社,2005
[238] 唐春. 专利合作条约改革的发展趋势及其影响[J]. 中国科技论坛,2009(4):107-112
[239] 唐礼智. 硅谷模式的模仿与创新——以新竹和班加罗尔为例[J]. 城市问题,2007(10):91-95

[240] 滕堂伟，曾刚，等. 集群创新与高新区转型[M]. 北京：科学出版社，2009
[241] 田雅娟，等. 从专利量化角度分析西部地区技术创新能力[J]. 情报科学，2008(11)：91-93
[242] 屠启宇，苏宁，张剑涛，等. 国际城市发展报告(2013)[M]. 北京：社会科学文献出版社，2013
[243] 屠启宇，苏宁. 全方位把握世界城市发展新趋势[N]. 解放日报，2012.04.09. 第14版
[244] 屠启宇. 世界城市指标体系研究的路径取向与方法拓展[J]. 上海经济研究，2009(6)：77-87
[245] 万钢. 利用全球资源推动自主创新[J]. 中国科技产业，2007(9)：7-8
[246] 汪明峰，宁越敏. 互联网与中国信息网络城市的崛起[J]. 地理学报，2004(3)：446-454
[247] 王宝平，徐伟，黄亮. 全球价值链：世界城市网络研究的新视角[J]. 城市问题，2012(6)：9-16
[248] 王程韡. 创新型城市之思：多重资本的生产与分配视角[J]. 科学学与科学技术管理，2011(4)：5-12
[249] 王德禄，赵慕兰，张浩. 硅谷中关村人脉网络[M]. 北京：清华大学出版社，2012
[250] 王德禄. 新竹和班加罗尔的比较研究. http://www.gei.com.cn/report/618530322957670455[EB/OL]. 2006
[251] 王德禄. 自主创新全球化新阶段：全球链接与创新地图[J]. 中关村，2011. No. 101：60-61
[252] 王德禄. 对美国硅谷模式的新认识[N]. 中国高新技术产业导报. 2010-01-18：A03
[253] 王凤霞，王道理. 跨国公司研发战略国际化与本土区域技术创新互动研究[M]. 北京：中国物资出版社，2010
[254] 王桂新. 转型与创新——上海建设世界城市持续驱动力之探讨(摘要)[R]. 北京论坛，2012
[255] 王辉耀. 硅谷中关村人脉网络：创新区域发展的关键节点[EB/OL]. http://blog.sina.com.cn/s/blog_46ebb5ba0102edlj.html . 2012
[256] 王缉慈，等. 创新的空间：企业集群与区域发展[M]. 北京：北京大学出版社，2001
[257] 王建军，许学强. 城市职能演变的回顾与展望[J]. 人文地理，2004(3)：12-16
[258] 王力，吴殿廷. 图们江"金三角"国际城市体系建设构想[J]. 人文地理，1993(2)：66-83
[259] 王力. 城市体系总体研究 [J]. 经济地理，1987(2)：108-111
[260] 王力. 论城市体系研究——回顾与展望[J]. 人文地理，1991(1)：35-43
[261] 王伟，章胜晖. 印度班加罗尔软件科技园投融资环境及模式研究[J]，2011(1)：97-100
[262] 王伟. 章胜晖. 韩国大德研究开发特区的投融资环境与模式研究[J]. 科技管理研究，2011(12)：56-59
[263] 王铮，等. IT 产业研发枢纽形成条件研究及其应用[J]. 地理研究，2007(04)：651-661
[264] 魏巍，刘仲林. 跨学科研究的社会网络分析方法[J]. 科学学与科学技术管理，2009(7)：25-27
[265] 卫兴华，等. 社会主义经济理论研究集萃 2011：从经济大国走向经济强国的战略思维[M]. 北京：经济科学出版社，2012

[266] 魏也华,吕拉昌,冯雨锋. 国际城市区域中二级城市的功能——以波士顿为例[J]. 世界地理研究,2005(2):32-37
[267] 文富德. 印度正在成为世界研发中心的原因、影响与启示[J]. 亚太经济. 2008(3):69-75
[268] 吴灿燃. 全球化与跨国网络中心:理解全球城市[J]. 国际论坛,2011(3):54-61
[269] 吴贵生. 技术创新管理[M]. 北京:清华大学出版社,2000
[270] 吴国新,万喆君. 对我国连锁零售业行业集中度问题的研究[J]. 商业研究,2007(3):30-32
[271] 武前波. 企业空间组织和城市与区域空间重塑[D]. 上海:华东师范大学博士学位论文,2009
[272] 夏海力,廖瑛. 印度班加罗尔的经验对苏州市提升科技竞争力的启示[J]. 科技管理研究,2006(3):44-47
[273] 夏海力. 苏州与沪、甬、深吸引外资研发中心创新环境的比较研究[J]. 华东经济管理,2012(3):16-20
[274] 向希尧,蔡虹,裴云龙. 跨国专利合作网络中 3 种接近性的作用[J]. 管理科学,2010(5):43-52
[275] 肖敏. 创新型国家建设的 R&D 资源配置研究[D]. 上海:上海交通大学博士学位论文,2010
[276] 肖文,林高榜. 跨国公司 R&D 国际化与中国自主创新[M]. 杭州:浙江大学出版社,2011
[277] 肖亦卓. 世界城市形成因素的讨论[J]. 北京规划建设,2010(5):21-23
[278] 谢守红,宁越敏. 世界城市研究综述[J]. 地理科学进展,2004(5):56-66
[279] 熊世伟. 国际化城市的界定及上海的定位[J]. 现代城市研究,2001(4):4-7
[280] 熊小奇,聂巍. 南京构建区域国际研发中心若干思路[J]. 南京财经大学学报,2008(6):17-21
[281] 熊小奇. 长三角吸引跨国公司投资与研发的环境缺陷及对策[J]. 未来与发展,2006(9):62-65
[282] 徐井宏,张红敏. 转型:国际创新型城市案例研究[M]. 北京:清华大学出版社,2011
[283] 徐颖. 历史演进与功能定位:世界城市研究的网格化分析框架[J]. 经济与管理研究,2011(6):82-85
[284] 徐媛媛,朱庆华. 社会网络分析法在引文分析中的实证研究[J]. 情报理论与实践,2008(2):184-188
[285] 许学强,周一星,宁越敏. 城市地理学[M]. 北京:高等教育出版社,1997
[286] 薛澜. 科技研究与开发(R&D)的国际化及中国的对策[J]. 科学学与科学技术管理,1995(11):4-7
[287] 薛澜,等. 全球化战略下跨国公司在华 R&D 投资布局——基于跨国公司在华独立 R&D 机构行业分布差异的实证分析[J]. 管理世界,2002(3):33-42
[288] 闫小培. 信息产业与世界城市体系[J]. 经济地理,1995(3):18-24
[289] 严正. 班加罗尔与印度的软件业[J]. 福建师范大学学报(哲学社会科学版),2002(3):29-32

[290] 杨冬梅，赵黎明，闫凌州. 创新型城市：概念模型与发展模式[J]. 科学学与科学技术管理，2006(8)：97-101
[291] 杨冬梅. 创新型城市的理论与实证研究[D]. 天津：天津大学博士学位论文，2006
[292] 杨贵庆，韩倩倩. 创新型城市特征要素与综合指数研究——以上海"杨浦国家创新型试点城区"为例[J]. 上海城市规划，2011(3)：72-78
[293] 杨华峰，邱丹，余艳. 创新型城市的评价指标体系[J]. 统计与决策，2007(6)：68-70
[294] 杨培雷. 全球性城市形成机制、结构与功能特征探析——兼谈上海世界性城市建设中的几个问题[J]. 外国经济与管理，2003(2)：18-23
[295] 杨锐，黄国安. 网络位置和创新——杭州手机产业集群的社会网络分析[J]. 工业技术经济，2005(7)：114-118
[296] 杨一博，宗刚. 纽约世界城市发展道路对北京的启示[J]. 现代城市研究，2011(12)：79-84
[297] 杨永春，冷炳荣，谭一铭，李甜甜. 世界城市网络研究理论与方法及其对城市体系研究的启示[J]. 地理研究，2011(6)：1009-1020
[298] 尤建新，卢超，郑海鳌，陈震. 创新型城市建设模式分析[J]. 中国软科学，2011(7)：82-92
[299] [挪]詹·法格博格，[美]戴维·莫利，等. 牛津创新手册[M]. 柳卸林，等，译. 北京：知识产权出版社，2009
[300] 张凡. 航空联系视角下的世界城市网络结构特征：空间重塑、关系崛起与角色判断[D]. 上海：华东师范大学硕士学位论文，2012
[301] 张辉鹏，石嘉兴. 面向知识经济时代的城市技术创新体系[M]. 北京：中国金融出版社，2004
[302] 张建伟，杜德斌，张战仁. 研发产业与城市化互动视角下研发城市的构建[J]. 科学学与科学技术管理，2011(5)：102-107
[303] 张仁侠，李远谋. 研究与开发战略[M]. 广州：广东经济出版社，1998
[304] 张士运，李功越. 生产性服务业与研发服务业关系探讨及发展的思考[J]. 中国科技论坛，2009(6)：42-46
[305] 张水清，杜德斌. 上海中心城区职能转移与城市空间结构优化[J]. 城市发展研究，2001(6)：44-49
[306] 张庭伟. 全球化 2.0 时期的城市发展——2008 年后西方城市的转型及对中国城市的影响[J]. 城市规划学刊，2012(4)：5-11
[307] 张庭伟. 制造业、服务业和上海的发展战略[J]. 城市规划学刊，2005(3)：1-7
[308] 张晓华，丁苏苗. 跨国公司在华 R&D 投资环境评价[J]. 科技进步与对策，2006(12)：137-142
[309] 张艳，赵民. 我国高新区的发展与演变[A]//雷诚，管娟，宋海瑜. 理想空间第 45 辑：城市产业空间创新与实践[C]. 上海：同济大学出版社，2011：7-9
[310] 张永凯. 全球 R&D 活动的空间分异与新兴研发经济体的崛起[D]. 上海：华东师范大学博士学位论文，2010
[311] 张永凯. 全球价值链视角下的国际研发外包动因、趋势及其对中国的影响[A]. 宁越敏主

编. 中国城市研究[C]. 北京：商务印书馆，2010(3)：132-140
[312] 张幼文. 知识经济的生产要素及其国际分布[J]. 中国工业经济，2002(8)：51-58
[313] 张玉利. 创新型城市理论研究探索[J]. 商业时代，2009(5)：108-110
[314] 张战仁，杜德斌. 上海研发产业发展环境优化潜力及现实挑战研究[J]. 中国科技论坛，2010(6)：87-93
[315] 张战仁，杜德斌. 研发产业与上海经济增长的协整与因果互动机制研究[J]. 软科学，2009(10)：91-94
[316] 赵晶媛. 区域知识管理的若干问题及北京研发中心的成长[D]. 合肥：中国科学技术大学博士学位论文，2006
[317] 赵黎明，冷晓明，等. 城市创新系统[M]. 天津：天津大学出版社，2002
[318] 赵蓉英，王静. 社会网络分析(SNA) 研究热点与前沿的可视化分析[J]. 图书情报知识，2011(1)：88-94
[319] 赵新正. 经济全球化与城市-区域空间结构研究[D]. 上海：华东师范大学博士学位论文，2012
[320] 赵志耘，杨朝峰，李海闻. 研发真的会全球化吗？——评全球产业创新[J]. 中国软科学，2009(10)：164-168
[321] 甄峰. 评《世界城市网络：一个全球层面的分析》[J]. 城市与区域规划研究，2010(1)：188-191
[322] 郑伯红. 现代世界城市网络化模式研究[D]. 上海：华东师范大学博士学位论文，2003
[323] 郑飞虎. 全球生产链下的跨国公司研究——R&D 全球化与投资集群[M]. 北京：人民出版社，2009
[324] 郑京淑. 跨国公司海外研发机构的区位研究[J]. 世界地理研究，2000(1)：10-16
[325] 郑宇. 硅谷：创新的竞争 http://www.people.com.cn/GB/channel3/21/20000906/220241.html[EB/OL]. 2000
[326] 中国中央电视台(CCTV). 公司的力量[M]. 太原：山西教育出版社，2010
[327] 周一星，胡智勇. 从航空运输看中国城市体系的空间网络结构[J]. 地理研究，2002(3)：276-286
[328] 周一星. 城市研究的第一科学问题是基本概念的正确性[J]. 城市规划学刊，2006(01)：1-5
[329] 周瑜. 区域创新体系对跨国公司在华设立研发中心的影响[D]. 武汉：武汉理工大学硕士学位论文，2007
[330] 周振华，陈向明，黄建富. 世界城市——国际经验与上海发展[M]. 上海：上海社会科学院出版社，2004
[331] 周振华. 崛起中的全球城市——理论框架及中国模式研究[M]. 上海：格致出版社，2009
[332] 周祖怡. "反向创新"——跨国企业全球战略新趋势[N]. 学习时报，2010.03.01 第 11 版
[333] 朱彦刚，贺灿飞，刘作丽. 跨国公司的功能区位选择与城市功能专业化研究[J]. 中国软科学，2010(11)：98-108
[334] 诸大建，易华. 创意型城市的要素及启示[N]. 文汇报，2006.05.08

[335] 祝影,杜德斌. 跨国公司研发全球化的空间组织研究[J]. 经济地理,2005(5):620-623
[336] 祝影. 全球研发网络:跨国公司研发全球化的空间结构研究[M]. 北京:经济管理出版社,2007
[337] 邹德慈. 构建创新型城市的要素分析[J]. 中国科技产业,2005(10):13-15

附　录

附录 1　171 家跨国公司全球研发总部及区域性研发总部的空间区位分布(城市尺度)

序号	公司	总部	研发总部	区域研发总部	资料来源
1	欧洲宇航防务(荷)	荷兰莱顿	巴黎;慕尼黑	法国图卢兹;南特;挪威施塔德;德国汉堡;不莱梅;英国纽波特;菲儿顿;西班牙赫塔费;俄罗斯莫斯科;印度班加罗尔	http://www. eads. com/eads/china/cn/our-innovation/innovation-works/what-we-do. html
2	波音(美)	芝加哥	—	华盛顿州西雅图;宾州费城;华盛顿;密苏里州圣路易斯;亨茨维尔;英国剑桥;谢菲尔德;西班牙马德里;俄罗斯莫斯科;澳大利亚布里斯班;印度班加罗尔;北京	http://finance. yahoo. com/news/boeing-realigns-research-technology-unit-203000777. html
3	芬梅卡尼卡(意)	罗马	罗马	意大利米兰;博洛尼亚;英国伦敦;法国巴黎;比利时布鲁塞尔;美国华盛顿	http://www. finmeccanica. com/Corporate/EN/Corporate/Il _ Gruppo/Ufficio_Studi/Network/index. sdo
4	联合科技(美)	康乃狄克州东哈特福德	康乃狄克州东哈特福德	加州伯克利;爱尔兰科克;上海	http://www. utrc. utc. com/pages/ContactUs/contactus_locations. html
5	泰雷兹(法)	巴黎	巴黎	英国伯克郡雷丁;荷兰代尔夫特;新加坡	http://www. thalesgroup. com/Group/Innovation/
6	古德里奇(美)	北卡州夏洛特	北卡州夏洛特	明尼苏达州伯恩斯维尔;俄亥俄州布雷克斯维尔;英国伯明翰	http://www. goodrich. com/portal/site/grcom/LocationsGuideTransform

续表

序号	公司	总部	研发总部	区域研发总部	资料来源
7	英国宇航系统	伦敦	埃塞克斯郡大巴多	布里斯托尔；北安普敦郡托斯；莱斯特郡拉夫堡	http://www.baesystems.com/our-company-rzz/our-locations
8	丰田(日)	丰田市	丰田市	北海道士别市；东村-富士；东京；比利时布鲁塞尔；英国德比郡；法国尼斯；德国科隆；密歇根州安娜堡；加州托伦斯；纽波特比奇；亚利桑那州威特曼；华盛顿；泰国北榄府；澳大利亚墨尔本；常熟	http://www.toyota-global.com/company/profile/facilities/r_d_center.html
9	大众(德)	沃尔夫斯堡	沃尔夫斯堡	加州帕兰奥多；东京；上海	http://www.volkswagenag.com/vwag/vwcorp/content/en/innovation.html
10	通用汽车(美)	底特律	底特律沃伦	加州硅谷；纽约霍尼欧耶瀑布；德国美因茨；以色列赫兹利亚；班加罗尔；上海；首尔；墨尔本；里约热内卢	http://www.gmchina.com/innovationPower/researchAndDevelopment.asp
11	本田(日)	东京	东京	埼玉县和光市；千叶县君津市；栃木县樱花市；俄亥俄州雷蒙德；加州托伦斯；加州东克恩坎蒂尔；北卡罗来纳州霍河；科罗拉多州丹佛；密歇根州底特律；多伦多；广州	http://world.honda.com/RandD/global/index.html; http://www.hondaresearch.com/contact.cfm
12	戴姆勒-奔驰(德)	斯图加特	斯图加特	柏林；慕尼黑；富丽奇萨芬；法兰克福；欧姆；加州帕兰奥多；俄勒冈州波特兰；班加罗尔；上海；东京；莫斯科	(Roman Boutellier et. al.，2002；中译本)[1]①
13	博世(德)	斯图加特	斯图加特	德国希尔德斯海姆；德国魏布林根；德国盖林根-希勒赫厄；东京涩谷；上海；新加坡；加州帕兰奥多；俄罗斯圣彼得堡	http://www.bosch.com/en/com/innovation/corporate_research/locations_corporate_research/locations.html

① Roman Boutellier，Oliver Gassmann，Maximilian Von Zedtwitz. 全球研发管理案例研究与分析[M]. 曾忠禄等主译. 广州：广东经济出版社. 2002：415

续表

序号	公司	总部	研发总部	区域研发总部	资料来源
14	尼桑(日)	横滨	横须贺 横滨	神奈川厚木市;密歇根州法明顿希尔斯;亚利桑那州斯坦菲尔德;贝德福德郡克兰菲尔德;伦敦;广州;泰国北榄府	2008公司年度报告
15	宝马(德)	慕尼黑	慕尼黑	德国兰德斯胡特;奥地利施泰尔;英国牛津;上海;沈阳;东京;慕张;新泽西州伍德克利夫湖;加州帕兰奥多;加州山景城;加州洛杉矶	http://www. bmwgroup. com/e/nav/index. html?../0_0_www_bmwgroup_com/home/home. html&source=overview
16	日本电装(日)	刈谷市	刈谷市	日本日清市;芬兰埃斯波	问卷调查
17	标致(法)	巴黎	巴黎	法国韦利济;贝尔尚;卡里耶尔;索肖	http://www. psa - peugeot - citroen. com/en/psa_group/technical_centers_b3. php
18	雷诺(法)	巴黎布罗涅-比杨古	巴黎布罗涅-比杨古	吕埃尔-马迈松;拉尔迪;西班牙马德里;罗马尼亚蒂图;罗马尼亚布加勒斯特;巴西圣保罗;印度孟买;韩国京畿道龙仁市	http://www. renault. com/en/groupe/renault - dans - le - monde/pages/conception. aspx
19	德尔福(美)	密歇根州特洛伊	—	密歇根州奥本高地;纽约州罗切斯特;加拿大多伦多;波兰克拉科夫;上海;印度班加罗尔	问卷调查
20	现代(韩)	首尔	京畿道华城市南阳	京畿道龙仁;义王市;日本千叶市;印度海得拉巴;加州欧文;密歇根州安娜堡;德国吕瑟尔斯海姆	http://www. hyundai. com. cn/Product/Technology_Branch
21	爱信精机(日)	刈谷市	刈谷市	爱知县西尾市;东京;密歇根州安娜堡;普利茅斯;法国尼斯;比利时布赖恩拉勒	http://www. aisin. com/global/index. html
22	马自达(日)	广岛	广岛	神奈川县横滨市;加州欧文;密歇根州弗拉特罗克;德国黑森区上乌瑟尔;上海	http://www. mazda. com/profile/group/rd. html

续表

序号	公司	总部	研发总部	区域研发总部	资料来源
23	铃木(日)	静冈县滨松市	—	神奈川横滨市;静冈县磐田市;静冈县滨名郡;密歇根州安娜堡;印度新德里古尔冈	http://www.globalsuzuki.com/corporate/outline/index.html
24	法雷奥(法)	巴黎	巴黎	法国亚眠;博比尼;蓬图瓦兹;克雷泰伊;拉维里埃尔;瑞典哥德堡;爱尔兰帝厄姆;捷克布拉格;德国霍根海姆;沃尔夫斯堡;密歇根州特洛伊;奥本高地;埃及开罗;印度金奈;筑波;上海;武汉;深圳	http://www.valeo.com/en/home/the-group/global-presence.html
25	普利司通(日)	东京	东京	俄亥俄州阿克伦;意大利罗马;神奈川横滨;无锡	http://www.bridgestone.com/corporate/locations/index.html
26	ZF(德)	德国腓特烈港	德国腓特烈港	德国施泰姆韦德迪林根;德国帕绍;德国施瓦本格明德;德国施韦因富特;密歇根州底特律;捷克比尔森;上海;东京	http://www. zf. com/corporate/en/company/research_development/r_d_centers/r_d_centers.html
27	米其林(法)	法国克莱蒙费朗	法国克莱蒙费朗	西班牙阿尔梅里亚;南卡州劳伦斯;日本 Jari;上海	http://www.michelin.com/corporate/EN/products/innovation/research-development? selectTab=locations
28	伟世通(美)	密歇根州范布伦乡	密歇根州范布伦乡	墨西哥阿波达卡;巴西圣保罗;捷克新伊钦;法国哈尼斯;德国凯尔彭;英国切尔姆斯福德;韩国大田;日本广岛;上海;印度浦恩	http://www.visteon.com/worldwide/locations.html
29	马勒(德)	斯图加特	斯图加特	英国北安普敦;密歇根州底特律;东京;上海;巴西圣保罗	http://www.mahle.c om/C125705E004FDAF9/vwContentByKey/W26LSHP4561STULEN
30	三菱机车(日)	东京	东京	爱知县冈崎市;京都;爱知县名古屋;上海;德国法兰克福;密歇根州安娜堡;加州赛普里斯	http://www.mitsubishi-motors.com/corporate/about_us/profile/e/world.html

续表

序号	公司	总部	研发总部	区域研发总部	资料来源
31	贝洱（德）	斯图加特	斯图加特	密歇根州特洛伊	http://behr.de/Internet/behrcms_eng.nsf/$all/CA6673AE1788145FC12571D90038874E
32	塔塔（印度）	孟买	—	印度浦恩；贾姆谢德布尔；勒克瑙；达尔瓦德；韩国群山市；西班牙萨拉戈萨；英国考文垂	http://www.tatamotors.com/know-us/company-profile.php
33	高田（日）	东京	滋贺县爱知川；德国柏林	德国乌尔姆；阿莎芬堡；密歇根州阿马达；奥本高地；墨西哥新莱昂州；上海	http://www.takata.com/en/about/locations02.html#l03
34	韩泰（韩）	首尔	大田	俄亥俄州亚克朗市；德国朗根哈根；日本大阪；嘉兴	http://www.hankooktireusa.com/Tech/Randd.aspx? pageNum=2&subNum=1
35	SAAB(瑞典)	斯德哥尔摩	斯德哥尔摩	伦敦；巴西圣贝尔纳多-杜坎普；印度海得拉巴	http://www.saabgroup.com/en/About-Saab/Company-profile/Saab-in-brief/Research-and-Development/
36	百事（美）	纽约州珀彻斯	纽约州瓦尔哈拉	伊利诺伊州巴灵顿；上海；印度新德里；泰国曼谷；爱尔兰科克；英国伦敦；德国汉堡；墨西哥城	公司创新手册
37	拜耳（德）	勒沃库森	勒沃库森；柏林；蒙海姆	德国伍珀塔尔；法兰克福；多尔马根；法国里昂；比利时根特；加州旧金山；日本京都	http://www.bayer.com/en/Research-at-Bayer.aspx
38	巴斯夫（德）	路德维希港	路德维希港	德国明斯特；杜塞尔多夫；柏林；特罗斯特贝尔格；瑞士巴塞尔；北卡州罗利；密歇根州怀恩多特；新泽西州伊斯林；纽约州绿宝镇；巴西瓜拉廷格塔；新加坡；上海；日本大阪；印度孟买	http://www.basf.com/group/corporate/en/innovations/facts-figures/r-d-network

续表

序号	公司	总部	研发总部	区域研发总部	资料来源
39	杜邦(美)	特拉华州威尔明顿	特拉华州威尔明顿	爱荷华州约翰斯顿;加州帕兰奥多;瑞士梅兰;印度海得拉巴;上海;巴西保利尼亚	http://www2.dupont.com/inclusive-innovations/en-us/gss/science/technology/rd-locations.html
40	三菱化学(日)	东京	—	神奈川县横滨;茨城县筑波;鹿岛市;福冈县黑崎市;三重县四日市;水岛	http://www.m-kagaku.co.jp/english/corporate/010.html
41	先正达(瑞士)	巴塞尔	巴塞尔	瑞士 Stein;英国 Jealott's hill;法国圣索沃尔;荷兰恩克赫伊曾;瑞典兰斯克鲁纳;北卡州研究三角园区;格林斯伯勒;北京;印度果阿;巴西乌贝兰迪亚	http://www.syngenta.com/global/corporate/en/products-and-innovation/research-development/Pages/rd-overview.aspx
42	索尔维(比)	布鲁塞尔	布鲁塞尔	比利时奥德纳尔德;法国拉瓦勒;德国汉诺威;莱茵堡;意大利罗西尼亚诺一索尔瓦伊;加州托伦斯;宾州匹兹堡;德州拉波特;新泽西州西德特福德;日本富士;印度瓦尔道拉;韩国蔚山;澳洲班克斯梅多	http://www.solvay.com/EN/GlobalAddressBook.aspx?FilterField3=Roles&FilterValue3=Research+Center
43	信越化学(日)	东京	—	群马县安中市;茨城县神栖市;新泻县上越市;福井县越前市	http://www.shinetsu.co.jp/e/profile/rsc_locate.shtml
44	三井化学(日)	东京	千叶县袖浦市	茨城县古河市;千叶县茂原市;爱知县名古屋市;滋贺县野洲市;大阪;福冈县大牟田市;新加坡	http://www.mitsuichem.com/techno/labo.htm
45	阿克苏诺贝尔(荷)	阿姆斯特丹	—	荷兰代芬特尔;萨森海姆;英国盖茨黑德;伯克郡斯劳;俄亥俄州斯特朗维尔;上海;巴西圣保罗	http://www.akzonobel.com/innovation/main_rd_locations/
46	日东电工(日)	大阪	大阪	加州欧申赛德;新加坡;瑞士洛桑	http://www.nitto.com/rd/policy/index.jsp
47	汽巴精化(瑞士)	巴塞尔	巴塞尔	德国兰佩特海姆;英国布拉德福德;上海;日本京都;韩国釜山;印度孟买;纽约州绿宝镇;纽波特	秦岩和杜德斌,2012①

① 秦岩,杜德斌.汽巴精化全球研发网络的构建与在华研发[J].广西大学学报(哲学社会科学版).2012(2):89

续表

序号	公司	总部	研发总部	区域研发总部	资料来源
48	罗地亚化学(法)	巴黎	—	法国里昂;奥贝维埃;巴西保利尼亚;宾州布里斯托尔;上海	http://www.rhodia.com.cn/zh/innovation/worldwide_network/index.tcm
49	圣戈班(法)	巴黎库尔布瓦	—	法国图罗特;卡瓦永;奥贝维埃;德国拉登堡;黑措根拉特;西班牙阿维莱斯;英国莱切斯特;宾州布卢贝尔;马萨诸萨州伍斯特市;上海	公司创新手册
50	海德堡水泥(德)	德国海德堡	德国海德堡	德国基尔;路德维希堡	问卷调查
51	旭硝子(日)	东京	东京	神奈川县横滨市;密歇根州伊普西兰蒂;北京	问卷调查
52	三星(韩)	首尔	首尔	韩国龙仁市;加州圣何塞;欧文;圣迭戈;德州达拉斯;伦敦米德尔塞克斯;圣彼得堡;莫斯科;以色列 Yakum;北京;杭州;日本横滨;印度新德里诺伊达;班加罗尔;波兰华沙	http://www.samsung.com/in/aboutsamsung/ourbusinesses/researchdevelopment.html#rdnetwork
53	西门子(德)	慕尼黑	慕尼黑	德国亚琛;柏林;俄罗斯莫斯科;圣彼得堡;加州伯克利;马萨诸塞州剑桥;新泽西州普林斯顿;巴西圣保罗;北京;上海;日本东京;新加坡;印度班加罗尔;金奈;	http://www.siemens.com/innovation/en/facts_figures.htm
54	佳能(日)	东京	东京	日本川崎;裾野市;茂源市;宇都宫;法国赛颂市;北京;苏州;菲律宾奎松市;澳大利亚悉尼	http://www.canon.com/corp/list02.html
55	夏普(日)	大阪	三重县龟山市	英国牛津;华盛顿州卡马斯;西班牙巴塞罗那;班加罗尔;上海;南京	http://www.sharp-world.com/corporate/info/ci/g_r_d/index.html
56	LG(韩)	首尔	首尔	韩国昌原市;平泽市;龟尾市;安阳市;俄罗斯莫斯科;圣彼得堡;东京;北京;天津;烟台;印度新德里;班加罗尔;以色列特拉维夫;德国诺伊斯;伦敦;巴黎;巴西圣保罗;纽约;伊利诺伊州芝加哥;加州圣迭戈	http://www.lg.com/hk/about-lg/r-and-d/global-labs/index.jsp

续表

序号	公司	总部	研发总部	区域研发总部	资料来源
57	三菱电子（日）	东京	东京	兵库县尼崎市；神奈川县镰仓市；马萨诸塞州剑桥；法国雷恩；英国萨里郡吉尔福德	http://global.mitsubishielectric.com/company/rd/research/labs/index.html
58	ABB(瑞士)	苏黎世	苏黎世	瑞士巴登-多特维尔；瑞典卢德维卡；北卡罗来纳州罗利；波兰克拉科夫；德国拉登堡；班加罗尔；北京	公司访谈①
59	施耐德（法）	巴黎吕埃尔-马尔迈松	—	法国格勒诺布尔；上海；班加罗尔；马萨诸塞州波士顿；墨西哥蒙特雷	http://www.schneider-electric.com/sites/corporate/en/group/profile/innovation/innovation.page
60	住友电子（日）	大阪	大阪	横滨；兵库县伊丹市；加州圣何塞	http://global-sei.com/RandD/theme/index.html 住友电子研发手册
61	三洋电机（日）②	大阪	大阪	神户；岐阜县安八郡；东京；群马县大泉町；加州圣何塞；北京	http://sanyo.com/r_and_d/jp/e/access/access_e.html
62	鸿海电子（中）	中国台北	中国台北	新北；新竹；高雄；深圳；加州圣迭戈；加州圣克拉拉；加州富勒顿；德州休斯敦	http://www.honhai-hr.com.tw/branch.htm
63	安捷伦（美）	加州圣克拉拉	加州圣克拉拉	比利时鲁汶；苏格兰爱丁堡；北京；上海；澳大利亚墨尔本	http://www.agilent.com.cn/labs/index.html
64	京瓷（日）	京都	京都	鹿儿岛县雾岛市；神奈川县横滨；大阪；加州圣迭戈；南卡州默特尔比奇	http://www.kyocera.com.cn/company/kenkyujo.html
65	先锋（日）	川崎	川崎	山梨县甲府市；山形县米泽市；北京	http://pioneer.jp/crdl-e/org/map.html

① 访谈对象为 ABB 公司中国公司研发部高级经理董晓兵博士。

② 三洋电机于 2009 年成为松下公司的子公司。

续表

序号	公司	总部	研发总部	区域研发总部	资料来源
66	TDK(日)	东京	—	长野县千曲川；千叶县成田市；筑波；新泻县长冈市；英国德文郡伊尔弗勒科姆；新泽西州尤宁代尔；密歇根州利沃尼亚	TDK 研发与生产手册
67	阿尔卑斯电子(日)	东京	宫城县大崎市古川	仙台；加州坎贝尔；犹他州盐湖城；上海；首尔	http://www.alps.com/c/company/networks/index.html 公司访谈①
68	爱默生(美)	密苏里州圣路易斯	俄亥俄州哥伦布	宾州匹兹堡；印度浦恩；班加罗尔；罗马尼亚克卢日-纳波卡	http://www.emerson.com/en-US/Innovation_leadership/technology_center_network/Pages/Home.aspx
69	日本电产(日)	东京	东京	京都；长野县驹根市；加州圣克拉拉；科罗拉多州朗蒙特；新加坡；胡志明市；大连；中国台北	http://www.nidec.co.jp/english/corporate/network/network01.html
70	尔必达记忆体(日)	东京	东京	神奈川县相模原市；大阪；广岛；秋田县秋田市；慕尼黑	http://www.elpida.com/en/company/overseas.html
71	仁宝电子(中)	中国台北	中国台北	中国桃园；新竹；南京；昆山；德州奥斯汀	http://www.compal.com/index.php?option=com_content&view=article&id=48&Itemid=1424&lang=zh
72	日本电报电话	东京	东京	神奈川县横须贺市；东京都武藏野市；神奈川县厚木市；茨城县筑波市；京都府相乐郡；千叶县千叶市	http://ww w.ntt.co.jp/RD/OFIS/contactus/index_en.html
73	英国电信	伦敦	伊普斯维奇贝尔法斯特伦敦	加州圣何塞；马萨诸塞州剑桥；德州达拉斯；特拉维夫；印度浦恩；上海；首尔；台北；吉隆坡；迪拜	问卷调查

① 访谈对象为原阿尔卑斯电子无锡生产工厂的技术负责人张清涵先生。

续表

序号	公司	总部	研发总部	区域研发总部	资料来源
74	法国电信	巴黎	—	法国维里沙蒂隆;法国格勒诺布尔;法国雷恩;索菲亚-安蒂波利斯;伦敦;波兰华沙;约旦安曼;加州旧金山;北京;埃及开罗;东京	http://en.wikipedia.org/wiki/Orange_SA#Infrastructure
75	AT&T(美)	德州达拉斯	—	新泽西州弗洛勒姆帕克;米德尔顿;乔治亚州亚特兰大;加州圣拉蒙市;华盛顿州西雅图雷德蒙德	http://www.att.com/gen/press-room? pid=14188
76	雀巢(瑞士)	瑞士沃韦	瑞士洛桑	密苏里州圣路易斯;北京;东京	http://www.research.nestle.com/AboutUs/FactsandFigures/Pages/FactandFigures.aspx
77	联合利华(英)	伦敦	—	英国波特森莱特;科尔沃思;荷兰弗拉尔丁恩;美国特兰伯尔;印度班加罗尔;上海	http://www.unilever.com.cn/innovation/research_global/
78	卡夫食品(美)	伊利诺伊州诺斯菲尔德	伊利诺伊州 芝加哥	纽约州绿宝镇;威斯康辛州麦迪逊;田纳西州孟菲斯;密歇根州巴特尔克里克;慕尼黑;巴黎;英国班伯里;澳洲墨尔本	http://www.allbusiness.com/marketing/market-research/294174-1.html
79	达能(法)	巴黎	—	法国帕莱索;荷兰瓦赫宁根	http://www.danone.com/en/research-innovations/organisation/research-centers-network.html
80	丹尼斯克(丹)	哥本哈根	哥本哈根	丹麦 Brabrand;加州帕兰奥多;荷兰莱顿	公司创新手册
81	东芝(日)	东京	川崎市	神奈川县横滨市;北京;加州圣何塞;英国布里斯托尔;英国剑桥	http://ww w.toshiba.co.jp/rdc/about/global/index.htm
82	通用电气(美)	康涅狄格州费尔菲尔德	—	纽约;密歇根州范布伦;德国慕尼黑;印度班加罗尔;上海;巴西里约热内卢	http://ge.geglobalresearch.com/

续表

序号	公司	总部	研发总部	区域研发总部	资料来源
83	霍尼韦尔(美)	新泽西州莫里斯顿	新泽西州莫里斯顿	亚利桑那州明尼阿波利斯;加州南米尔堡;明尼苏达州黄金谷;捷克布尔诺;英国普尔市;德国布茨巴赫;瑞士尼永市;印度新德里古尔冈;马杜赖;上海;北京;澳大利亚悉尼	http://www.careersathoneywell.com/en/JobSearch/SearchResult s.aspx?Country=&Category=1021&Location=&City=&Keyword=&LanguageID=1 http://www.honeywell.com/sites/htsl/locations.htm
84	三菱重工(日)	东京	东京	神奈川县横滨;长崎县长崎;兵库县高砂;广岛县广岛;爱知县名古屋	http://www.mhi.co.jp/en/company/location/contents/net_1.html
85	3M(美)	明尼苏达州圣保罗	明尼苏达州圣保罗	英国莱斯特郡拉夫堡;上海;东京	(Alexander Gerybadze 和 Guido Reger,2008)[3]①
86	沃尔沃(瑞典)	瑞典哥德堡	瑞典哥德堡	瑞典布拉奥斯;埃斯基尔斯蒂纳;特罗尔海坦市;马尔默市;法国里昂;圣普列斯特;贝莱;北卡州格林斯博罗;上海;印度新德里	问卷调查
87	迅达(瑞士)	艾比康	艾比康路卡诺	德国柏林;法国马尔斯湖;莫林;西班牙萨拉戈萨;新泽西州莫雷斯顿;上海	(Roman Boutellier et. al.,2002;中译本)②
88	JFE(日)	东京	东京	冈山县仓敷市;广岛县福山市;千叶县千叶市;神奈川县川崎市;爱知县半田市	http://www.jfe-steel.co.jp/en/company/steel.html#works http://www.jfe-steel.co.jp/en/research/syozai.html

① Alexander Gerybadze & Guido Reger. Globalization of R & D: Recent Changes in the Management of Innovation in Transnational Corporations-Discussed with the 3M case[R]. 2008:27

② Roman Boutellier, Oliver Gassmann, Maximilian Von Zedtwitz 主编. 曾忠禄等主译. 全球研发管理案例研究与分析[M]. 广州:广东经济出版社. 2002:444-445

续表

序号	公司	总部	研发总部	区域研发总部	资料来源
89	通力电梯(芬)	埃斯波	埃斯波	意大利卡德泽特;德国埃森;伊利诺伊州科尔谷;墨西哥Torreon;印度金奈;苏州昆山	http://www.kone.com/corporate/en/company/inbrief/Pages/default.aspx
90	亚马逊(美)	西雅图	西雅图	亚利桑那州坦佩;英国斯劳;爱丁堡;都柏林;印度班加罗尔;金奈;南非开普敦;罗马尼亚雅西;东京;北京	问卷调查
91	松下电器(日)	大阪	大阪	加州圣何塞;加州洛杉矶;新泽西州普林斯顿;马萨诸塞州剑桥;爱丁堡;德国朗根;越南河内;北京;中国台北;新加坡	http://news.sohu.com/20080928/n259807600.shtml
92	索尼(日)	东京	东京	神奈川厚木市;藤泽市;仙台;加州圣何塞;圣迭戈;科罗拉多州博尔德;新泽西州帕克里奇;北京	http://www.sony.net/SonyInfo/CorporateInfo/Data/Map/index.html
93	飞利浦(荷)	阿姆斯特丹	埃因霍温	德国亚琛;汉堡;英国剑桥;上海;班加罗尔;纽约	http://www.research.philips.com/profile/locations/index.html
94	壳牌(荷)	海牙	海牙莱斯韦克	德州休斯敦;荷兰阿姆斯特丹;英国切斯特;加拿大卡尔加里;德国汉堡;印度班加罗尔;新加坡;挪威奥斯陆;阿曼马斯喀特;卡塔尔多哈	http://www.shell.com/home/content/future_energy/innovation/technical_centres/(EU,2007)4①
95	中石油(中)	北京	北京	—	http://www.cnpc.com.cn/cn/qywq/default.htm#9
96	埃克森美孚化工(美)	德州欧文市	—	德州休斯敦;纽约州马其顿;俄亥俄州阿克伦;安大略省萨尼亚;比利时马赫伦;川崎;上海;班加罗尔	http://www.exxonmobilchemical.com/Chem-Chinese/about/where-we-operate.aspx

① EU. Sixth Framework. Dissemination of knowledge concerning current R & D localization motives of large regionally important private sector organizations[R]. 2007:83

续表

序号	公司	总部	研发总部	区域研发总部	资料来源
97	雪佛龙(美)	加州圣拉蒙	加州圣拉蒙	加州里士满;德州休斯敦;鹿特丹;静冈县御前崎市;法国贡夫勒维尔;阿伯丁;新加坡;澳洲珀斯	http://careers.chevron.com/disciplines/index_of_disciplines/engineering/r_and_d_engineering/default.aspx
98	斯伦贝谢(美)	休斯敦	休斯敦	德州罗沙伦;舒格兰;马萨诸塞州剑桥;英国剑桥;斯通豪斯;阿宾登;法国吕布;俄罗斯莫斯科;挪威斯塔万格;北京;神奈川县相模原市;巴西里约热内卢;沙特达兰	http://www.slb.com/about/rd.aspx
99	中石化(中)	北京	北京	南京;上海;乌鲁木齐;青岛;抚顺	http://www.sinopec.com/about_sinopec/subsidiaries/
100	贝克休斯(美)	休斯敦	休斯敦	俄克拉荷马州布罗肯阿罗;德州舒格兰;路易斯安那州波西尔城;德国策勒;俄罗斯新西伯利亚;英国利物浦;苏格兰阿伯丁;沙特达兰;马来西亚吉隆坡;巴西里约热内卢	http://www.bakerhughes.com/company/centers-of-excellence/technology-centers
101	欧莱雅(法)	巴黎克利希	巴黎克利希	法国舍维伊拉吕;图尔;里昂;索菲亚-安蒂波利斯;摩纳哥;日戈尔莱勒兹龙;新泽西州克拉克;普林斯顿;伊利诺伊州芝加哥;巴西里约热内卢;上海;日本东京;川崎	http://www.loreal.com/_en/_ww/index.aspx? direct1=00004&direct2=00004/00009
102	花王(日)	东京	东京	和歌山;枥木;鹿岛;上海;俄亥俄州辛辛那提;德国达姆施塔特;巴黎;巴塞罗那	(Roman Boutellier et. al., 2002;中译本)① http://www.kao.com/group/zc/group/branches.html
103	金佰利-克拉克(美)	德州欧文市	威斯康星州尼纳	乔治亚州罗斯韦尔;安大略省亨茨维尔;韩国首尔;哥伦比亚波哥大	http://cn.reuters.com/article/pressRelease/idUS168402+24-Aug-2011+PRN20110824? symbol=KMB

① Roman Boutellier, Oliver Gassmann, Maximilian Von Zedtwitz 主编. 曾忠禄等主译. 全球研发管理案例研究与分析[M]. 广州:广东经济出版社. 2002:259-260

续表

序号	公司	总部	研发总部	区域研发总部	资料来源
104	资生堂(日)	东京	东京	横滨;马萨诸塞州波士顿;康涅狄克州达连;法国布伦;巴黎布洛涅-比扬古;曼谷;北京	http://group.shiseido.com/company/office/
105	汉高(德)	杜塞尔多夫	杜塞尔多夫	加州欧文;布里奇沃特;洛基山;斯科茨代尔;神奈川县横滨市;慕尼黑;汉堡;维也纳;捷克布拉格;都柏林;上海	http://www.henkel.com/innovation/research-and-development-11861.htm 问卷调查
106	罗氏(瑞士)	巴塞尔	巴塞尔	瑞士布格多夫;奥地利格拉茨;新泽西州纳特利;加州普莱森顿;旧金山;印第安纳波利斯;英国韦林花园城;德国库尔姆巴赫;曼海姆;彭茨贝格;加拿大多伦多;东京;上海;悉尼	http://www.roche.com/research_and_development/r_d_overview/r_d_sites.htm
107	辉瑞(美)	纽约	纽约	加州圣迭戈拉霍亚;旧金山;康乃狄克州格罗顿市;密苏里州圣路易斯;马萨诸塞州剑桥;英国肯特郡桑威奇;剑桥	http://www.pfizer.com/research/rd_works/rd_locations.jsp
108	赞臣(美)	新泽西州新布朗斯维克	—	加州圣迭戈拉霍亚;旧金山;洛杉矶;宾西法尼亚州莫尔文;霍舍姆;斯普林豪斯;新泽西州霍普韦尔;拉里坦;法国瓦德瑞尔;德国诺伊斯;英国海威科姆;爱尔兰科克;荷兰莱顿;俄罗斯莫斯科;西班牙托莱多;瑞士沙夫豪森;印度孟买;北京;上海	http://www.janssenrnd.com/our-company/locations
109	诺华(瑞士)	巴塞尔	巴塞尔	伦敦霍舍姆;意大利锡耶纳;加州圣迭戈拉霍亚;旧金山;德州沃斯堡 马萨诸塞州剑桥;新泽西州东汉诺威;东京;上海;印度海得拉巴;新加坡	http://ww w.novartis.com/innovation/research-development/rd-locations/index.shtml
110	赛诺菲-安万特(法)	巴黎	—	法国蒙彼利埃;图卢兹;斯特拉斯堡;新泽西州布里奇沃特;宾州莫尔文;斯威夫特沃特;马萨诸塞州剑桥;亚利桑那州图森;上海	http://www.sanofi-aventis.us/live/us/en/layout.jsp? scat=60845B20-0DAE-4E7C-A9BE-B34A76EB0ED3

续表

序号	公司	总部	研发总部	区域研发总部	资料来源
111	葛兰素-史克(英)	米都塞克斯	—	赫特福德郡斯蒂夫尼奇;韦尔;肯特郡汤布里奇;埃塞克斯郡哈洛;法国雷祖里镇;西班牙特雷斯坎托斯;马萨诸塞州波士顿;北卡州研究三角园区;宾州上部普罗维登斯;美浓;上海	http://www. gsk. com/research/about/about_locations. html
112	阿斯利康(英)	伦敦	伦敦	英国奥尔德利公园;麦克尔斯菲尔德;英国剑桥;瑞典蒙道尔;法国兰斯;波兰华沙;马萨诸塞州波士顿;德拉华州威尔明顿;马里兰州盖瑟斯堡;加州山景城;魁北克省蒙特利尔;印度班加罗尔;上海;大阪	http://www. astrazeneca. com/Research/our-global-reach
113	默沙东(美)①	新泽西州怀特豪斯站	—	新泽西州罗韦;西点;尤宁;萨米特;马萨诸塞州剑桥;波士顿;加州帕兰奥多;上海	公司年报
114	礼来(美)	印第安纳波利斯	印第安纳波利斯	加州圣迭戈;加拿大多伦多;西班牙马德里;英国萨里郡温德尔沙姆;上海;新加坡;日本神户;澳大利亚悉尼Balgowlah	http://www. fipnetchina. com/Gloabal_Locations. html http://www. lillychina. com/research/rd_in_china. cfm
115	百时美施贵宝(美)	纽约	纽约	加州森尼韦尔;米尔皮塔斯;旧金山;新泽西州霍普韦尔;新不伦瑞克;普莱恩斯伯勒;普林斯顿;康乃狄克州沃灵福德;马萨诸塞州沃尔瑟姆;法国巴黎吕埃尔-马迈松;英国莫顿;比利时布赖恩拉勒;东京	http://www. bms. com/research/facilities/Pages/default. aspx
116	武田制药(日)	大阪	大阪	茨城县筑波市;东京;纽约;加州圣迭戈;旧金山;伊利诺伊州迪尔菲尔德;马萨诸塞州剑桥;英国剑桥;伦敦;德国康斯坦茨;新加坡;上海;广州;印度孟买	http://www. takeda. com/research/overview/article_891. html

① 美国默沙东药业于2009年收购了先灵葆雅公司。

续表

序号	公司	总部	研发总部	区域研发总部	资料来源
117	勃林格殷格翰(德)	比伯拉赫县殷格翰	比伯拉赫县殷格翰	康乃狄克州里奇菲尔德;奥地利维也纳;加拿大拉瓦勒;兵库县神户市;阿根廷布宜诺斯艾利斯;意大利米兰	http://www.boehringer-ingelheim.com/research_development/centres_technologies/r_and_d_centres.html
118	雅培(美)	芝加哥	芝加哥	马萨诸塞州伍斯特;德国路德维希港	http://www.abbott.com/global/url/content/en_US/10.17:17/general_content/General_Content_00054.htm
119	第一三共(日)	东京	东京	兵库县加西市;神户市;神奈川县平冢市;静冈市;琦玉县北本市;新泽西州帕瑟伯尼市;英国伦敦;德国慕尼黑;印度新德里古尔冈;北京;上海	http://www.daiichisankyo.com/rd/organization/index.html
120	默克雪兰诺(德)	达姆施塔特	达姆施塔特	马萨诸塞州波士顿;瑞士日内瓦;北京	http://baike.baidu.com/view/4214156.htm
121	卫材(日)	东京	—	茨城县稻敷市;筑波;岐阜県各務原市;神户;马萨诸塞州安多佛;剑桥;新泽西州林涯湖;北卡州研究三角园区;宾州艾克斯顿;英国哈特斯菲尔德;新加坡	http://www.eisai.com/company/profile/group.html
122	安斯泰来(日)	东京	—	茨城县筑波;鹿岛市;大阪;爱知县烧津市;茨城县高狄市;荷兰 Elisabethhof;埃文斯顿;北卡州研究三角园区;俄克拉荷马州;伊利诺伊州斯科基	http://www.astellas.com/en/corporate/business/network.html http://www.astellas.us/about/locations/
123	诺和诺德(丹)	哥本哈根	哥本哈根	华盛顿州西雅图;新泽西州普林斯顿;印度班加罗尔;瑞士苏黎世;日本东京;北京;	http://www.novonordisk.com/science/rdfacts/rd_on_the_map.asp
124	UCB(比)	布鲁塞尔	—	比利时布赖恩拉勒;英国斯劳;乔治亚州亚特兰大;北卡州研究三角园区;德国蒙海姆;东京	http://www.ucb.com/rd/info-centre/facts

续表

序号	公司	总部	研发总部	区域研发总部	资料来源
125	大日本制药(日)	大阪	大阪	伦敦;马萨诸塞州剑桥;苏州	http://www.ds-pharma.com/rd/system/index.html
126	Shire(英)	都柏林	—	费城;波士顿;贝辛斯托克;日内瓦	问卷调查
127	盐野义制药(日)	大阪;	大阪	滋贺县甲贺市	http://www.shionogi.co.jp/company_en/outline/office.html
128	珀金埃尔默(美)	马萨诸萨州沃尔瑟姆	马萨诸萨州沃尔瑟姆	纽约;宾州匹兹堡;马萨诸塞州州剑桥;华盛顿州斯坎波;芬兰图尔库;上海	公司访谈①
129	久光制药(日)	东京	东京	鸟栖;筑波;佛罗里达州迈阿密	http://www.hisamitsu.co.jp/english/company/corporate/overseas_net.html
130	微软(美)	西雅图雷德蒙德	西雅图雷德蒙德	北京;英国剑桥;德国亚琛;印度班加罗尔;马萨诸塞州剑桥;加州山景城;埃及开罗;巴西里约热内卢	http://research.microsoft.com/en-us/about/default.aspx
131	IBM(美)	纽约	纽约沃森	加州圣何塞;德州奥斯汀;马萨诸塞州剑桥;瑞士苏黎世;以色列海法;印度新德里;班加罗尔;日本东京;川崎;北京;上海;肯尼亚内罗毕;巴西里约热内卢;澳洲墨尔本	http://www.research.ibm.com/labs/
132	富士通(日)	东京	东京	神奈川县川崎市;厚木市;横须贺市;兵库县明石市;加州森尼韦尔;北京;上海;苏州;新加坡;伦敦;米德尔塞克斯	http://jp.fujitsu.com/group/labs/en/locations/

① 访谈对象为美国珀金埃尔默仪器公司于2009年收购的上海新波生物技术有限公司高级研发人员张冬华先生。

续表

序号	公司	总部	研发总部	区域研发总部	资料来源
133	谷歌(美)	加州山景城	加州山景城	加州圣布鲁诺;旧金山;纽约;马萨诸塞州波士顿;华盛顿州西雅图;巴西圣保罗;爱尔兰都柏林;瑞士苏黎世;英国伦敦;德国慕尼黑;以色列特拉维夫;海法;北京;上海;中国台北;印度班加罗尔;新加坡;日本东京;澳洲悉尼	http://www.google.com/about/jobs/teams/engineering/
134	SAP(德)	德国瓦尔多夫	德国瓦尔多夫	德国达姆施塔特;德累斯顿;卡尔斯鲁厄;法国巴黎;索菲亚-安蒂波利斯;北爱尔兰贝尔法斯特;爱尔兰都柏林;瑞士圣加仑;苏黎世;以色列赖阿南纳;加拿大蒙特利尔;温哥华;加州帕兰奥多;澳州布里斯班;悉尼;南非比勒陀利亚;印度班加罗尔;日本东京;新加坡	http://www.sap.com/about/company/research/centers/index.epx
135	雅虎(美)	加州森尼韦尔	加州森尼韦尔	加州圣克拉拉;纽约;北京;西班牙巴塞罗那;智利圣地亚哥;印度班加罗尔;以色列海法	http://labs.yahoo.com/
136	赛门铁克(美)	加州山景城	—	加州圣莫妮卡;红木城;俄勒冈州比佛顿;马萨诸萨州沃瑟姆;加拿大卡尔加里;德国施塔恩贝格;新西兰奥克兰;北京	http://baike.baidu.com/view/326323.htm#sub326323
137	尤尼西斯(美)	宾州布卢贝尔	—	明尼苏达州罗斯维尔;加州布里斯班;圣何塞;乔治亚州亚特兰大;宾州特里地芬;密西西比州普利茅斯;犹他州盐湖城;比利时布鲁塞尔;意大利米兰;荷兰阿姆斯特丹;英国尤克斯布里奇;澳大利亚北莱德	(Roman Boutellier et. al., 2002;中译本)①
138	诺基亚(芬)	埃斯波	埃斯波	芬兰坦佩雷;奥卢;班加罗尔;北京;加州伯克利;英国剑桥;加州森尼韦尔;俄罗斯斯科尔科沃;肯尼亚内罗毕	http://research.nokia.com/locations

① Roman Boutellier, Oliver Gassmann, Maximilian Von Zedtwitz 主编. 曾忠禄等主译. 全球研发管理案例研究与分析[M]. 广州:广东经济出版社. 2002:383—385

续表

序号	公司	总部	研发总部	区域研发总部	资料来源
139	英特尔(美)	加州圣克拉拉	加州圣克拉拉	华盛顿州西雅图;希尔斯伯勒;加州伯克利;宾州匹兹堡;墨西哥瓜达拉哈拉;西班牙巴塞罗那;布伦瑞克;圣彼得堡;诺夫哥罗德;北京;上海;班加罗尔;韩国首尔;海法	http://techresearch.intel.com/articles/None/1475.htm
140	思科(美)	加州圣何塞	加州圣何塞	马萨诸塞州切尔福斯特;北卡州研究三角园区;爱尔兰戈尔韦;以色列特拉维夫;东京;印度班加罗尔;成都;上海	问卷调查
141	日立(日)	东京	东京	茨城县日立市;横滨;北京;上海;新加坡;英国剑桥;伦敦;法国索菲亚-安蒂波利斯;德国慕尼黑;密歇根州底特律;加州圣克拉拉	http://www.hitachi.com/rd/location.html
142	阿尔卡特-朗讯(法)	巴黎	新泽西州茉莉山	新泽西州惠帕尼;德州普莱诺;印度班加罗尔;爱尔兰都柏林;布兰查兹敦;德国斯图加特;比利时安特卫普;上海;埃及开罗	公司访谈①
143	爱立信(瑞典)	斯德哥尔摩	斯德哥尔摩	瑞典林雪平;哥德堡;西班牙马德里;英国南安普敦;奥地利维也纳;加州圣何塞;德州普莱诺;芬兰奥卢;加拿大温哥华;蒙特利尔;渥太华;上海;北京;印度班加罗尔	问卷调查
144	摩托罗拉(美)	伊州芝加哥绍姆堡	伊州芝加哥绍姆堡	马萨诸塞州波士顿;德州奥斯汀;亚利桑那州凤凰城;加拿大温哥华;蒙特利尔;瑞典斯德哥尔摩;法国雷恩;西班牙马德里;德国慕尼黑;意大利都灵;英国贝辛斯托克;爱尔兰科克;波兰克拉科夫;以色列特拉维夫;印度班加罗尔;中国台北;北京;新加坡;澳洲珀斯	EU. 2007

① 访谈对象为阿尔卡特-朗讯公司大中华区人力资源总监范星先生。

续表

序号	公司	总部	研发总部	区域研发总部	资料来源
145	NEC(日)	东京	川崎市	筑波;新泽西州普林斯顿;加州库比蒂诺;德国海德堡;德国波恩;北京	http://www.nec.com/en/global/rd/labs/index.html?
146	惠普(美)	帕兰奥多	帕兰奥多	英国布里斯托尔;以色列海法;俄罗斯圣彼得堡;印度班加罗尔;北京;新加坡;日本东京	http://www.hpl.hp.com/about/sites.html
147	高通(美)	加州圣迭戈	加州圣迭戈	加州圣克拉拉;新泽西州布里奇沃特;北卡州罗利;德国纽伦堡;奥地利维也纳;英国剑桥;北京;首尔;班加罗尔	http://www.qualcomm.com/about/research/locations/bay-area
148	意法半导体(瑞士)	日内瓦	—	加州圣迭戈;亚利桑那州凤凰城;法国格勒诺布尔;鲁赛特;意大利米兰;卡塔尼亚;那不勒斯;西班牙马德里;比利时布鲁塞尔;苏格兰爱丁堡;英国布里斯托尔;以色列特拉维夫;印度新德里诺伊达;新加坡;上海;日本东京	问卷调查
149	德州仪器(美)	达拉斯	达拉斯	加州圣克拉拉;班加罗尔;德国弗赖辛;法国尼斯;以色列特拉维夫;日本筑波	http://www.ti.com/corp/docs/innovation/research-development/Kilby-Labs.html
150	AMD(美)	加州森尼韦尔	加州森尼韦尔	科罗拉多州科林斯堡;佛罗里达州奥兰多;伊州绍姆堡;马萨诸塞州博克斯伯勒;新罕布什尔州纳舒厄;宾西法尼亚州亚德利;安大略省卡娜塔;德国德累斯顿;上海;印度班加罗尔;中国台北	http://www.amd.com/us/aboutamd/contact-us/Pages/locations-type.aspx#rd
151	博通(美)	加州欧文市	加州欧文市	加州圣何塞;圣克拉拉;森尼韦尔;圣迭戈;英国剑桥;法国索菲亚-安蒂波利斯;印度海得拉巴;班加罗尔;温哥华列治文;多伦多万锦	http://en.wikipedia.org/wiki/Broadcom_Corporation

续表

序号	公司	总部	研发总部	区域研发总部	资料来源
152	理光(日)	东京	东京	加州门洛帕克;加州塔斯廷;北京;上海;神奈川县横滨;沼津;福井	http://www.ricoh.com/technology/rd/global.html http://www.ricoh.com/technology/rd/
153	恩智浦半导体(荷)	埃因霍温	埃因霍温	荷兰奈梅亨;比利时鲁汶;法国卡昂;德国汉堡;奥地利格拉科恩;加州圣何塞;圣迭戈;贝尔维尤;亚利桑那州坦佩;北京;上海;香港;新加坡;班加罗尔	公司年报
154	飞思卡尔(美)	奥斯汀	奥斯汀	墨西哥瓜达拉哈拉;巴西坎皮纳斯;亚利桑那州凤凰城;罗马尼亚布加勒斯特;苏格兰东基尔布莱德;以色列赫兹利亚;德国慕尼黑;法国图卢兹;班加罗尔;东京;仙台;北京;上海	http://www.freescale.com.cn/technology/research_dev.asp
155	苹果(美)	加州库比蒂诺	加州库比蒂诺	—	公司访谈①
156	希捷(美)	加州斯科茨瓦利	—	加州费利蒙;明尼苏达州布卢明顿;宾州匹兹堡;英国伦敦;德里郡德里;爱尔兰贝尔法斯特;新加坡;马来西亚槟城	问卷调查
157	英飞凌(德)	加州苗必达;慕尼黑诺伊比贝格	慕尼黑诺伊比贝格	德国德累斯顿;杜伊斯堡;雷根斯堡;奥地利格拉兹;林兹;维拉赫;法国索菲亚-安蒂波利斯;上海;西安;新加坡;印度班加罗尔	问卷调查

① 作者访谈了美国苹果公司亚太地区供应链管理部经理顾希,顾希经理明确表示目前苹果公司内部所有的研发活动均集中于美国加州的总部库比蒂诺。

续表

序号	公司	总部	研发总部	区域研发总部	资料来源
158	英飞凌(德)	加州苗必达;慕尼黑诺伊比贝格	慕尼黑诺伊比贝格	德国德累斯顿;杜伊斯堡;雷根斯堡;奥地利格拉兹;林兹;维拉赫;法国索菲亚-安蒂波利斯;上海;西安;新加坡;印度班加罗尔	问卷调查
159	精工-爱普生(日)	长野县诹访	长野县诹访	加州圣何塞;加拿大温哥华;挪威特隆赫姆	http://global.epson.com/company/global_network/index.html#anchor5
160	施乐(美)	康涅狄克州诺沃克	康涅狄克州诺沃克	纽约州韦伯斯特;印度金奈;加州帕兰奥多;多伦多密西沙加;法国格勒诺布尔	http://www.zerox.com/innovation/rand.shtml 问卷调查
161	瞻博网络(美)	加州森尼韦尔	加州森尼韦尔	北卡州罗利;安大略省卡娜塔;以色列赫兹利亚;班加罗尔;北京	http://www.juniper.net/cn/zh/contact-us/development-offices/
162	戴尔(美)	奥斯汀	奥斯汀	加州圣克拉拉;佛罗里达州迈阿密;班加罗尔;上海;台北;新加坡	http://content.dell.com/us/en/corp/d/corp-comm/cto-global-prod-dev-loc.aspx
163	联发科(中)	中国新竹	中国新竹	中国台北;北京;上海;合肥;深圳;新加坡;印度新德里诺伊达;加州圣何塞;东京;韩国城南市;英国剑桥	问卷调查
164	中兴(中)	深圳	深圳	上海;南京;西安;北京;成都;天津;韩国首尔;印度班加罗尔;巴基斯坦伊斯兰堡;加州圣迭戈;新泽西州爱迪生;硅谷;德州达拉斯;瑞典斯德哥尔摩;德国杜塞尔多夫;俄罗斯莫斯科	徐晨,2012[5]①

① 徐晨.中兴通讯的研发国际化及其启示[J].北京市经济管理干部学院学报.2012(2):69

续表

序号	公司	总部	研发总部	区域研发总部	资料来源
165	飞索半导体(美)	加州森尼韦尔	加州森尼韦尔	德州奥斯汀;德国慕尼黑;法国巴黎;韩国首尔;神奈川县川崎市;马来西亚槟城;北京	http://www.spansion.com/cn/About/Pages/ContactInfoDCSCoE.aspx
166	罗姆半导体(日)	京都	京都	横滨;爱知县名古屋;上海;深圳;中国香港;中国台北;韩国首尔;德国维利希明希海德;加州圣迭戈;圣何塞	http://www.rohm.com.cn/corporate/group/jp-development.html
167	安华高科(新加坡)	新加坡加州圣何塞	新加坡加州圣何塞	韩国首尔;马来西亚槟城;科罗拉多州科林斯堡;德国伯布林根	公司创新手册
168	联想(中)	北京;北卡州罗利	北京;北卡州罗利	深圳;成都;上海;厦门;神奈川县大和	http://www.lenovo.com/lenovo/hk/en/locations.html
169	ARM(英)	英国剑桥	英国剑桥	英国谢菲尔德;法国索菲亚-安蒂波利斯;瑞典隆德;挪威特隆赫姆;加州圣何塞;德州奥斯汀;波士顿;班加罗尔	http://careers.peopleclick.com/careerscp/client_arm/external/search.do
170	华为(中)	深圳	深圳	上海;北京;南京;西安;成都;武汉;瑞典斯德哥尔摩;德州达拉斯;加州圣克拉拉;印度班加罗尔;俄罗斯莫斯科;加拿大渥太华	公司访谈①
171	英美烟草(英)	伦敦	伦敦	英国南安普敦;英国剑桥	http://www.bat.com/group/sites/uk_3mnfen.nsf/vwPagesWebLive/DO52ANF5?opendocument&SKN=1

注:各公司的中文名称均来自其公司的中文官方网站或维基百科提供的中文翻译名称;各公司的国籍归属以公司全球总部所在地为准;在汽车与零部件产业中各汽车公司的研发机构中不包含试车场(Proving Ground)。

资料来源:作者根据网络检索、电子问卷调查、相关人员访谈及相关文献资料整理。

① 访谈对象为深圳华为技术有限公司研发部经理程兴国先生。

附录 2　32 座国际研发城市的跨国公司研发机构集聚与得分

城市		全球研发总部	区域研发总部(卓越研发中心)	得分
东京		本田、普利司通、三菱机车、鹿岛建设、旭硝子、日本电产、佳能、三菱电子、日本电报电话、索尼、花王、资生堂、第一三共、日立、理光、尔必达记忆体、三菱重工、JFE、富士通、久光制药	丰田、大众、戴姆勒-奔驰、博世、宝马、爱信精机、ZF、马勒、西门子、LG、三洋电机、法国电信、雀巢、3M、亚马逊、欧莱雅、罗氏、诺华、百时美施贵宝、武田制药、诺和诺德、UCB、IBM、谷歌、甲骨文、SAP、思科、惠普、意法半导体、飞思卡尔、联发科	91
硅谷	圣何塞	思科、安华高科	三星、住友电子、三洋电机、英国电信、东芝、松下、索尼、IBM、尤尼西斯、爱立信、博通、恩智浦半导体、精工-爱普生、联发科、罗姆半导体、ARM	22
	帕兰奥多	惠普	大众、戴姆勒-奔驰、博世、宝马、杜邦、丹尼斯克、默沙东、SAP、施乐、通用汽车	13
	圣克拉拉	英特尔、安捷伦	鸿海电子、日本电产、雅虎、日立、高通、戴尔、华为、德州仪器、中兴	15
	森尼维尔	瞻博网络、飞索半导体、雅虎、AMD	百时美施贵宝、富士通、诺基亚	15
	库比蒂诺	苹果	NEC	4
	山景城	谷歌	阿斯利康、微软	5
	小计	—	—	74
上海		—	联合科技、大众、通用汽车、戴姆勒-奔驰、博世、宝马、德尔福、马自达、法雷奥、ZF、米其林、伟世通、马勒、三菱机车、高田、百事、巴斯夫、杜邦、阿克苏—诺贝尔、汽巴精化、罗地亚、圣戈班、西门子、夏普、施耐德、安捷伦、阿尔卑斯电子、英国电信、联合利华、通用电气、霍尼韦尔、3M、沃尔沃、迅达、飞利浦、埃克森美孚化工、中石化、欧莱雅、花王、汉高、罗氏、赞臣、诺华、赛诺菲—安万特、葛兰素、阿斯利康、默沙东、礼来、武田制药、第一三共、珀金埃尔默、IBM、富士通、谷歌、甲骨文、英特尔、思科、日立、阿尔卡特-朗讯、爱立信、意法半导体、EMC、AMD、理光、恩智浦半导体、飞思卡尔、英飞凌、戴尔、联发科、中兴、罗姆半导体、联想、华为	73

续表

城市	全球研发总部	区域研发总部(卓越研发中心)	得分
北　京	中石油、中石化、联想	波音、先正达、旭硝子、三星、西门子、佳能、LG、ABB、三洋电机、安捷伦、先锋、法国电信、雀巢、东芝、霍尼韦尔、亚马逊、松下、索尼、斯伦贝谢、资生堂、赞臣、第一三共、默克雪兰诺、诺和诺德、微软、IBM、富士通、谷歌、甲骨文、雅虎、赛门铁克、诺基亚、英特尔、日立、爱立信、摩托罗拉、NEC、惠普、高通、理光、恩智浦半导体、飞思卡尔、瞻博网络、联发科、中兴、飞索半导体、华为	56
班加罗尔	—	欧洲宇航防务、波音、通用汽车、戴姆勒-奔驰、德尔福、三星、西门子、夏普、LG、ABB、施耐德、爱默生、联合利华、通用电气、亚马逊、飞利浦、埃克森美孚化工、阿斯利康、诺和诺德、微软、IBM、谷歌、甲骨文、SAP、雅虎、诺基亚、英特尔、思科、阿尔卡特-朗讯、爱立信、摩托罗拉、惠普、EMC、德州仪器、AMD、博通、恩智浦半导体、飞思卡尔、英飞凌、瞻博网络、戴尔、中兴、ARM、华为	44
新加坡	安华高科	泰雷兹、博世、巴斯夫、三井化学、日东电工、西门子、日本电产、松下电器、壳牌、雪佛龙、诺华、礼来、武田制药、卫材、富士通、谷歌、甲骨文、SAP、日立、摩托罗拉、惠普、意法半导体、恩智浦半导体、希捷、英飞凌、戴尔、联发科	30
大　阪	住友电子、三洋电机、松下、武田制药、大日本制药、盐野义制药、日东电工	韩泰轮胎、巴斯夫、三井化学、京瓷、尔必达记忆体、阿斯利康、安斯泰来	28
巴　黎	欧洲宇航防务、泰雷兹、标致、雷诺、欧莱雅、法雷奥	芬梅卡尼卡、LG、卡夫食品、花王、资生堂、百时美施贵宝、SAP、阿尔卡特-朗讯、飞索半导体、	27
波士顿	—	施耐德、资生堂、葛兰素、阿斯利康、默沙东、默克雪兰诺、Shire、谷歌、甲骨文、摩托罗拉、ARM、西门子、三菱电子、英国电信、松下电器、斯伦贝谢、辉瑞、诺华、赛诺菲一安万特、默沙东、武田制药、大日本制药、卫材、珀金埃尔默、微软、IBM	26

续表

城市	全球研发总部	区域研发总部(卓越研发中心)	得分
伦　敦	英国电信、阿斯利康、英美烟草	芬梅卡尼卡、尼桑、百事、三星、LG、法国电信、诺华、武田制药、第一三共、大日本制药、富士通、谷歌、日立、希捷、SAAB	24
慕尼黑	欧洲宇航防务、宝马、西门子、英飞凌	戴姆勒-奔驰、尔必达记忆体、卡夫食品、通用电气、汉高、第一三共、谷歌、日立、摩托罗拉、飞思卡尔、飞索半导体	23
圣迭戈	高通	三星、LG、鸿海电子、京瓷、索尼、辉瑞、赞臣、诺华、礼来、武田制药、甲骨文、意法半导体、博通、恩智浦半导体、中兴、罗姆半导体	19
横　滨	尼桑	马自达、铃木、普利司通、三菱化学、旭硝子、三星、住友电子、京瓷、东芝、三菱重工、资生堂、汉高、日立、理光、罗姆半导体	18
英国剑桥	ARM	波音、东芝、飞利浦、斯伦贝谢、辉瑞、阿斯利康、武田制药、微软、诺基亚、日立、高通、博通、联发科、英美烟草	17
首　尔	LG、三星	通用汽车、阿尔卑斯电子、英国电信、金佰利-克拉克、甲骨文、英特尔、高通、中兴、飞索半导体、罗姆半导体、安华高科	17
纽　约	辉瑞、IBM、百时美施贵宝	通用汽车、LG、通用电气、飞利浦、武田制药、珀金埃尔默、谷歌、雅虎	17
川　崎	先锋、东芝、NEC	佳能、JFE 、埃克森美孚化工、欧莱雅、IBM、富士通、飞索半导体	16
中国台北	鸿海电子、仁宝电子	日本电产、英国电信、松下电器、谷歌、摩托罗拉、AMD、戴尔、联发科、罗姆半导体	15
罗　利	联想	巴斯夫、ABB、甲骨文、高通、瞻博网络、先正达、葛兰素、卫材、安斯泰来、UCB、思科	14

续表

城市	全球研发总部	区域研发总部(卓越研发中心)	得分
巴塞尔	汽巴精化、罗氏、诺华、先正达	巴斯夫	13
斯图加特	戴姆勒-奔驰、博世、马勒、贝洱	阿尔卡特-朗讯	13
奥斯汀	飞思卡尔、戴尔	仁宝电子、IBM、甲骨文、摩托罗拉、飞索半导体、ARM	12
深　圳	华为、中兴	法雷奥、鸿海电子、甲骨文、联发科、罗姆半导体、联想	12
新德里	—	铃木、百事、三星、LG、霍尼韦尔、沃尔沃、第一三共制药、意法半导体、联发科、IBM、甲骨文	11
莫斯科	—	欧洲宇航防务、波音、戴姆勒-奔驰、三星、西门子、LG、斯伦贝谢、赞臣、EMC、中兴、华为	11
西雅图	亚马逊、微软	波音、诺和诺德、谷歌、英特尔、AT&T	11
柏　林	高田、拜耳	戴姆勒-奔驰、巴斯夫、西门子、迅达	10
休斯敦	贝克休斯、斯伦贝谢	鸿海电子、壳牌、埃克森美孚化工、雪佛龙	10
筑　波	—	法雷奥、三菱化学、TDK、日本电话电报、武田制药、卫材制药、安斯泰来、NEC、德州仪器、久光制药	10
斯德哥尔摩	爱立信、SAAB	摩托罗拉、中兴、华为	9
旧金山	—	拜耳、法国电信、罗氏、辉瑞、赞臣、诺华、百时美施贵宝、武田制药、谷歌	9
特拉维夫	—	LG、英国电信、谷歌、思科、摩托罗拉、意法半导体、EMC、德州仪器	8

注:在计算城市得分时,全球研发总部赋值3分,区域研发总部(卓越研发中心)赋值1分。
资料来源:作者根据统计资料整理

附录 3　32 座国际研发城市 PCT 申请数据一览

城市/指标	PCT 申请量（件）	PCT 申请密度（件/万人）	PCT 申请年均增长率（%）	PCT 申请外资依存度（%）	PCT 申请公共研发依存度（%）	PCT 申请者集中度（%）
东　京	101 784	80.9673057	0.115224771	0	0	0.132761534
硅　谷	27 557	201.278212	−0.01935883	0.011058621	0.034678978	0.202053925
上　海	5 668	3.187098661	0.176720447	0.769874477	0.119246862	0.181016231
北　京	7 373	4.793888166	0.250574975	0.435294118	0.281960784	0.125864641
班加罗尔	2 411	3.78095253	0.344644721	0.859301228	0.045325779	0.183741186
新加坡	4 761	10.96549818	0.131671862	0.247809153	0.667964946	0.293005671
波士顿	9 187	130.9435576	0.026837736	0.013716027	0.776225552	0.083487537
大　阪	42 661	162.283171	0.09554795	0	0.010115693	0.605213192
巴　黎	21 523	22.02314564	0.08668131	0.103569633	0.231020613	0.313478604
慕尼黑	20 851	161.8489482	0.000975311	0.006454698	0.08863256	0.562179272
圣迭戈	8 556	68.05058459	0.043928267	0.091375519	0.069631077	0.378681627
横　滨	9 315	26.02246061	0.070586284	0	0.037484885	0.266237252
英国剑桥	3 290	265.5367232	0.004376421	0.243268338	0.235840297	0.138601824
首　尔	28 408	27.58861804	0.184984911	0	0.103238393	0.35599127
川　崎	8 982	67.68651093	0.070176115	0.012663755	0	0.631039857
伦　敦	10 377	13.47662338	−0.002199116	0.118178088	0.039803037	0.266551026

续表

城市/指标	PCT 申请量（件）	PCT 申请密度（件/万人）	PCT 申请年均增长率(%)	PCT 申请外资依存度(%)	PCT 申请公共研发依存度(%)	PCT 申请者集中度(%)
中国台北	1 566	5.985323345	0.200343202	0.267175573	0.239185751	0.143039591
奥斯汀	3 088	44.66946333	0.012374809	0.072025723	0.414790997	0.341968912
纽约	6 292	7.660279043	−0.042199622	0.076195219	0.480577689	0.181500318
罗利	2 092	50.22809124	−0.034310512	0.45200486	0.138517618	0.139101338
斯图加特	13 209	217.6470588	0.025749271	0.016902581	0.00865945	0.848890908
深圳	27 425	33.15200967	0.68876499	0.000822504	0.005099523	0.830118505
巴塞尔	6 303	369.4607268	0.070958434	0.15849613	0	0.642551166
新德里	1 141	0.884496124	0.129830964	0.046454768	0.569682152	0.603856266
莫斯科	2 917	2.803028847	0.016550302	0.392655367	0.062146893	0.047651697
西雅图	2 205	38.2878972	−0.040902689	0	0.301219512	0.230385488
柏林	6 204	18.2728558	0.038277422	0.040454223	0.100780696	0.247421019
休斯敦	9 785	46.20142594	0.11558512	0.075913777	0.052952202	0.426264691
筑波	3 426	165.1880424	0.055069957	0	0.33662035	0.427028605
旧金山	5 254	70.90418354	0.00187823	0.021397105	0.064191315	0.14236772
特拉维夫	2 784	73.47585115	0.049606172	0.278350515	0.452135493	0.136135057
斯德哥尔摩	9 091	120.2513228	0.020404482	0.015844336	0	0.758112419

资料来源：作者根据检索结果计算整理

附录 4 32 座国际研发城市间基于 PCT 合作申请的研发合作网络数据矩阵

附录 4-1 32 座城市间的研发合作网络数据矩阵(1996—2000 年)

城市	东京	硅谷	上海	北京	班加罗尔	新加坡	波士顿	大阪	巴黎	慕尼黑	圣迭戈	横滨	英国剑桥	川崎	伦敦	台北	首尔	纽约	罗利	斯图加特	深圳	巴塞尔	奥斯汀	新德里	莫斯科	休斯敦	西雅图	柏林	筑波	旧金山	特拉维夫	斯德哥尔摩
东 京	0	114	0	0	0	11	35	115	38	7	42	115	39	115	38	0	30	46	5	0	0	11	6	0	5	9	6	20	115	26	0	12
硅 谷	114	0	0	110	0	39	69	12	21	23	115	7	43	42	55	8	9	17	9	24	0	50	66	0	20	6	40	0	0	115	21	0
上 海	0	0	0	29	0	0	0	0	0	0	0	0	0	0	5	0	0	0	0	0	6	0	0	0	0	0	0	0	0	0	0	0
北 京	0	110	29	0	0	21	0	7	0	0	6	0	0	0	0	0	0	0	5	0	9	0	0	0	0	0	0	0	0	0	0	0
班加罗尔	0	0	0	0	0	0	0	0	0	0	0	0	0	0	0	0	0	0	0	0	0	0	0	0	0	0	0	0	0	0	0	0
新加坡	11	39	0	21	0	0	0	11	0	21	0	0	0	0	29	0	0	11	0	0	0	0	0	0	0	0	0	0	0	0	0	0
波士顿	35	69	0	0	0	0	0	11	30	0	27	0	110	0	41	0	5	79	12	0	0	7	5	0	0	14	17	13	0	40	0	8
大 阪	115	12	0	7	0	11	11	0	0	0	23	115	0	115	12	0	0	0	59	0	0	15	0	0	0	7	0	7	115	9	0	0
巴 黎	38	21	0	0	0	0	30	0	0	31	22	14	51	12	35	0	0	78	30	44	0	8	5	0	14	29	0	19	5	12	0	0
慕尼黑	7	23	0	0	0	21	0	0	31	0	16	9	0	0	5	0	0	0	6	115	0	11	13	0	12	0	0	115	0	0	0	0
圣迭戈	42	115	0	6	0	0	27	23	22	16	0	0	5	0	12	0	0	12	20	0	0	61	9	0	0	0	8	0	0	115	0	12
横 滨	115	7	0	0	0	0	0	115	14	9	0	0	0	115	0	0	0	10	0	9	0	0	0	0	0	0	0	0	64	0	0	5
剑 桥	39	43	0	0	0	0	110	0	51	0	5	0	0	5	115	0	0	18	0	0	0	18	0	0	5	6	15	5	0	13	0	5
川 崎	115	42	0	0	0	0	0	115	12	0	0	115	5	0	0	0	0	0	0	0	0	0	0	0	0	0	0	0	55	0	0	0
伦 敦	38	55	5	0	0	29	41	12	35	5	12	0	115	0	0	0	0	61	23	0	0	16	7	0	27	16	0	10	5	20	12	37
中国台北	0	8	0	0	0	0	0	0	0	0	0	0	0	0	0	0	0	0	0	0	0	0	0	0	0	0	0	0	0	0	0	0
首 尔	30	9	0	0	0	0	5	0	0	0	0	0	0	0	0	0	0	5	8	0	0	0	0	0	8	0	0	0	0	0	0	0
纽 约	46	17	0	0	0	11	79	0	78	0	12	10	18	0	61	0	5	0	0	0	0	7	7	0	21	11	11	0	5	22	48	0
罗 利	5	9	0	5	0	0	12	59	30	6	20	0	0	0	23	0	8	0	0	0	0	30	0	0	0	0	0	0	0	0	0	23
斯图加特	0	24	0	0	0	0	0	0	44	115	0	9	0	0	0	0	0	0	0	0	0	0	0	0	0	0	0	89	0	0	0	0

附录 5　我国座城市创建国际研发城市适宜性评价数据一览表

指标/城市	大连	苏州	杭州	天津	上海	北京	深圳	广州	西安	成都	厦门
研发强度(%)	2.00	2.34	2.7	2.49	2.83	5.5	3.5	1.87	3.02	1.95	1.71
研发人员占城市人口比重(%)	0.85	0.95	1.43	0.88	0.95	2.07	1.46	0.81	0.33	0.58	1.18
2010 年每万人 PCT 申请(件)	0.40	0.63	0.88	0.37	2.23	3.87	16.08	0.83	0.31	0.26	2.03
国内发明专利授权(件/万人)	1.28	2.15	4.7	1.96	4.86	8.74	9.28	2.47	2.11	1.44	2.19
外资研发中心(家)	51	63	76	84	296	278	189	24	22	15	15
实际利用外资(亿美元)	100.30	85.35	43.56	108.49	111.21	63.60	42.97	39.79	15.67	64.10	16.97
高新技术产品出口额(亿美元)	40.30	961.51	49.74	149.80	791.60	193.70	1087.27	99.03	44.18	34.40	242.98
美股纳斯达克上市公司(家)	3	0	3	2	19	52	8	2	10	0	0
国家级企业技术中心(个)	9	9	18	28	42	42	17	23	13	16	11
国家级重点实验室(个)	5	3	12	8	31	91	9	11	14	6	2
国家级大学科技园(个)	1	1	2	3	10	7	1	2	2	3	1
人均 GDP(元)	77 704	93 043	69 828	72 994	76 074	75 943	106 880	103 625	38 341	48 510	58 337
高新技术产业增加值占 GDP 比重(%)	26.70	18.70	12.00	14.40	8.20	19.56	32.20	11.30	11.20	16.60	31.60
大专文化以上人数(人/10 万人)	17 367	13 972	18 881	17 480	23 559	31 499	17 175	19 228	22 005	16 669	17 799
每万人互联网用户(户/万人)	2 305.40	2 955.6	3 083.80	1 985.10	3 663.50	4 362.47	2 524.60	3 581.00	1 867.60	1 378.50	4 260.60
网络带宽(Mbps)	2.59	4.02	3.23	3.32	4.72	3.60	3.13	3.23	2.83	3.27	3.30
风险投资机构数量(家)	6	11	22	23	117	112	72	11	15	5	4
风险资本募集额占比(%)	0.41	3.62	2.07	0.61	8.19	29.01	3.45	1.79	0.26	1.2	1.28